RAMATIS
América Paoliello Marques

JESUS
E A JERUSALÉM RENOVADA

PREFÁCIO DE SEBASTIÃO CAMARGO

CAPA DA PRIMEIRA EDIÇÃO DE 1977

Significado do Simbolismo

A mão do Senhor nos aponta os caminhos da Vida Interior. "Vós sois deuses", nos disse Ele. "Vós sois o sal da terra". A mandala, representada pelo círculo, tem no centro sua fonte de equilíbrio.

Sua mão luminosa contrasta com as "trevas exteriores" e com a penumbra de nosso círculo consciencial. O Universo manifestado vibra na dualidade Luz e Sombra.

Seguindo o Caminho apontado pelas mãos dos Iluminados, conquistaremos passo a passo nossa natureza divina, e o Senhor habitará conosco na eterna Mansão do Amor, quando a energia potencial conseguir expandir-se plenamente em nós.[1]

---
[1] - Criação de Neide Dias de Sá, pintora, gravadora e poeta visual. É uma das fundadoras do movimento de Vanguarda Poema/Processo, na década de 60. Dirigiu o Núcleo Heitor dos Prazeres, entre 1966 e 1983.

O desmemoriado, na hora da tempestade, sofre a incerteza do caminho a tomar. Aquele que acorda em si a segurança interior, capaz de funcionar como bússola para encontrar o aprisco acolhedor, luta, sofre, mas vence e chega a ser amparado, por saber onde buscar seu reconforto e segurança.

A voz do Pastor continua a soar nas trevas da ignorância e do esquecimento temporário. Por isso mesmo os desmemoriados poderão alcançar rumo seguro. O Senhor encontrou meios de espalhar 'sobre toda a carne' as 'vozes do céu'.

Alegrai-vos conosco e fazei-vos arautos dos tempos de renovação que são chegados, nos quais, mesmo que por meios adversos, a Luz da Espiritualidade se fará sentir com intensidade decisiva entre os homens.

RAMATIS

Vede que não sejais enganados; porque muitos virão em meu nome, dizendo: Sou eu! E também: Chegou a hora! Não os sigais.

Quando ouvirdes falar de guerras e revoluções, não vos assusteis; pois é necessário que primeiro aconteçam essas coisas, mas o fim não será logo. Então lhes disse: Levantar-se-á nação contra nação e reino contra reino; haverá grandes terremotos, epidemias e fome em vários lugares, coisas espantosas e também grandes sinais do céu.

JESUS
Lucas, 21.8:11

Jerusalém, Jerusalém, que matas os profetas e apedrejas os que te são enviados, quantas vezes quis Deus ajuntar teus filhos, do mesmo modo que uma galinha recolhe debaixo das asas seus pintos e tu não quiseste? Eis aí, vos ficará deserta a vossa casa. Porque eu vos declaro que desde agora não me tornareis a ver, até que digais: 'Bendito seja o que vem em nome do Senhor'.

JESUS
Mateus, 23.37:39

Sumário

A prece de América - 10
Esclarecendo - 12
Ao leitor - 16
Palavras da médium - 20
Prefácio - Ramatis - 26
Prefácio - Sebastião Camargo - 30
Apresentação - Novos voos - 36

01 - Quem é o Pastor? - 39
02 - Como segui-Lo - 49
03 - Quem são as ovelhas? - 63
04 - Trabalho e renovação - 87
05 - O amor - 101
06 - A virtude - 115
07 - A fé - 129
08 - A compaixão - 147
09 - O homem adormecido - 163
10 - O trabalho e a recuperação - 177
11 - Um círculo que se fecha - 189
12 - Histórias de outras eras - 205
13 - Contrastes - 227
14 - Novos apóstolos - 237
15 - Servos e senhores - 245
16 - Ciência e espiritualidade - 257
17 - Servos infiéis - 271
18 - Profecias - 285
19 - Os enviados - 299

Sobre a Médium
América Paoliello Marques (1927-1995) - 314

Apêndice - A.C. Telles - 322

    O profeta Jesus - 332

    O conhecimento do futuro é possível? - 334

    Qual o sentido do tempo? - 335

    O papel "relativo" dos espíritos, segundo Emmanuel - 337

    Algumas previsões através do médium Chico Xavier - 339

    Previsões do futuro nas obras de Allan Kardec - 340

    Modificações nas profecias - 342

    Futuro e profecias: O olhar dos cientistas - 343

    Afinal, por que é importante estudar o futuro? - 344

Depoimentos - 346

A PRECE DE AMÉRICA[2]

"Quantas vezes forem necessárias, Senhor, eu recomeçarei.

A tarefa de amor que me confiaste irá avante e eu envolverei àqueles que não Te conhecem com a Luz do Amor que Tu me envias.

Eu amarei, Senhor, as horas de provação que me veem, porque nelas vejo horas abençoadas de minha existência.

O chão em que piso foi regado pela incompreensão, porém, a fermentação por ela causada auxilia a formação do adubo precioso que será absorvido pelas sementes do amor que já trago em meu espírito.

Olho meu semblante e vejo que procura ainda a paz onde ela não está e, apiedando-me dele, procuro dar-lhe o meu envolvimento de amor para que tenha uma trégua em seu sofrer. Nada espero que me dê em troca, porque a paz do Senhor é minha única recompensa!

Dá-me, Senhor, a força de permanecer erguido entre aqueles que se curvam para recolher as dádivas transitórias da vida e que meus olhos, fitos no futuro, permitam-me pressentir as pequenas vitórias que já me concedes, estendida àqueles com os quais desejo caminhar.

Eu os apresento a Ti, Senhor, e invoco para eles a Tua bênção, o Teu Amor. Sei que Teus filhos amados estão comigo nas horas do testemunho, porém, peço-Te, não para mim, mas para eles que não te conhecem. Envolve-os em Teu puro e santo Amor!...

Da atmosfera de paz dos ambientes espirituais, Tu me conduzes ao contato dos que amo, Senhor. Dá que eu possa opor-lhes diante dos olhos a visão da paz íntima que me fizeste conhecer e, alegremente, dar-lhes o testemunho de quão valiosa é a Tua presença dentro do coração humano! Continua Senhor, a trazer ao meu espírito a paz que conheci e que amo como feli-

---

[2] - *Evangelho, psicologia e ioga*, cap. 4 "Mensagens".

cidade suprema. Nada espero que me venha de fora. Na intimidade do meu claustro interior, tenho meu contato contigo e sinto que não recebi em vão a Tua paz.

Sou aquele cuja impossibilidade diante da luta demonstra a confiança que tem em Teus desígnios.

Chegou a hora feliz, Senhor, em que reencontro com meus irmãos do passado e posso demonstrar-lhes meu amor, esclarecido à luz da fé que me inspiras. Erros, cometerei ainda, mas que importa, se permanece para mim a bênção do tempo e sei que, ao fim da jornada tu me esperas porque procuro realizar a contento as tarefas que me cabem? Que importa a mim a luta, se sei que estás comigo? Que importa a incompreensão de meu irmão, se sei que me compreendes? Que importa o cansaço da luta, se sei que é nela que Te posso encontrar.

Tenho só uma diretriz, Senhor – estar Contigo. Existe mais alguma coisa à minha volta? Não importa. Há sofrimento, há desengano, há incompreensão, há tortura moral, há contradição? Somente sei que estás comigo e que eu Te procuro através de todas as circunstâncias do Caminho. Eu Te amo, Senhor, através de meus irmãos. Não os vejo diante de mim. Vejo a Ti, Senhor, e por Ti eu os amo. Curvo-me diante deles, ausculto-lhes as dores e dou-lhes o lenitivo que sou capaz de proporcionar-lhes. Na realidade, não existo, Senhor, com objetivos pessoais.

Existo como parte de um todo que Te pertence e dentro dele executo a minha parte, de acordo com a Tua vontade.

Se meu irmão não compreender meu amor, perdoa-o, Senhor, que eu também o perdoarei. Se ainda não pode ver-Te, continuarei a ver-Te por ele e esperarei a hora em que possa fazê-lo por si mesmo. Não exigirei dele que me dê a compreensão que não tem e saberei esperar compreendendo sua impossibilidade temporária. Sei que chegará seu dia de Luz e ante gozo o instante em que a Paz também lhe pertencerá. Dá-me forças, Senhor, para que, até lá, eu o ame inalteravelmente, vendo pacientemente germinarem suas forças positivas.

Que a luz do Senhor esteja com todas as criaturas."

Esclarecendo

A Recepção Mediúnica de América

Como se deu o processo mediúnico de América Paoliello Marques na recepção e produção de livros cujo conteúdo foi transmitido, orientado e inspirado por Espíritos desencarnados? O que há de singular?

Para responder essa questão apresentaremos esclarecimentos da própria médium e de seu Guia, Ramatis.

Ressaltamos que não são esclarecimentos apenas relativos à produção desta obra, mas esclarecimentos gerais aplicáveis as peculiaridades do intercâmbio mediúnico entre América e o Plano Espiritual Superior, na elaboração de outras obras..

Esclarecimento de América

Numa reunião mediúnica do Grupo Rama-Schain, em 1986, América ressaltou que representa um enorme desafio para os Guias Espirituais, que vivem em planos bem mais elevados, traduzirem as realidades do Espírito em termos do intelecto humano: fazer com que o "maior" caiba no "menor"?. Ela descreveu um pouco de seu trabalho como médium:

> ...Durante vários anos nós tivemos trabalhos de desenvolvimento mediúnico em que nos conduziram a uma vivência do desdobramento astral, com auxilio da corrente, para nos dar segurança, seguindo orientação dos guias espirituais, num preparo diário de prece, meditação, e estudo. Nós fomos, por diversas vezes, conduzidos ao plano astral, onde está situada a Colônia do "Grande Coração". Nessa colônia existe a sede espiritual da "Fraternidade do Triângulo da Rosa da Cruz". É um local belíssimo, bucólico, com uma vibração extraordinária, que não dá vontade da gente voltar.
> Esse trabalho visava levar os nossos espíritos a um plano mais elevado, onde estava sendo elaborada uma forma nova de encarar os problemas espirituais. Uma forma muito característica da Era do Mentalismo, uma Era de Sínteses, onde por necessária expansão da mente, o homem vai chegar a perceber os pontos comuns que existem nas diversas formas do conhecimento difundidos na Terra...

América explica como recebeu as mensagens que deram origem ao livro *Evangelho, Psicologia e Ioga*, inicialmente apostiladas com o título *Estudos Espíritas* nas décadas de 1960 e 1970:

"Foram preparadas vinte e oito lições que o meu espírito absorvia durante o sono e durante o desdobramento consciente. Quando dentro do corpo físico a memória astral se abria, e instantaneamente saiam os esquemas, os resumos e o texto de uma vez, como se eu tivesse decorado tudo aquilo. Esse trabalho é, então, fruto de uma mediunidade mais consciente e voluntária, não de uma mediunidade inconsciente e arrastada pelos fenômenos."

ESCLARECIMENTO DE RAMATIS

Na década de 1950, começou a ser elaborada "Mensagens do Grande Coração", com a colaboração de várias entidades espirituais, especialmente Ramatis que, na introdução, assina a mensagem "Esclarecendo". Nela ele fornece detalhes do processo de transmissão e recepção mediúnica no trabalho com América:

"Muito nos agrada a simplicidade e, com esse objetivo, concordamos alegremente em fornecer esclarecimentos a respeito dos fenômenos mediúnicos de que participam os companheiros encarnados que nos transmitem os pensamentos.
A presente obra foi recebida através do fenômeno da psicografia telepática. Mediante a simbiose mental estabelecida entre um encarnado e um desencarnado, são os pensamentos emitidos e recebidos numa identificação recíproca. O médium, ao sentir a vibração do espírito, entrega-se a um alheamento completo do ambiente circunstante, tornando-se passivo à atmosfera espiritual que o cerca. Escuta, interiormente, o pensamento transmitido e, traduzindo-o em palavras, leva-o ao papel. Sente-se instrumento passivo da mente a que se ligou e procura, com a rapidez possível, organizar as frases capazes de levar, quem as ler posteriormente, à compreensão mais aperfeiçoada possível daquilo que vem sob a forma de pensamentos, a repercutir com clareza e precisão dentro de si. Sente que as hesitações surgidas no correr do trabalho não estão ligadas ao pensamento, mas à forma. A rapidez com que fluem as ideias causa-lhe pesar, por não conseguir transformá-las todas em palavras. Poderia fazer de um pequeno trecho um desenvolvimento maior, caso conseguisse mais presteza na fixação das ideias. Constrangido,

reconhece que é um filtro capaz de dar passagem apenas a uma parcela do pensamento transmitido; entretanto, esforça-se por aperfeiçoar sua técnica de recepção, em obediência ao objetivo de aprimoramento.

A divulgação das experiências íntimas dos médiuns em seu trabalho espiritual tem um fim educativo de colaboração. Bendizemos a imprensa, que permite aos homens do século XX um intercâmbio tão vasto de ideias, que muitas vezes aproximam-se do conhecimento recíproco antes mesmo de haver um encontro real no plano físico.

O medianeiro sincero e leal não teme a análise de seu trabalho feita com intuito de esclarecer. Sabe que o valor do que recebe baseia-se, não na excentricidade dos meios, mas na certeza da retidão de sua conduta. Para ele, que dá tudo ao seu labor, encontra-se atingida a meta quando sente cumprida a sua parte com sentimentos cristãos.

A mediunidade consciente tem o valor de desenvolver as qualidades de discernimento, observação e doação completa e voluntária do esforço. Àqueles que se impõem por sua orientação cristã será dado o crédito que por direito lhes cabe.

O homem do futuro será um médium consciente em ligação nítida com as Esferas que o orientam. Generaliza-se o intercâmbio com os espíritos no presente como introdução a essa fase evolutiva da Humanidade, quando já não serão exigidas dos médiuns provas que exorbitem dos fenômenos comuns de telepatia, pois, utilizada como início de comunicação normal entre os homens, bem poucos haverá que ainda necessitem de provas especulativas da vida espiritual. Estarão aptos a sentir que maior prova de espiritualidade existe na elevação de pensamentos e objetivos nobres de um trabalho do que no girar das "mesas falantes" que serviram para despertar a Humanidade distraída, para os fenômenos comprovadores da imortalidade da alma.

A quem tem "ouvidos de ouvir" e "olhos de ver", levando na alma a sensibilidade apurada por experiências redentoras do passado, um simples pensamento bem encadeado será capaz de orientar no reconhecimento da Verdade. Aos que despertam para a vida espiritual, embora não tragam um grande cabedal de experiências vividas, a singeleza da Verdade encantará sempre. Somente a quem traz em si o vezo característico do negativismo retroator será insuficiente a comprovação da lógica, pois buscará artifícios do pensamento para cruzar repetidamente a estrada real da Espiritualidade sem decidir-se a caminhar por ela.

Para as almas sensíveis às Verdades Eternas será fácil compreender que a misericórdia do Senhor desça sobre as criaturas de forma tão generosa que ultrapasse mesmo a expectativa. Se meditada profundamente, a vida é por si mesma um fenômeno inacreditável com o qual já nos habituamos. Se ao próprio espírito impuro e criminoso é concedida a felicidade do recomeço num corpo físico de cuja harmonia e perfeição está longe de poder julgar, por que ao espírito desejoso de progresso estariam vedadas as dádivas mais sublimes do Amor Divino? Aos que julgarem demasiadas as bênçãos do Céu que receberdes, perguntai que ideia fazem da infinidade de recursos da Fonte de Toda a Vida. Ao pai que deseja estimular o progresso de seu filho nada parece demasiadamente generoso, desde que possa ser aproveitado.

A incredulidade é característica das almas avessas ao progresso, negação da grandeza da vida, a tolher os passos de quem a ela se entrega.

Bendizemos quem, à semelhança dos pequeninos da Terra, tem a alma receptiva para a Verdade. Tornou-se um hábito enraizado nos homens o negativismo, com raízes profundamente lançadas através de milênios de deturpação do sentido real da existência. Como vasilhas colocadas em posição invertida são incapazes de colher a chuva de bênçãos que desce do Espaço Infinito. Precisariam sofrer, por ação do próprio pensamento, uma reversão que os capacitasse a compreender; entretanto, confundem este trabalho de reversão com a atitude infeliz de quem tudo aceita, conformado com sua incapacidade para discernir. A situação receptiva para as verdades do espírito já é em si um alto discernimento. Os incrédulos lançam sobre os que se esforçam por evoluir a peçonha do seu despeito, por sentirem que são ainda incapazes de realizar as renúncias necessárias a quem deseja trocar o engano pela realidade!...

Classificam-se pois as criaturas, diante das mensagens da vida mais alta, em três categorias: as que passam indiferentes como quem vê uma porta e segue sem mudar de rumo; as que param para examinar, sobem os degraus da entrada, mas não se animam a dar volta à maçaneta, e finalmente as que, pressentindo a luz que está por trás da porta, abrem-na e beneficiam-se com o esplendor de suas irradiações! A essas últimas são dirigidas as palavras singelas desta obra, transmitidas do plano espiritual por algumas almas de boa-vontade .

Que o Senhor faça sentir a todos a profunda sinceridade que envolve no mais puro sentimento de amor cada palavra aqui registrada e que, acima de fatos e nomes, possam todos apreender a mensagem de esperança que revelam a quem sonha com uma Humanidade cada vez mais irmanada e feliz!

Paz e Amor,
RAMATIS

AO LEITOR

Rio de Janeiro, 14 de julho de 1982
América Paoliello Marques

Na oportunidade do lançamento desta edição convém refletir sobre as palavras proféticas do Evangelho de Jesus que se encontram no início da obra. Pronunciadas há dois mil anos para descrever as grandes necessidades de renovação da Humanidade, constatamos que a presença pessoal do Amigo Sublime entre nós em nada conseguiu alterar o panorama por Ele descrito em eras tão recuadas.

Verificamos desse modo que, se não fosse a nossa ignorância espiritual, não haveria necessidade de que outros Espíritos de Luz viessem renovar comentários esclarecedores sobre o alertamento esplendoroso feito pelo doce Rabi da Galileia.

Nossa grande eficiência em termos científicos e tecnológicos tem servido apenas para reafirmar a validade das palavras do Senhor, a quem, na melhor das hipóteses, louvamos por palavras e até podemos amá-Lo sinceramente sem ainda conseguirmos segui-Lo como convém. Entretanto, o apelo continua a se repetir como um eco insistente. O "Espírito" derramou-se sobre toda a carne sob a forma de mensagens espirituais numerosas, confrontando-se, passo a passo, com o "bezerro de ouro" da adoração aos bens materiais de toda espécie, como resultado da negação sistemática e cientificista das realidades maiores da vida.

Continuamos a "matar os profetas" representados por nossas esperanças de imortalidades vazadas através dos canais da intuição e a "apedrejar" os que nos são enviados, hoje sob a forma mais sutil e "civilizada" do menosprezo e da marginalização cultural.

Jesus, para muitos, foi um idealista, porém, seus ensinos encontram-se inacessíveis e até perigosos em termos de segurança pessoal. Dessa forma, ainda confirmamos Suas palavras: todos são chamados, mas para sermos "escolhidos" grandes opções precisarão ser feitas, através das quais serviremos à Força Interna ou Centelha Divina que habita em nós, ou a Mamon, o deus da cobiça, do prazer delituoso, da agressividade e do desamor.

Felizmente, entre os escombros da Civilização do II Milênio começa a ser esboçada a Nova Civilização do III Milênio, no que hoje chamamos de "cultura alternativa", de "minoria silenciosa", como sinais precursores de necessárias e profundas renovações. Hoje, grande descrédito existe em relação às "revoluções", que deixaram sempre atrás de si o sabor amargo dos sentimentos antifraternos, para impossibilitar a harmonização entre os seres humanos.

Destruir, atacar, agredir para renovar, parecem hoje atitudes selvagens, que a Humanidade ainda não consegue superar, como se estivesse atrelada ao carro de sua própria autodestruição. Boa parte das pessoas mais sensíveis clama contra um tal desatino, sentindo-se, no entanto, impotentes e se preparando para assistir à confirmação das profecias que cumprem a Lei, pois "quem com ferro fere, com ferro será ferido..."

Entretanto, ao verdadeiro espiritualista as perspectivas de hecatombes no plano físico não são o que deve preocupar, mas sim o desastre moral que as acompanha. E, mesmo assim, o sentimento de gratidão ao Senhor permanece conosco, pois as grandes convulsões morais costumam ser sintomas de renovações próximas, e o fato de serem dolorosas não lhes retira o valor de correções proporcionais aos afastamentos humanos em relação à Lei do Amor.

Como nos tem sido repetido exaustivamente: "O senhor é o nosso Pastor e nada nos faltará". Se O amarmos, saberemos encontrá-Lo, não importa o que possa suceder à nossa volta.

Torna-se oportuno oferecer ao leitor algumas notícias de como a Fraternidade do Triângulo, da Rosa e da Cruz vem oferecendo a todos oportunidade permanentemente renovada de operacionalizar os ensinamentos para uma Nova Era.

Quatro anos transcorreram, e o Projeto de Implantação Gradual da Comunidade Lar Nicanor continua em andamento. Sabemos que essa é uma semente espiritual de difícil aclimatação na Terra, pois representa uma experiência que visa testar a possibilidade de ser criado um estilo de vida compatível com os ideais da legítima fraternidade entre os seres humanos.

Um pequeno grupo responde por tarefas imensas, sentindo-se sobrecarregado de trabalho e de preocupações constantes, mas o desafio é demais precioso. Em alguns anos de lutas sentimos alegrias tão promissoras para os ideais que abraçamos, que convidamos a todos a se reunirem a nós nesse esforço que não nos pertence, pois vem sendo orientado pelo Plano Espiritual, o que nos faz crer que por isso ainda não desapareceu. Não recebemos ainda auxílio de nenhuma espécie, embora atendamos gratuitamente a famílias necessitadas nas áreas de educação, saúde, esclarecimento espiritual e social. Como uma Comunidade laboriosa, temos projeto de nos tornar autossuficientes, entrosando-nos com os princípios de administração de empresas que não se contraponham aos ensinamentos espirituais. Assim, desejamos integrar a cultura humana com a Espiritualidade dentro do Amor Evangélico apregoado pelo Mestre.

Utopia? A resposta pertence a nós. Responderemos ao chamado ou nos omitiremos por comodismo, receio ou incompetência?

A Vida nos é oferecida generosamente. "Veja quem tem olhos de ver e ouça quem tem ouvidos de ouvir..."

Palavras da médium

Rio de Janeiro, 7 de agosto de 1977
América Paoliello Marques

"Convém que nos situemos adequadamente diante da Vida, enquanto estamos a caminho". Nossas naturais oscilações de humor, a necessidade que temos de nos submeter a experiências as mais diversas para chegar a 'sentir' a realidade do nosso processo interno, todos os altos e baixos consequentes da nossa problemática de existir, constituem o acervo ou o material precioso, cujos componentes interatuam para uma reestruturação constante de nossa contextura psíquica.

Precisamos compreender que se encontra superada a época na qual a Humanidade terrena procurava construir normas de ação baseadas em especulação filosófica, fruto de intelectos privilegiados, considerados os gênios da nossa cultura. As grandes inteligências ditavam o pensamento mais avançado, determinando as tendências de épocas marcantes do progresso. Assim aconteceu com os pensadores da Grécia, da Idade Média, com o grande impulso representado pela Renascença. Em seguida, surgiram os princípios da era científica moderna, o Positivismo, o Existencialismo e uma ampla gama de experimentações de caráter intelectual a orientar a vivência humana.

Quanto mais complexa a concepção filosófica em questão, maior se torna o abismo entre o compreender e o realizar. Daí o surgimento de uma civilização tão sofisticada que a pessoa humana, como tal, representa um dado a mais, impotente e insignificante, na superestrutura de aço, a moldar, por formas pré-fabricadas, o material plástico do existir humano.

Onde a felicidade? Onde a paz?

Grandes correntes do pensamento atual buscam avidamente uma reação à tendência artificial da vida no Planeta. Um grande fluxo de curiosidade ansiosa busca as vivências dos grupos do Oriente. Contesta-se a mecanização da vida e os protestos surgem sob a forma de violência, subversão, terrorismo e marginalização.

À violência da desumanização, respondemos com endurecimento, ódio, revolta, como quem estivesse em desespero e se protegesse a esmo contra tudo e contra todos. Parece que, mesmo os que buscam um estilo de vida, interessado na pessoa humana, conseguem somente subprodutos dessa rica fonte de vida, e vemos resultados decepcionantes como a comercialização dos ensinamentos do orientalismo ou sua deturpação degenerando num individualismo marginalizante.

Surge, então, nítida entre nós a lembrança de uma advertência preciosa - 'Guardai-vos dos falsos profetas', aqueles que apregoam ensinamentos miraculosos para proporcionar a aquisição de qualidades que hipertrofiam o personalismo: poderes mentais, sucesso na vida, distorcendo o sentido da real espiritualização, por fazerem concessões ao mercado de consumo e, por sua vez, afirmarem-se no sucesso entre os homens que procuram o bem-estar passageiro com esquecimento da realidade de seu futuro espiritual.

Nesse panorama rico de opções, acrescenta-se um fator que amplia ao infinito os caminhos a serem seguidos. E a característica marcante de nossa época: não existem mais imposições ou definições que sejam aceitas pacificamente como válidas. O homem aprendeu a contestar, discutir, debater, reexaminar incansavelmente o que lhe é proposto. Parece que, como um prenúncio da Nova Era da Humanidade, cada qual sente que precisa determinar, de maneira autônoma, seu próprio caminho.

Percebe-se, em tudo isso, o alvorecer de uma Nova Era. Porém, à liberdade de ser corresponde a responsabilidade de situar-se e responder pelo resultado das ações feitas.

Nesse panorama, aparentemente caótico, um dado de grande valor desponta. Sente-se a busca do que é simples. Parece que, após perambular exaustivamente pelas paragens áridas do frio intelecto, o ser humano sente a nostalgia de suas raízes vivenciais. Fala-se de problemas ecológicos, de retorno à Natureza. Grupos e pessoas isoladamente abandonam as cidades cuja alma de cimento armado aparenta emparedar a necessidade de viver plenamente.

E, como sinal mais promissor dos 'tempos que são chegados', inicia-se a pesquisa do lado místico da vida, como uma forma de combater o ressecamento espiritual de nossa cultura.

Os pesquisadores investigam os fenômenos psíquicos dos chamados 'primitivos'. Os médiuns são alvo de grande curiosidade. E nunca se viu tantas seitas e uma difusão tão grande dos ensinamentos espirituais de toda ordem.

Porém, até essa curiosidade, que assemelha promissora, pode se constituir em mais um risco para a Humanidade. Se as diretrizes profundas do homem moderno continuarem a se caracterizar pela falta de Amor, os dois fatores – liberdade na autodeterminação e domínio do campo psíquico – não serão suficientes para renovar a vida no Planeta e, ao contrário, constituirão mais uma ameaça feroz à tranquilidade do existir humano.

Começam a surgir notícias cada vez mais frequentes sobre o uso dos conhecimentos dos mecanismos da mente para exercer controle sobre outros, fazer espionagem, enfim, transferir os crimes comuns da vida física para o campo mais sofisticado da ciência mental.

Uma civilização que adquire o controle do campo sutil será autodestrutiva ao extremo se não parar para ouvir os ecos amoráveis do ensinamento vivo do 'Amai-vos uns aos outros como Eu vos amei.'

Saindo do campo do conhecimento teórico milenar que a Humanidade possui em relação aos deveres fraternos, precisamos retornar à simplicidade da exemplificação plena do Amor. Todas as outras conquistas serão periféricas e surgirão como consequências naturais de um progresso 'de dentro para fora'.

A presente obra, ditada pelo Amigo querido que é Ramatis, visa testemunhar o grande valor que o Oriente espiritualizado atribui à missão do Mestre Jesus. Pretende, desse modo, atingir dois objetivos específicos: auxiliar os que, ainda a tempo, estão despertando para passar ao 'lado direito' do Pastor e proporcionar àqueles que 'herdarão a Terra' elementos de meditação sadia para a consolidação da fase de recuperação espiritual que se seguirá à grande avalanche de provações redentoras do final do século.

Enquanto estamos a caminho na Terra, uma abençoada oportunidade de renovação nos é oferecida. Continuamos nessa obra a lançar o apelo de trabalho a todos os irmãos para que, mesmo vivendo uma época tão conturbada como a nossa, possamos nos enriquecer com os frutos de um trabalho de Amor inspirado na figura ímpar do Mestre Galileu.

A Fraternidade do Triângulo, da Rosa e da Cruz prosseguirá na Terra o esforço de oferecer, através de um pequeno núcleo de trabalhadores, a oportunidade de serviço iniciado com a publicação de *Mensagens do Grande Coração*, vinte e dois anos atrás.

Nesse núcleo, uma experiência fraterna se consolida dia após dia, na abençoada tentativa de quebrar os elos do exclusivismo e viver uma experiência integradora com a Vida. Continuamos a criar laços, em uma grande família espiritual, respondendo aos apelos de nossos Orientadores.

Na oportunidade do lançamento desta obra, recebemos uma proposta para a criação de um Lar de amparo à infância. Como os planos não nos pertencem, consideramos nosso dever comunicá-los, para que se cumpram com a colaboração de todos. Teremos, no "Lar Nicanor", a casa fraterna onde a criança receberá amparo para se tornar o homem herdeiro pacífico da Terra; o adulto receberá orientação e conforto espirituais, e a inteligência espiritualizada encontrará o campo da pesquisa e do estudo científico do ser humano integral, tendo em vista sua destinação eterna dentro do Universo. Será, simultaneamente, um lar cristão, uma clínica para o sofrimento humano e um núcleo de pesquisas corajosas dos melhores meios científicos de vida em harmonia com a Força Criadora do Universo.

Em todas as transformações que tivermos de passar, um fator precisará ser preservado como até agora: a figura do Meigo Nazareno, do Pastor Amigo, daquele que é o Herói da Renúncia por Amor, que constituirá o centro de nossas cogitações, pois acreditamos ser Ele o Caminho da Verdadeira Vida."

Prefácio - Ramatis

Abençoadas sejam as horas em que o Senhor nos permite dirigir-nos a vós.

Seres encarnados, alegrai-vos, pois está próxima a hora da redenção. Quando, em vossa casa terrena, vos dispondes a desenvolver o "dia da faxina", sabeis que levareis um período de desconforto, mas, na antevisão do bem-estar causado pela limpeza e arrumação, vos predispondes a suportar o incômodo da poeira e do cansaço que a tarefa exige.

Em vossa tela mental, colocai nítida a visão da "Jerusalém renovada", que surgirá na Terra quando houver passado o furacão da dor e houverdes conjugado o fantasma do medo por ele evocado para vos enregelar às reações positivas.

Conseguimos identificar em vós, em ocasiões decisivas e traumatizantes, as reações da coragem e da mobilização geral dos recursos. Por que haveríeis de temer os "tempos que são chegados" se eles representam a mais bela promessa de vida que o Senhor vos poderia proporcionar nessa fase evolutiva do Planeta?

A História está cheia de fatos que demonstram a capacidade de autossuperação dos homens, individual e coletivamente. Vós, que ouvis falar da fé que, mesmo do tamanho do grão da mostarda, é capaz de remover montanhas, como podeis temer a época decisiva da renovação espiritual do Planeta?

Alegra-nos a aproximação dessa hora, pois ela fará mais aguçada a percepção do homem. Canalizará para os acontecimentos espirituais o potencial vultoso de energias despertas no conjunto psicofísico avançado que o ser humano terrestre já representa. Obrigará, como num desafio proveitoso, os espíritos amortecidos pela matéria a colocá-la no plano secundário ao qual pertence e a vencer, finalmente, a inércia milenar do materialismo involutivo.

Como gotas homeopáticas de alta dinamização, as dificuldades do final dos tempos vêm hipersensibilizando as almas mais afeitas aos problemas do espírito. Entretanto, as de menos receptividade lançam-se ainda em direção ao abismo que se abriu entre o homem e a sua paz interior nessa fase em que o ressecamento espiritual provocou imensas brechas no panorama espiritual da Terra. Hoje, esses seres sem norte sentem-se como se o solo lhes faltasse sob os pés. Uns assumem a atitude interior do desespero, deixando-se arrastar, sem reação, pela avalanche de incompreensões, maldizendo a Deus. Outros tomam a posição de desafio, não se sabe a quem nem a que exatamente, e agridem indiscriminadamente organizações e pessoas.

Mas, a vida continua implacavelmente sua programação renovadora, e o progresso vai sendo cada vez menos inteligível para os que não têm "olhos de ver."

Nossa tarefa, daqueles que se comprometeram com a era do consolador, é verter sobre vós, sob a forma de palavras ou irradiações simplesmente, as bênçãos espirituais de uma compreensão mais real da situação que viveis.

O desmemoriado, na hora da tempestade, sofre a incerteza do caminho a tomar. Aquele que acordar em si a segurança interior, capaz de funcionar feito bússola para encontrar o aprisco acolhedor, luta, sofre, mas vence e chega a ser amparado, por saber buscar seu conforto e segurança.

A voz do Pastor continua a soar nas trevas da ignorância e do esquecimento temporário. Por isso mesmo, os desmemoriados poderão alcançar rumo seguro. Ele encontrou meios de espalhar "sobre toda a carne" as "vozes do céu". E, mesmo quando o caminho estiver oculto pelas trevas do materialismo, e vossa percepção espiritual embotada, podereis, se fordes atentos, encontrar a senda interior da boa-vontade capaz de vos incorporar à caravana do Amor que há dois mil anos se desloca em direção a Ele.

Quanto mais vos aproximardes, mais audível será Seu apelo. Ele se intensificará como o som que ressoa mais fortemente à proporção que nos aproximamos do fundo da caverna em que nossa mais profunda intimidade espiritual pode ser simbolizada.

O Senhor vos espera para o reencontro milenarmente buscado, quando o torvelinho das provações do fim do ciclo vos impelir para o "fundo da caverna", tradicionalmente, desabitada do vosso mundo interior. Lá há aquecimento e provisão, há o Pastor que aguarda as ovelhas que atenderam ao chamado.

Gostaríamos que meditásseis sobre o significado da expressão "final dos tempos". Como todas as tentativas que o homem faz para expressar a Espiritualidade em palavras surtem um efeito menos positivo, essa expressão tem sido causa de incontáveis desajustes psíquicos em almas tíbias e despreparadas para a compreensão do que é eterno.

É preciso meditar para assimilar, no seu verdadeiro sentido, as mais elementares noções relacionadas com a vida espiritual e aguçar a percepção do que ultrapassa os conceitos de matéria, pois frequentemente há profunda antinomia entre os conceitos emitidos e a contraparte espiritual que desejam expressar.

A mente humana, considerando os fatos pelo aspecto imediato, refere-se ao "fim dos tempos" quando deveria, mais acertadamente, referir-se aos "novos tempos que são chegados", prenúncio da era de Paz e Amor, quando uma convulsão sacode o Planeta física e espiritualmente, para alijar os miasmas milenares a que já vos havíeis acomodado.

Felicitamos a Humanidade terrestre. O desvelo no qual se encontra envolvida nesta hora decisiva de sua transição, para uma escala mais elevada de realizações, é indiscutível. Como vós mesmos, pais e educadores, vos desvelais nas crises da adolescência e juventude, a Equipe Espiritual de Guardiães da Humanidade Terrestre mobiliza todos os recursos para vossa mais perfeita liberação. Alegrai-vos conosco e fazei-vos arautos dos tempos de renovação que são chegados, nos quais, mesmo que por meios adversos, a Luz da Espiritualidade se fará sentir com intensidade decisiva entre os homens.

Paz e Amor

Prefácio - Sebastião Camargo

Jesus e a Jerusalém Renovada é mais uma pérola de luz de valor incalculável para a literatura universalista. Sua grandiosidade literária desvela, ao estudioso sem amarras constritoras em seu intérmino aprendizado, a essência primordial da dimensão do Espírito imortal, em nuances não observadas até então, com a profundidade inerente ao olhar perquiridor de um cidadão cósmico desperto e iluminado em sua consciência. Para o venerando mestre e autor desta magnificente obra, Jesus, o Cristo Deus, é a Consciência diretora que a todos integra no orbe terrestre, e nós, os terrícolas n'Ele imanentes, somos a Jerusalém em via de ser renovada. Em sentido profundo, Jesus significa o Espírito individualidade, a Consciência profunda, o si mesmo, e a Jerusalém equivale à consciência ativa, à alma encarnada que, usualmente, carece de sua inadiável renovação e de sua sublimação estrutural. Cabe salientar a relevante participação de América Paoliello Marques dentro do processo de elaboração e de confecção desta obra-prima. Constata-se que ambos, instrutor e intérprete, harmonizaram-se em mesmo diapasão, para que a música das verdades espirituais pudesse traduzir-se límpida e cristalina em sua expressão de amor e de instrução para os que têm ouvidos de ouvir.

Segundo Ramatis, "o primeiro passo do aspirante à iniciação evangélica é saber que nada sabe e reconhecer que no Evangelho encontra-se a sábia expressão das leis da Espiritualidade. Para perceber na Boa-Nova a mais alta expressão da Lei Cósmica do Amor que rege a Vida, é preciso já estar de posse dos olhos de ver, no grau mínimo indispensável para a aquisição das aptidões básicas de um aprendizado infinito e redentor, que se inicia quando o ser deixa de usar o intelecto como fonte de sua orientação e passa a utilizar-se dele somente como meio complementar de evolução". Cumpre ao que anseia por tornar-se um verdadeiro aprendiz das realidades imperecíveis do Espírito, humildemente, abdicar do saber intelectual que até, então, o impregnava de preocupações impermanentes e dedicar-se ao aprendizado e à vivência das diretrizes de irrepreensível comportamento exaradas no Evangelho Cósmico – "repositório de força, vitalidade, vida", segundo Joanna de Ângelis –, a Boa-Nova que Jesus, o nosso Mestre, Modelo e Guia, veio trazer ao mundo, síntese das Leis Universais, reconhecendo a sua cidadania cósmica como Espírito imortal, experienciando mais uma ínfima etapa do seu intérmino aprendizado como tal, encarnado na crosta terrestre. Quando o ser lograr fecundar-se de boa vontade para as coisas do "céu", da vida espiritual, Espírito que é, abrir-se-lhe-ão as portas da iniciação ao "aprendizado infinito e redentor", pois "o espírito tem um caminho interior a trilhar, que o leva do mais simples ao mais complexo, das normas externas para as internas da vida espiritual. Portanto, será inútil alguém pretender tornar-se um iluminado se não é capaz nem de respeitar o horário de sua repartição sem que o chefe esteja presente ou de prestar um serviço sem visar recompensas. As disciplinas de caráter são o primeiro passo, sem as quais as experiências iluminativas jamais encontrarão campo". Superados esses entraves à sua iniciação, eis que novos horizontes se lhe descortinam, permitindo-lhe novos e inefáveis voos no processo de aquisição do conhecimento espiritual. A esse respeito, Ramatis acrescenta: "Quando o sentido direcional do Espírito desperta, ele 'sente' mais do que entende. Capta, em dimensão imponderável, tudo o que é capaz de orientá-lo em relação à Vida Superior, impossível de ser traduzida pelo intelecto, senão parcialmente."

Enfatizando a urgência da priorização dos interesses do Espírito, Ramatis reitera: "Antes da pesquisa científica do bem-estar humano, colocai a pesquisa espiritual dos interesses imortais do espírito e tereis encontrado a chave para construir a solução de todos os problemas. Podereis, então, fazer retornar o rio ao seu leito, pois as turbinas e todos os mecanismos estarão revistos sob novos princípios, capazes de suportar a pressão da água da vida eterna que constituirá a energia propulsora capaz de transformar todo o vale em ambiente apto a comportar as renovações infinitas de uma humanidade feliz porque integrada em sua constituição total homem-espírito". Como assevera o insigne Mestre, se voltarmos a nossa atenção para o estudo das verdades da vida espiritual, libertar-nos-emos de todos os males para os quais, por ora, não encontramos solução. Jesus, o Sublime Peregrino, no dizer de Ramatis, já afirmara: *Conhecereis a verdade e ela vos libertará*. "Não apenas a verdade-informação, mas, sobretudo, a verdade (trans)formação é a que liberta e promove a consciência para o nível desperto, uma vez que nível de conhecimento e nível de consciência são patamares, via de regra, nem sempre sintonizados. A verdade-consciência é resultado da experiência com Deus. Mais do que o saber, o sentir e o viver, é o que dilata a compreensão para o encontro com o Cristo interior."[3] Indispensável que abandonemos velhos dogmas, o apego a ideias ultrapassadas, ante o mundo novo que se abre ao Espírito ávido do conhecimento espiritual transcendente, para que, sob nova ótica, diferentes paradigmas possam ser estabelecidos para o enfrentamento e a solução dos reveses que as circunstâncias diárias nos apresentam. Tão somente por meio da implementação, em nosso cotidiano, das leis que regem as realidades do Espírito, seremos capazes de proceder às "renovações infinitas", indispensáveis, objetivando a construção de uma "humanidade feliz", solidária e fraterna, pela qual ansiamos.

Nesta admirável síntese, o nobre mentor não apenas estabelece um primeiro passo para alavancar as inadiáveis mudanças do modus vivendi pelo qual temos pautado nossas vidas até o momento, como enfatiza a imprescindibilidade do domínio do pensamento para alcançarmos os fins acima definidos, que haverão de nos facultar uma liberdade nunca antes vivida e a plenificação espiritual por que todos aspiramos: "Dentro de vós está o holocausto, a oblação, o ritual e a magia. 'Sois deuses', segundo Jesus. Propiciai-vos a vós mesmos o gesto sadio de permitir o crescimento de vossas sagradas potencialidades latentes. Começai por abandonar as atividades frenéticas do campo material, nas quais atordoais o Espírito para não vos lembrardes de que ele espera vosso esforço de burilamento. Aprendei a apreender

---

[3] - Sebastião CAMARGO, "Deus - Unidade/Variedade: analisando os corpos do macro ao microcosmo" In: *O despertar da consciência* - do átomo ao anjo. cap. 2, item 2.

vossa essência espiritual, em primeiro lugar, pela orientação do pensamento, a chave da vossa mente, o segredo da vossa evolução. A expressão mais elementar desse processo inicia-se ao ser obtido o domínio do próprio pensamento. Sem esse primeiro passo, nada se fará para chegar a expandir o complexo processo do desabrochar das potencialidades divinas em vós adormecidas". Jesus asseverou que o reino de Deus está dentro de nós. Eis aí o caminho por onde se inicia o processo do despertar espiritual. Cumpre-nos abandonar as preocupações excessivas com os prazeres da matéria e nos voltarmos para o nosso interior. Somos Espíritos. Em realidade, somos a resultante do que pensamos, do que sentimos, do que falamos e de como nos comportamos. Nossas manifestações dizem muito de nós, embora nem sempre expressemos o que se nos vai no pensamento, o qual, como ensina Ramatis – desde a Atlântida, o Egito, a Grécia, a Índia, a Indochina, até os dias atuais –, deve ser orientado, por ser ele a "chave da nossa mente, o segredo da nossa evolução". Para que possamos "propiciar a nós mesmos o gesto sadio de permitir o crescimento de nossas sagradas potencialidades latentes", compete-nos empreender o esforço de "obter o domínio do próprio pensamento". Para tanto, muitos mestres espirituais têm repetido incansavelmente: vigilância e disciplina. Mobilizemos a vontade para lograr êxito em tal intento. Sejamos homens e mulheres de boa e firme vontade, confiantes de que o nosso destino é a felicidade sem jaça, entretanto, imprescindível o esforço, o empenho na autodisciplina. A fé irrestrita em Deus, nos bons Espíritos que orientam os nossos destinos e em nosso Mestre Jesus Cristo, auxiliar-nos-á nesse sagrado mister de "permitir o crescimento de nossos excelsos potenciais inatos", conquistando maior lucidez e liberdade.

 Devemos pautar os nossos passos pelo Evangelho do Cristo, pelas bem-aventuranças, código de ética do cidadão universal consciente, magistralmente sintetizado por Jesus, por ocasião do seu imensurável esforço descensional à Terra, para nos trazer o roteiro do caminho para o conhecimento e a libertação espiritual. Ramatis, um dos mestres da humanidade, que a misericórdia de Jesus designou para nos orientar os passos nesse esforço de ascensão espiritual intérmina, assim adverte: "Se conseguirmos vos interessar pela vivência crística nos padrões acessíveis ao vosso nível atual de evolução, estaremos contribuindo para que escaleis os primeiros degraus da afinação interior, que vos permitirá penetrar no vestíbulo de uma futura compreensão espiritual do Mestre. (...) Conhecê-Lo, em verdade, representa viver-Lhe os ensinamentos." Sumariemos as suas advertências para bem fixar o roteiro dos primeiros passos a serem dados para esse nobre mister de autoiluminação: menos preocupações com a matéria, orientação e domínio do pensamento – pela vigilância e pela disciplina constantes – e, por fim, vivência dos ensinamentos de Jesus, do Seu Evangelho personificado.

APRESENTAÇÃO
A.C. Telles[4]

Novos voos

Caro Leitor,

Este livro **JESUS E A JERUSALÉM RENOVADA** inaugura a reconexão com um amplo programa espiritual, trazido à Terra na década de 1950. Um programa que busca encorajar o ser humano a elevar-se através das **duas asas**: do **Conhecimento-Amor** ou da **Razão-Sensibilidade**.

Uma Falange de Seres de Luz inspirou esse programa, cujo veículo e intérprete foi América Paoliello Marques, de cujas mãos abençoadas nasceram outras obras como: Mensagens do Grande Coração (1961), Brasil, Terra de Promissão (1969), Espiritismo-Hoje (1972), A Rosa e o Espinho (1974), Psicologia Abissal (1984), Evangelho, Psicologia e Ioga (1995[5]), Viagem em Torno do Eu (2005) e 21 apostilas do NEU-Núcleo de Estudos Universitários. Uma coletânea de textos selecionados dessas obras gerou novo livro, "Transmutação de Sentimentos" (2018), por meio de auto-publicação[6].

Por longo tempo, desde a década de 1990, não foi possível, reeditar a grande maioria dos títulos. Muitas pessoas das diversas regiões do Brasil que valorizam esses tesouros, perguntavam a respeito. O poeta Fernando Pessoa ensinou-nos:

*"Cada coisa a seu tempo tem seu tempo.
Não florescem no Inverno os arvoredos,
Nem pela Primavera
Têm branco frio os campos."* [7]

"Nada é mais poderoso do que uma ideia cujo tempo chegou" disse Vitor Hugo[8] (1802-1885). Assim, em 2019, surgiu o editor Manu Mira Rama (Liberdade & Consciência Editorial) que descobriu e conectou-

---

[4] - Conviveu com América Paoliello Marques por mais de quinze anos em seus núcleos de trabalho espiritual, clínico, científico e educacional. Busca colaborar como curador ou guardião do acervo e legado que América ofertou à Humanidade, no campo espiritual e científico.

[5] - Esse livro foi publicado em 1995, mas grande parte do seu conteúdo tem origem nas décadas de 1960 e 1970: Apostilas "Estudos Espíritas" da Fraternidade do Triângulo, da Rosa e da Cruz.

[6] - Obra-Síntese viabilizada com modestos recursos próprios do Fundo Editorial Nicanor, da Fraternidade que América fundou em 1962.

[7] - 30-7-1914 . Odes de Ricardo Reis. Fernando Pessoa. (Notas de João Gaspar Simões e Luiz de Montalvor.) Lisboa: Ática, 1946 (imp.1994), p. 38.

[8] - Reconhecido por Allan Kardec como um expoente do movimento espírita, Victor Hugo, foi membro da Academia Francesa de Letras e autor do clássico "Os Miseráveis". Como espírito desencarnado, o poeta francês Vitor Hugo inspirou o trabalho e produção literária de grandes médiuns brasileiros como Zilda Gama e Divaldo Franco. https://www.uemmg.org.br/biografias/victor-hugo

se amorosamente à obra Jesus e a Jerusalém Renovada: porta de ouro para chegar a América Paoliello Marques e seus Amigos Espirituais: Ramatis, Akhenaton, Nicanor, Rama-Schain e outros. Desde então, todas as obras serão reeditadas, além dos lançamentos de novos títulos com base em conteúdos inéditos. É um novo momento, Novos Voos, sempre impulsionados pelas duas asas, da mente e do coração!

Um Pouco da Autora

A essência da missão de América na Terra foi unir Espiritualidade e Ciência, em uma fusão harmoniosa e preciosa de quatro fontes de conhecimento: o Evangelho de Jesus, o Espiritismo de Kardec, o Mentalismo Oriental (Ioga) e a Psicologia Abissal. Durante mais de quatro décadas ela cumpriu essa missão, não somente pela produção de conhecimento, mas por meio de vivências.

A trajetória de América apresenta duas grandes etapas principais. A primeira, como médium - décadas de 1950 e 1960. A segunda, enquanto psicóloga clínica e pesquisadora científica - décadas de 1970 e 1980.

Apêndice: Uma Novidade

"Não vos inquieteis, pois, pelo dia de amanhã; porque o dia de amanhã cuidará de si mesmo. Basta a cada dia o seu mal."
Jesus (Mateus, 6:34)

Ao final de cada obra reeditada, incluímos um Apêndice. Passaram-se quase seis décadas desde a publicação da primeira obra de América. Após esse longo período, diante da imensa riqueza e amplitude desse trabalho, julgou-se oportuno oferecer aos leitores (novos e antigos), algo que auxilie a expandir e aprofundar a compreensão das obras de América, conforme sua necessidade e interesse. O Apêndice servirá, caro leitor, de fonte de consulta, para lançar luz em suas reflexões acerca do que lhe tocou a mente e o coração.

O Apêndice de Jesus e a Jerusalém Renovada abrange três aspectos:

- **O LEITOR**

Haveria ou não um perfil desejável para quem deseja estudar as obras espirituais de América? Ofertamos o diálogo entre América e Ramatis sobre possíveis pré-requisitos para o estudante dessa obra.

- **VISÃO ECLÉTICA**

Esse é um traço característico do Trabalho de América. Em que medida esta linha estaria em sintonia com a visão do pai do Espiritismo, o pedagogo Allan Kardec? Seria o aspecto eclético do perfil do codificador do Espiritismo pouco reconhecido, valorizado e estudado?

- **FUTUROLOGIA**[9]

"Jerusalém Renovada" significa "Humanidade Renovada", tema controverso e palpitante examinado à luz do trabalho de diferentes e notáveis médiuns, cientistas e pesquisadores. Revelações[10] e Profecias – como interpretar o sentido de previsões do futuro contidos no trabalho de América?

Exame mais abrangente e detalhado dessas três questões está disponível no site Memória Biográfica, de América Paoliello Marques, sob o título "Interrogações Espirituais: Em Busca de Respostas"[11]. Aqui, apresentaremos uma síntese deste trabalho, pois embora importante, o Apêndice deve ser breve.

Aí estão as Boas Novas que temos a imensa alegria de compartilhar em torno do resgate de um acervo valioso para a Humanidade nessa Transição de Eras. Em Jesus e a Jerusalém Renovada, Ramatis fala do **"contato com as atmosferas inacessíveis à razão humana comum"** que dependem de "duas asas" bem desenvolvidas: o cérebro e o coração. Que esta obra lhe sirva, caro leitor, como um roteiro sublime nesse esforço sagrado de alçar voos...

---

[9] - Conjunto de estudos que especulam sobre a evolução da técnica, da tecnologia, da ciência, da economia, do plano social, com vistas à previsão do futuro cf. *prospectiva;* estudo que trata das possibilidades futuras, levando em conta tendências manifestadas no presente.

[10] - Ato pelo qual Deus fez saber aos homens os seus mistérios, sua vontade ... Inspiração como que divina, lampejo" no dicionário (Houaiss). "Revelar, do latim revelare, tem a raiz velum, véu: significa literalmente sair de sob o véu, e, figuradamente, descobrir, dar a conhecer uma coisa secreta ou desconhecida (Allan Kardec, A Gênese, Capítulo 1, item 2). Quase todos reveladores encarnados são médiuns inspirados, audientes ou videntes ...Cristo e Moisés foram dois grandes reveladores. (Allan Kardec, A Gênese, Capítulo 1, itens 9 e 10)

[11] - http:// http://www.americapaoliellomarques.com.br/vida-e-obra/

01
Quem é o Pastor?

01 - Que deseja o Mestre Jesus de nós nesta hora decisiva da vida planetária? Achamo-nos tão incapazes de pôr em prática Sua sublime mensagem, que não sabemos por onde começar e, muitas vezes, desanimamos. Sem entender como aplicar Seus ensinamentos não nos julgamos, portanto, aptos a participar da Nova Era que surgirá em breve para o Planeta.

RAMATIS - As respostas vos virão gradativamente, à proporção que procurardes sintonizar com Ele. O desligamento periódico que vos impuserdes em relação aos interesses imediatos da vida será o meio de começardes a afinar vossos "ouvidos" espirituais. Nenhum milagre pode ser esperado na Criação, que é feita de harmonia e encadeamentos naturais. Lutar contra o imediatismo da vida material e procurar perceber a vida do espírito, filtrando-se através de todas as coisas, será o meio inicial para a tomada de posição que permitirá o desenvolvimento da percepção espiritual.

Não haverá proveito real do Evangelho enquanto ele permanecer para vós como fonte de belos ensinamentos nunca praticados. A Boa-Nova somente é realmente proveitosa para o espírito que para, a intervalos regulares, sua atividade externa e procura, no silêncio da prece e da meditação, "ouvir" o eco das palavras do Mestre no seu mundo interior, confrontando-as com seu modo particular de viver. Para isso, precisará silenciar a interferência dos ruídos das mais variadas procedências que atingem seu mundo interior.

02 - A que ruídos vos referis?

RAMATIS - Certamente, que às dissonâncias espirituais. As ondas sonoras que atingem os ouvidos físicos não têm o poder de perturbar o mundo interior do espírito imortal se ele se encontra em paz consigo mesmo. Entretanto, costuma-se atribuir à vida agitada do mundo moderno o ônus de causar neuroses e toda espécie de males. Reafirmamos o primado do espírito sobre a matéria. Se os ruídos externos vos atingem a sensibilidade é porque não sois ainda capazes de tê-la sob controle.

03 - Parece-nos um círculo vicioso. Se não possuímos o controle e o ambiente não facilita essa aquisição, como chegar a obtê-la?

RAMATIS - Pela tomada interior de posição adequada aos fins visados. Se desejardes construir valores espirituais, precisarei-vos dedicar às disciplinas do espírito, da mesma forma pela qual vos dedicais a exercitar o corpo físico e o intelecto, o que ora fazeis com tanto êxito.

04 - Na Terra, no momento atual, haverá meios de o homem se dedicar à vida espiritual com êxito? Que nos sugeris?

RAMATIS - Fazer escala de preferência para vossas atividades. O que realmente amamos, isso realmente nos consome as melhores energias do espírito e do corpo quando encarnados.

05 - De que forma organizar essa "escala"?

RAMATIS - Definindo-vos quanto aos reais objetivos aos quais desejais dedicar vossa vida.

06 - Possuímos objetivos de diferentes espécies em cada setor de nossa existência terrestre. Poderíamos manter em mira com igual firmeza e interesse tantas metas?

RAMATIS - Enquanto possuirdes visão fracionada de vosso ser, não conseguireis programar com segurança, pois ainda não sereis capazes de definir o centro gravitacional único sobre o qual tudo o mais precisa girar.

07 - A que centro gravitacional vos referis?

RAMATIS - Ao vosso espírito imortal.

08 - Não crê nosso irmão que seja essa uma definição pouco acessível a nós? Como realizá-la, ainda tão presos à matéria como somos?

RAMATIS - Pelo impulso que imprimirdes ao vosso processo evolutivo. A vontade esclarecida pode orientar vossas decisões mais íntimas. Muito se fala nas tensões e repressões, na necessidade de pesquisa dos processos inconscientes, e cremos que essa é uma real necessidade do homem em fase de despertamento espiritual. Porém, que fazer com as tensões liberadas pelo processo de emersão do inconsciente se, ao se efetuarem esses fenômenos, encontrarem o homem desarmado e ignorante em relação à forma de se orientar? Abre-se o aprisco, soltam-se as ovelhas famintas e sedentas, mas não se oferece o pastor para conduzi-las aos campos onde os verdes prados e a água fresca poderiam reconfortá-las.

09 - Embora nossa compreensão possa aceitar que seja Jesus o Pastor a que vos referis e haja em nosso espírito profunda reverência diante da grandiosidade de seus ensinos, julgamos prematura para nós a realização de uma sintonia com Ele. Logo, consideramos natural que as ovelhas não identifiquem o Pastor e saiam sem rumo pelos campos. Qual a solução para esse impasse?

RAMATIS - A solução será encontrada dentro de vós mesmos, quando vos cansardes de buscá-la fora, nas satisfações passageiras, e vos certificardes de que, realmente, não compensam os esforços despendidos para conservá-las. É questão de amadurecimento espiritual. A força da fé será o elo entre vós e o Sublime Peregrino. Porém, ela apenas exercerá seu papel revitalizador a partir do momento em que houver germinado. Mesmo do tamanho do grão de mostarda, seu valor será inapreciável, desde que germine. Quando se diz que o Senhor da Vinha tem um salário para os servos da primeira e da última hora, deseja-se ressaltar a extraordinária força de que as coisas espirituais se encontram impregnadas, de modo que uma segura emersão de fé é capaz de reformulações infinitas, mesmo nos espíritos mais comprometidos diante da Lei. Deseja se expressar em palavras comuns que a força do Amor é impulso de tal forma poderoso que ao ser despertada é capaz de refundir toda a contextura espiritual do ser. Uma espécie de força multivalente, ou seja, um dinamismo de natureza múltipla, capaz de ser filtrado através de todas as manifestações do ser, impulsionando suas potencialidades de forma antes impossível. Os servos da primeira, como os da última hora, receberão o mesmo salário porque o Amor não se abastarda, seja ao tocar o homem criminoso, como o santo – é força única, indivisível, imune à deterioração psíquica do ser que lhe recebe o impulso.

Jesus, ao passar pela Terra, curou e ergueu, contagiou os puros e os impuros com a mesma essência de Amor de que era portador. Tanto o malfeitor de estrada quanto o sacerdote fiel à Lei, a mulher sofredora e o avarento receberam o impacto de uma energia que lhes dinamizava o ser de forma incompreensível e lhes paralisava por instantes as expressões deletérias no sistema de forças espirituais que os caracterizavam. Semelhante a um dínamo extraordinário, gerador de forças espirituais imponderáveis, o Sublime Amigo aproximava-se dos seres em desequilíbrio exercendo sobre eles influência acalentadora e renovadora. Os que prontamente estavam intimamente amadurecidos pelo sofrimento redentor deixavam-se renovar pela estranha "enxertia psíquica" de seus conceitos originais e convertiam-se em "nova espécie" capaz de dar frutos sazonados e saborosos, de paladar desconhecido, porém inegavelmente renovadores das experiências humanas, em um grau até então desconhecido na Terra.

  Magnetismo salutar jorrava de Suas mãos e de todo o Seu ser. Uma cascata de luz invisível ao olhar humano era desprendida de Sua fronte, aureolando-lhe a cabeça e tornando indescritível a expressão de seu rosto nos momentos em que, compassivo e poderoso, concentrava-se para emitir vibrações de doce reconforto aos padecimentos humanos.

  Não poderia expressar por palavras os conceitos espirituais mais altos, por serem inacessíveis à compreensão daqueles seres cuja vivência, quase que exclusivamente carnal, não oferecia elementos de contato com tais eventos espirituais que se desenrolavam diante de seus olhos, cegos para as coisas do espírito. Ciente de tal distância entre Sua presença renovadora e os seres que o cercavam, falava-lhes sem palavras, sob a forma de vibrações emitidas de seu ser em termos de eternidade. Poder-se-ia dizer que "falava através do tempo" à Centelha de Vida Eterna existente em cada ser, tocando-os de forma impossível de ser expressa mesmo pelos que eram tão profundamente atingidos pela sublime emissão de forças cósmicas desencadeadas pela presença do Sublime Pastor.

  Seu corpo estava presente, mas Seu espírito encontrava-se nessa hora em dimensão diferente, atuando sobre a aura da Terra. E os seres aos quais se fazia visível presenciavam supremo ato de magia branca, quando, ao emitir palavras singelas, irradiava para toda a aura da Terra o indescritível magnetismo cósmico do Amor, em dosagem inacessível em seu esplendor aos pequeninos seres que o rodeavam.

  Entretanto, os que O amaram renovaram-se por completo à proporção que abriram as portas da alma à Sua doce magia. Não o fizeram de súbito. Entregaram-se pouco a pouco, feito a criança que se aquieta, gradativamente ao contato da presença materna, após sofrer momentos de aflição. Absorve, gradativamente, o magnetismo do amor, sente-se segura, acalentada e adormece tranquila.

A alma que sofre o impacto do Amor do Cristo tranquiliza-se aos poucos e aprende a entregar-lhe suas dores e fraquezas para se renovar à proporção que crê mais firmemente no abrigo seguro por Ele representado. Deixarão de existir as tempestades? Não, mas o Amigo estará sempre presente.

10 - Não duvidamos de que Ele esteja presente, mas, sim, de nossa capacidade de percebê-lo. Sentimos dificuldade em permitir a expansão da fé. Hoje cremos e amanhã nos surpreendemos mergulhados na dúvida e na incerteza. Nessas horas, embora saibamos tudo que compreendemos, somos incapazes de vivenciar o ensinamento recebido, que nos parece até inacessível, em outra dimensão. Desse modo, como acompanhar o Pastor sem perdê-Lo de vista?

RAMATIS - É o Pastor que vos acompanha e não vós a Ele. Vossos passos não seriam suficientemente largos e seguros para acompanhá-Lo. Desse modo, podeis compreender que se Ele vos ama como Amigo que deixou as paragens celestiais, simbolizadas nas altas esferas vibratórias, para estar convosco e testemunhar de modo inesquecível Seu Amor, teve a intenção de vos dar notícia de uma fórmula de ligação pelos séculos afora em que vos reencarnaríeis e mergulharíeis novamente no esquecimento. Entretanto, na Terra, a cada renascimento encontraríeis a tradição que vos falaria de um meigo Nazareno que se deixou imolar para dar testemunho de Amor. Não vos bastaria tal fato para vos esclarecer sobre Sua intenção sublime de convosco permanecer? Que maior prova de Amor Lhe seria exigida? Bem se vê que não podeis ainda alcançar o significado da descida de Jesus à Terra, quando vos julgais abandonados aos acontecimentos, demonstrando-vos incapazes de erguer o pensamento e analisar o drama do Calvário em seu significado profundo.

Todo aquele que se ligar a Ele, seja onde for, em todas as épocas, encontrará o laço indefinível de Seu Amor, cuja vibração sempre esteve na Terra como aura protetora invisível. No entanto, a partir de Sua corporificação, mais fácil tornou-se a ligação com Ele, pela memória de fatos acessíveis ao entendimento humano – o sacrifício, a bênção do Amor, o reconforto da palavra amiga, a memória do gesto de compaixão e de justiça em seu mais elevado grau.

O homem obteve assim um ponto de referência, como uma fotografia do ser amado à qual se ligar para orar, pedir, implorar, sem no entanto sentir, ainda, que esse é apenas um meio para concretizar uma ligação que se efetua independentemente de toda exteriorização, quando o real Amor ao Bem desperta em seu ser.

11 - A que designais por "real Amor ao Bem"?

RAMATIS - Por questão de andamento incipiente do processo evolutivo, o homem costuma confundir o "bem" com o "Bem".

12 - Como definir essa diferença?

RAMATIS - É questão de centro de gravidade. O "bem" possui uma órbita individual. O "Bem" possui a dimensão de órbita universal. À proporção que o homem, na condição de espírito eterno, dilata a órbita do que considera benéfico, entra em nova dimensão e, inevitavelmente, aprende a sintonizar com o Bem. Suportar o incômodo da transição é o preço justo de tal conquista.

13 - Consideramos que a fé que possuímos deve ser ainda demasiadamente pequena. Sendo assim, o desânimo não será uma agravante para os que se sentem tão distantes da conquista dessa visão ampla da vida? Como evitá-lo?

RAMATIS - Vós vos encontrais na situação do menino da história infantil que jogou fora, pela janela, alguns grãos de feijão por julgá-los inúteis. Pela manhã, teve a surpresa de verificar que eles haviam crescido tanto que tocavam o céu, sendo tão fortes que poderiam suportar-lhe o peso para levá-lo a grandes alturas.

Fé, para a maior parte dos homens, é sinônimo de credulidade prejudicial. Esse é o legado recebido da noite negra do fanatismo medieval, quando se falava de fé ao pé dos instrumentos de tortura e cruzava-se a Terra para matar em nome do Cristo, do meigo Pastor da Galileia.

Uma associação inconsciente, como uma maldição não identificada, agregou-se à aura espiritual da Humanidade, impedindo-a de entrar na posse de sua maior força impulsionadora – a fé, produto do Amor. Joga fora, como o menino inconsciente, os pequenos grãos mágicos que poderiam sustentá-lo na subida a novos planos de vida.

Isso sucede porque, embora os homens se envaideçam de possuir conhecimentos intelectuais avançados, desconhecem as forças psíquicas de que são dotados. Tanto se deixam sugestionar pelos estereótipos gravados na mente coletiva humana, quanto são incapazes a investigar o valor das sementes de luz que trazem dentro de si.

Quando valorizarem mais sua condição de "ser humano" do que de "ser racional" passarão a novo estágio de investigação que se esboça na revolta desordenada contra a situação vigente e na procura inábil das manifestações do Amor.

Quebrados os "tabus" representados pela tradição que se alastra de forma subliminar contra as manifestações de fé, resultado da corrupção sofrida nesse setor, o homem começará a obter uma atitude serena na análise de seus efeitos.

Até hoje o homem tem procurado, muito justificadamente, combater a corruptela da fé, que é o fanatismo, mas sem fazer diferença entre ambas essas manifestações opostas. No lugar de força criadora interior, que é a fé, ele vê somente sua distorção – o enrijecimento empobrecedor do fanático, tão infelicitado em sua distorção que nem a percebe. Além disso, como é natural, procura combatê-la com armas semelhantes – os preceitos da razão distorcida, acessíveis unicamente às limitações de um intelecto condicionado.

Poderíamos comparar essa situação ao diálogo de um gago com um surdo. O primeiro simbolizando o ser traumatizado pelo domínio violento das emoções em choque, peculiares à mente fanatizada, e o segundo, o intelectual com capacidade de ouvir apenas com aparelhagem especial – os conceitos da erudição – mas surdo às harmonias reais que a verdadeira fé nos destinos do homem pode produzir.

Ao "gago" fanatizado será impossível discorrer produtivamente e conseguir agradar e convencer, pois seus interlocutores não poderão crer que sua fé seja poderosa a ponto de curar todos os males se não o defende de tal distorção psíquica. Ao "surdo" também a Humanidade não poderá dar crédito, pois sua deficiência impede-lhe a comunicação com as fontes mais poderosas da vida e cerceia sua capacidade de realização.

A *religião* distorcida continuará a digladiar-se com a *ciência* restrita aos condicionamentos materiais. Ambas se encontram agindo em plano bem diferente do que denominamos fé e que transbordava da personalidade ímpar de Jesus.

Fé representa um *impulso interior desperto* de forma irreversível, com o sentido direcional capaz de, seguramente, conduzir o espírito encarnado ou desencarnado ao desabrochar pleno de suas potencialidades latentes.

Os jovens que hoje reagem contra os estereótipos sociais e religiosos aproximam-se de uma situação adequada para levá-los futuramente a essa conquista, à medida que não permitirem novas distorções no caminho evolutivo. Alguns já sentem que será a presença de Jesus que os libertará. Que perseverem nessa busca. A semente da fé deixada por Ele na Terra é suficientemente vigorosa para servir de apoio à subida do espírito aos mais elevados planos espirituais, mesmo quando ainda encarnado.

       Jesus, desvinculado de compromissos, quer com a religião de seu tempo, quer com a intelectualidade dominante, quer com os partidos da política favorável ou desfavorável a Seu povo, foi, no entanto, o exemplo digno de ser seguido por todo aquele que se deseje elevar acima das incompreensões humanas. Como ser humano era útil a Si e à comunidade, sem Se deixar arrastar pelos desvios da época. Ninguém jamais O viu prejudicando alguém, colocando-se contra ou a favor de situações capazes de influir em problemas indignos de Sua atuação. Todo Seu cuidado era na direção correta de sua conduta, na participação harmoniosa com a Vida, na integração em termos de Amor.

       Se esse for o cuidado dos jovens e dos homens em geral, terão compreendido e, mais ainda, terão podido "sentir" Quem é o Pastor. Desse modo, seguramente imantados a Ele, não haverá escuridão ou tempestade que consiga desarvorar o rebanho.

02
Como segui-lo

14 - Como traduzir em termos espirituais o simbolismo do ato de "seguir" o Mestre? Se não O "vemos", parece-nos que, muitas vezes, esse esforço se torna igual a um caminhar às cegas, sem conseguir enxergar os detalhes da senda, embora saibamos a direção geral que é o Amor ao próximo.

RAMATIS - Compreendemos vosso problema e não é por outra razão que se intensifica o intercâmbio espiritual. A visão atrofiada do homem mergulhado na matéria é quase sempre deficiente para obter de imediato soluções evangélicas e, portanto, amoráveis. Mesmo quando se dedica à pesquisa dos fatos espirituais, é frequente que seu proceder ainda seja pouco espiritualizado. Conhece as leis, sabe, inclusive, que elas vigoram, mas não consegue acomodar seu comportamento às inumeráveis implicações psicológicas desencadeadas pela lei, que parece tão simples quando enunciada – "amai-vos uns aos outros."

O homem habituado à complexidade do pensamento acadêmico, que tudo parece simplificar pelo simples fato de classificar e sistematizar, perde-se no emaranhado das reações profundas do espírito por desconhecer seus mecanismos básicos em termos de eternidade. Pretende que, através da inteligência, seu padrão de comportamento seja superior a todos os seres viventes da Criação, porque entende e manipula tudo o que o cerca, inclusive o psiquismo, não somente de seus irmãos inferiores na escala da Criação, mas o do próprio homem, seu companheiro de experiências em grau evolutivo mais próximo.

Porém, essa necessidade de sistematização e classificação demonstra que ele é um espírito em grau de aprendizado inferior, ainda incapaz de adquirir aquela percepção globalizadora dos que "têm olhos de ver". Constrói degraus penosamente pela compreensão parcelada das várias gradações em que o processo de Vida se desvela aos seus olhos deslumbrados e, frequentemente, por efeito desse deslumbramento, toma a parte pelo Todo e se demora, cristalizado, diante do bezerro de ouro, construído por suas mãos, quando deveria alçar-se ao cume do monte para iluminar a própria vida com o soar dos trovões que acordaram a sensibilidade de um Moisés e as sarças ardentes capazes de consumir suas falsas concepções da vida.

Felizes os que prontamente podem compreender que têm dificuldades e mesmo quando, tendo recebido provas irrefutáveis dos fenômenos espirituais, conservam-se capazes de orar e vigiar com o intuito de não se deixarem cristalizar na auto-contemplação estéril.

Jesus foi um Mestre de luz altíssima, emanada dos planos siderais superiores. Seus ensinamentos traduzem leis cósmicas condensadas. Por isso, quem deseja segui-Lo precisa aprender o "código" capaz de extravasar para todo o conteúdo intraduzível em palavras que Ele, como Mestre, conseguiu colocar nas mais singelas palavras, obedecendo a uma redução fiel daquelas leis, traduzindo-as pela real escala na qual os conceitos percorrem gradação infinita, que se inicia no Macrocosmo para desembocar na linha fiel de um pensamento único através do microcosmo. Ele era capaz de acompanhar essa escala em sua pureza, desde a Fonte até sua manifestação na matéria. Sabia o que, na semente ou no grão de pó, fazia conexão com a força que os sustentava. Seu pensamento penetrante percorria as escalas da Criação livremente, situando cada ser corretamente no ponto em que estacionava naquela gradação infinita. Sabia, inclusive, o que representaria para o homem terreno tentar desembaraçar Seus ensinos do Simbolismo com os quais os revestira. Por isso, deixou-vos a afirmação "vós sois deuses" para gravar indelevelmente Sua certeza de que poderíeis, através dos tempos, criar um mundo novo de concepções interiores que vos habilitasse a decifrar seus ensinamentos.

Longe de vos recriminar por serdes ainda incapazes de vos afirmar fiéis intérpretes de Seus ensinamentos, nós nos congratulamos convosco por serdes capazes de identificar com clareza vossa impossibilidade de colocar em prática Seus ensinamentos tal como foram transmitidos. Tendo percebido que algo vos falta para isso, encontrastes a chave de vossa iniciação. O primeiro passo do aspirante à iniciação evangélica é saber que nada sabe e reconhecer que no Evangelho encontra-se a sábia expressão das leis da Espiritualidade. Os que passam distraídos por ele, julgando-o um conjunto de ensinamentos elementares, são realmente cegos que, muitas vezes, "conduzem outros cegos", no dizer de Jesus. Para perceber na Boa-Nova a mais alta expressão da Lei Cósmica do Amor que rege a Vida, é preciso estar de posse dos olhos de ver, no grau mínimo indispensável para a aquisição das aptidões básicas de um aprendizado infinito e redentor, que se inicia quando o ser deixa de usar o intelecto como fonte de sua orientação e passa a se utilizar dele somente como meio complementar de evolução.

Quando o sentido direcional do espírito desperta, ele "sente" mais do que entende. Capta, em dimensão imponderável, tudo o que é capaz de orientá-lo em relação à Vida Superior, impossível de ser traduzida pelo intelecto, senão parcialmente.

Os que veem incongruências nos Evangelhos são os que não têm olhos de ver. Estão com a percepção espiritual embotada. Embora conhecendo os mecanismos dos fenômenos em que a Espiritualidade se expressa, incapazes de movimentá-los, a não ser em sentido pessoal, limitado às suas próprias concepções estreitas.

Aquele que, conhecendo essas leis, abre o canal da intuição para a faixa vibratória do Amor, identifica de imediato, nos ensinamentos de Jesus, toda a lei cósmica em uma linha de redução proporcional ao estágio evolutivo da Humanidade terrena.

15 - Haveria alguma coisa que pudéssemos fazer para facilitar essa abertura para a percepção maior do ensinamento de Jesus?

RAMATIS - Há um engano muito frequente, decorrente dos condicionamentos da vida material, que é o de esperardes que a luz surja em vosso caminho tal qual um facho que se acende à vossa frente. E buscais, nas agremiações e nas pessoas, ou nas correntes do pensamento mais diversas, a iluminação, como se ela vos pudesse vir de fora.

Mesmo os ensinamentos de Jesus, quando reverenciados e reconhecidos, nada podem enquanto o aprendiz não se decidir a modificar sua estrutura espiritual. Então, encontramos o homem circunspecto e bem comportado pelas normas de sua religião ou grupo filosófico, mas que ainda é incapaz de acender sua luz própria. Ele caminha procurando o lado iluminado das estradas que percorre, mas sempre na dependência de que haja quem projete luz no seu caminho. É cego por vontade própria, porque não resolve retirar os anteparos que obscurecem seu campo interior. Parece-lhe que isso representaria uma violência dupla – primeiro porque seria obrigado a abrir mão da dependência externa a que se habituou, e segundo porque precisaria fazer em si o trabalho de permitir ruírem os falsos conceitos em que até então se escorava para, ainda assim, depois desse esforço de coragem, precisar habituar sua visão à claridade ofuscante que as realidades espirituais internas costumam derramar sobre a vida dos recém-natos do espírito.

O choque traumático desses descondicionamentos representa o preço que precisarieis pagar para o aprendizado real da espiritualização. Enquanto isso não suceder, o homem poderá ser aluno aplicado às lições, assíduo nas disciplinas e severo na vigilância, mas não terá possibilidade de acender dentro de si o clarão poderoso do real processo de despertamento espiritual.

16 - Sentimos que em vossas palavras poderiam ser encontradas nuances de desprestígio para as religiões organizadas ou para o zelo metódico com relação a normas consideradas proveitosas ao estágio evolutivo em que o homem terreno se encontra. Que dizeis?

RAMATIS - Em trabalho anterior[12] referimo-nos a esse problema, quando vos afirmamos que o espírito tem um caminho interior a trilhar, que o leva do mais simples ao mais complexo, das normas externas para as internas da vida espiritual. Portanto, será inútil alguém pretender tornar-se um iluminado se não é capaz nem de respeitar o horário de sua repartição sem que o chefe esteja presente ou de prestar um serviço sem visar recompensas. As disciplinas de caráter são o primeiro passo, sem as quais as experiências iluminativas jamais encontrarão campo. O neófito que penetrava os templos da antiguidade encontrava um verdadeiro sistema burocrático capaz de impacientar e desencorajar os menos esclarecidos e que servia de filtro inicial para a seleção dos que eram capazes de dobrar suas tendências sem receio de partir a própria contextura psíquica. O cuidado que o homem hoje emprega em evitar a repressão representa, claramente, o grau de sua fraqueza e ressecamento espirituais. A vara verde e excessivamente tenra quebra-se ao ser vergada. Assim também a que se ressecou. Só a haste sadia e robusta é capaz de resistir aos ventos, balançar sob seu impulso, vergar e reassumir sua postura depois que ele passa. O homem que se submete às disciplinas representadas pelas normas da vida diária – o horário do ônibus, a impaciência ou descortesia do chefe, o desinteresse do companheiro de trabalho ou as exigências descabidas do cônjuge – procurando com tudo isso aplicar as normas de uma religião ou de um sistema filosófico obtém, ao fim de certo tempo, segundo seu grau evolutivo, resistência espiritual, ou seja, sensibilização capaz de habilitá-lo a subir novo grau, o de encontrar seu centro coordenador espiritual, por ter caminhado em direção centrípeta, no ato de procurar ter sob controle novas expressões que lhe eram inacessíveis.

---

[12] - *Brasil, terra da promissão.*

Em uma verdadeira tarefa de "arrumação" ele vasculhou a antecâmara do espírito imortal e tornou-se apto a passar a outra etapa em que tudo lhe será surpresa. Para essa nova etapa precisava antes ser capaz de enfrentar, sem desequilíbrio, o meio externo, pois para atuar sobre o meio interno, as surpresas da real escalada evolutiva exigirão serenidade maior do que aquela necessária para vencer a batalha exterior.

17 - Parece-nos um pouco desanimadora essa vossa afirmativa. As dificuldades do meio externo nos assoberbam tanto que poderíamos nos sentir desanimados pela maior dificuldade da etapa seguinte. Assim nos parece à primeira vista. Que dizeis?

RAMATIS - Se assim vos parecer será porque a primeira etapa ainda não estará cumprida. Quando o ser domina as suas reações diante do meio é tomado por sensação de desafogo que, imediatamente, o habilita a aplicar suas energias em terreno mais fértil e, assim fortalecido, nada o amedrontará. Encontrou em si um tesouro ignorado até então, porque não possuía "tempo" para explorá-lo. Ao se tornar capaz de vencer, com menos dispêndio de energias, as dificuldades do meio, ao aprender a poupar-se de aborrecimentos inúteis, sem fugir das provas, desenvolve a serenidade de que precisa para entrar na segunda câmara do seu ser – a consciência de sua individualidade eterna, onde agora ele permanece mais frequentemente, mesmo que no burburinho da cidade moderna, no ônibus que freia violentamente, na companhia do irmão que se revolta contra o motorista descaridoso. Seus atos externos encontram-se sob controle automático, produto do treinamento a que se dedicou para a autorrenovação exterior. Pode, então, observar-se mais tranquilamente nos movimentos profundos de seu psiquismo. O atavismo animal não se assenhoreia mais de suas reações. Ao contrário, ele as possui sob domínio habitual. Sobra "espaço" interior e "tempo" psicológico para uma vivência em plano mais profundo. Desloca-se o centro de gravidade de sua ação renovadora, e a experiência da primeira etapa deixa resíduos positivos para o novo aprendizado.

18 - Quais seriam esses "resíduos positivos"?

RAMATIS - A falta de amor gera reações psicológicas comparáveis a buracos que fossem feitos na estrada espiritual a ser trilhada. O sofrimento, com seu cortejo de aflições, remorsos, insatisfações, funciona como a origem de resíduos que, ao fim de certo tempo, formam pavimentação nova, argamassada pelos sentimentos de arrependimento produtores do pranto renovador. Aquele que chora extrai de si força capaz de lavar a alma, se o pranto é produzido por real sentimento de renovação. E a estrada, embora remendada, torna-se mais bem pavimentada para o "deslocamento" necessário.

19 - Ao meditarmos sobre vossos esclarecimentos eles nos surgem bastante deslocados em relação à psicologia de nosso tempo. Parece-nos impossível encontrar eco na maioria das criaturas, para que, desse modo, realmente, possam seguir o Mestre.

RAMATIS - "Eu sou a voz que clama no deserto", já dizia o profeta bíblico ao anunciar a vinda do Messias a Israel. E por insistir em clamar, fizeram-no calar violentamente. Quem pode se iludir e esperar boa receptividade para os que continuem a clamar no deserto inóspito da Humanidade terrena? As ideias de Deus, religião, preceitos morais sempre existiram entre os povos mais evoluídos de cada época, mas como simples coberturas para disfarçar as mazelas espirituais profundas que ninguém, jamais, ousava descobrir sem sérios riscos morais e materiais.

Por viverdes hoje uma supercivilização, com avanços capazes de abalar o equilíbrio das forças cósmicas, não imagineis que o panorama espiritual tenha sido modificado sob as vestes enganadoras das mesmas aparências que sempre serviram para atenuar o impacto do panorama psicológico da Humanidade, denegrido pelos detritos peçonhentos da trama diabólica urdida pela treva nos Planetas involuídos, com o objetivo de impedir a propagação da luz. Púrpuras, joias, flores, perfumes, invocações, augúrios, palácios continuamente serviram ao lúgubre séquito das aparências grandiosas que se encarregavam de dar à decomposição moral do homem o aspecto grandioso dos mausoléus onde a Verdade era pomposamente sepultada e velada. A "voz que clama no deserto" será sempre ouvida como o alerta do profeta de mau agouro, o desmancha-prazeres, pois todos se encontram "felizes" na contemplação da luxuosa aparência com a qual providenciam o sepultamento e, em seguida, velam a Verdade para que não seja exumada. Com todas as pompas oficiais levarão também o agourento anunciador de desgraças ao pelourinho da execração pública, disfarçada, muitas vezes, de benevolência condescendente com suas "excentricidades."

20 - Gostaríamos de receber mais esclarecimentos sobre a situação que descreveis como "domínio habitual" do "atavismo animal", que é obtido naquela primeira etapa da formação do caráter, ou seja, do controle sobre as reações aos estímulos externos. Não seria essa situação provocadora de repressões nocivas ao equilíbrio psíquico? Não estaria aí a fonte dos recalques que funcionam inconscientemente como formações de energia atuante à revelia da vontade consciente?

RAMATIS - O homem espiritualmente desatento recalca quando deseja superar seus instintos. O aprendiz da espiritualidade elabora suas tendências porque aprende diariamente a se conhecer. Sabe que deve contar com suas expressões inferiores e com elas conviver sem conflito irreversível, pois representam exteriorizações de forças que o ampararam em escalas menores do progresso. Observa-se e procura impregnar cada surto animal primitivo de seu ser com a compreensão nova conquistada. Às expressões primárias associa a elaboração venturosa da experiência redentora do Amor em suas manifestações mais aprimoradas. Tendo por ponto de partida o anseio de mais Amor, sabe que o primeiro ser necessitado dessa pura vibração renovadora é o "si mesmo". Não poderá reprimir violentamente seu ser, que é tão digno de amor e respeito quanto seus semelhantes. Se falhar nessa primeira prova interior de habilidade no trato com a força criadora que, em si se manifesta, não será capaz de respeitá-la quando se exteriorizar nas atitudes também ainda involuídas de seus irmãos.

Quando Jesus afirmou que toda lei se resumia no Amor a Deus e ao próximo, não desejava omitir o amor que precisa ser vibrado pelo próprio espírito imortal. Se amarmos realmente a Deus, esse Amor se estenderá a toda Sua obra, na qual cada centelha em processo de expansão está incluída. Amar a Deus é conhecer gradativamente Suas Leis, é iluminar-se para a visão interior que se traduz em respeito profundo aos Seus desígnios sábios e de tal forma grandiosos que mantêm a harmonia entre opostos.

Tornou-se comum associar repressão com religiosidade por falsa concepção do processo de "religamento" da consciência eterna à sua Fonte. Se o espírito reconhece que nunca esteve desligado dela, "aceita-se" em sublime comunhão de paz com as energias criadoras, sentindo-se impulsionado à elaboração contínua, porém pacificada pelo Amor em que, daí por diante, se sente mergulhado. Sabe que desde os processos mais simples de sua existência até os mais requintados ou evoluídos uma Superior Energia Criadora vela por ele e, portanto, a "graça" é com ele e jamais lhe faltarão recursos para obter renovação.

Essa filosofia otimista produz resultados inefáveis na alma que crê. Ela sente a presença do Bem que se opõe aos efeitos desarmônicos de sua situação involutiva. Essa é a repercussão da fé, que "transpõe montanhas", no dizer de Jesus. O ser que a cultiva não se sente só nem perseguido de forma irreversível. Não precisa reprimir ou esconder seus males porque sabe que atravessa um grau de evolução incipiente, mas é amado e amparado para recomeçar sempre o abençoado exercício da autossuperação. Confia, confessa-se, observa-se sem constrangimentos severos, mas com firme e sábia decisão de vencer, estimulada pela Lei do Amor à qual fez sua adesão declarada.

Os instrutores espirituais jamais conduziram seus aprendizes à repressão, mas sempre os estimularam à renovação. Em virtude de existir uma lei de polaridade no universo, reprimir é processo negativo, que não consta da pedagogia espiritual. Busca-se desenvolver no polo oposto àquele em que a carência se manifesta, e espera os efeitos da neutralização das expressões involuídas.

21 - As situações cármicas não representam um processo repressivo quando forçam alguém a vivenciar situações opostas às suas tendências?

RAMATIS - O encadeamento das vivências cármicas visa desenvolver aptidões inexistentes. Por ser uma situação compulsória, não se torna, obrigatoriamente, repressiva, porque sempre proporciona meios de desenvolver novas capacidades, embora também possa representar neutralização temporária de outras. A negação ao aproveitamento das novas formas de aprendizado é que provoca o desajuste a que chamais repressão, porque o espírito se nega a canalizar seus esforços evolutivos no sentido de crescer em nova direção. Concentra-se sobre o chamado "infortúnio" ou "má sorte" e desequilibra-se, porque se nega a progredir usando os meios disponíveis.

22 - Não haverá certa provação capaz de desequilibrar o espírito por um excesso de repressão às suas tendências?

RAMATIS - Poderá haver inabilidade na forma de conduzir a provação, com o consequente agravamento dos problemas, tornando-os insuportáveis. Nesse caso o espírito receberá novas oportunidades, logo que se dispuser a recomeçar o aprendizado interrompido, que não precisará ser, obrigatoriamente, obtido em situações idênticas, mas sempre de efeitos semelhantes.

23 - Qual a explicação para essa inabilidade? Como compreendê-la? Não poderia ela ser interpretada como uma "falha" no sistema de evolução dos espíritos?

RAMATIS - É de elementar bom-senso que onde haja escolha poderão surgir formas diversas de solucionar um mesmo problema. A alegria da participação consciente na realidade esplendorosa da Criação é obtida em troca de um tributo mínimo, se comparado aos bens a que ele dá acesso – a oscilação entre graus maiores e menores de aproximação em relação ao equilíbrio de cada momento. Mentes acanhadas têm interpretado esses graus como causadores de penas ou recompensas eternas, quando eterna é somente a Lei do Amor que sustenta o direito à oscilação produtora do equilíbrio em maior ou menor espaço de tempo. O tempo é medida que serve para ordenar a evolução nos graus inferiores de seu processamento, dentro do que é relativo e acorrentado a medições espaçotemporais. Enquanto o ser se desloca em função do que o cerca, usa o tempo e o espaço como pontos de referência para a autoestimulação, feito alguém que se colocasse sobre um carro desprovido de mecanismo autopropulsor e que precisasse de se firmar em pontos de apoio para obter impulso. O ser que vive nessa condição sofre a angústia da relatividade do processo evolutivo porque não sabe que dentro de si está a energia criadora. Todo desengano e decepção são provenientes dessa falta de visão de conjunto que dá ao relativo a impressão de duradouro. Os entrechoques e decepções causados pela inabilidade constituem providência redentora capaz de servir de alerta e despertamento para a orientação adequada do livre-arbítrio. As estradas humanas que vos conduzem de cidade a cidade estão repletas de precipícios, e a própria velocidade de vossos veículos constitui risco a exigir atenção e eficiência do motorista. No entanto, não desistis de viajar, enfrentando todos os perigos porque sabeis que disso depende o progresso e bem-estar do conjunto. É a consciência maior ou menor que o motorista possua das consequências de sua conduta que decidirá de sua segurança, e não seria possível construir estradas inteiramente isentas de perigos, pois a evolução exige habilidade cada vez maior no trato das forças impulsionadoras do progresso.

O motorista inábil precisará sujeitar-se a treinamento mais intenso e prolongado para auferir os benefícios da liberdade de ir e vir.

Tal é a Lei. E se bem observardes, podereis sentir que a sinfonia da beleza e harmonia que a Criação representa é um grandioso convite permanente à vossa integração à felicidade de existir, parecendo mesmo que tudo se coordena para vos impulsionar a essa integração criadora com a vida.

Responder pela vossa inabilidade ou pela vossa renovação é o único preço que pagais para obter o direito de existir e evoluir. As forças constrangedoras que servem como autêntica "sinalização" da estrada devem ser abençoadas por vós, tal qual o médico agradece que a febre demonstre a existência do processo infeccioso ou a dor localize a posição do mal.

24 - Finalmente, que aconselharíeis àqueles que se sentem como ovelhas desgarradas nesse atribulado final de século?

RAMATIS - "O meu reino não é deste mundo"; "pedi e obtereis, batei e abrir-se-vos-á"; "vós sois deuses". Nessas palavras um programa extenso e perfeito de ação está estruturado para todo aquele que deseja conquistar os "olhos de ver" e os "ouvidos de ouvir". Todo um arsenal de recomendações esotéricas das mais variadas origens poderia ser evocado para procurar orientar vossos esforços de renovação. Porém, por que retornar às complexidades da forma, se o conteúdo espiritual refulge extraordinariamente nas singelas recomendações que pautam a conduta diária na senda do Amor pregado pelo Cristo? Podereis utilizar as normas de vossa predileção, buscando orientar vosso aprendizado pelos procedimentos desta ou daquela corrente espiritualista, mas, em nenhuma delas alcançareis a libertação espiritual se não fordes capazes de "ouvir" os apelos austeros e simultaneamente suaves do Mestre, cuja força se expressa na extrema simplicidade de seus ensinos de inigualável pureza, síntese de toda a Lei. Por trás de todos os véus das iniciações, encontrava-se a beleza deslumbrante do Amor, cujo representante máximo na Terra é o Cristo, refulgente em sua glória ao se deixar imolar como o Cordeiro simbólico da redenção humana. Sua atuação na Terra, longe de significar vosso resgate às sombras, representou o clarão que vos acordou para a consciência do contraste da treva em que vivíeis mergulhados. Desvelou-se diante dos olhos da Humanidade a pureza cristalina dos puros espíritos da luz do dia, nas ruas abarrotadas de espíritos encarnados e desencarnados. Nunca a Magia Branca do Amor se deixou contemplar tão generosamente, em extraordinário espetáculo de luz espiritual junto à treva da aura terrestre. O choque portentoso desses opostos, a consequência do desafio representado por esse contraste, somente um espírito da envergadura de Jesus poderia suportar sem desvios prejudiciais à obra programada.

O Amor "que cobre a multidão das imperfeições humanas" é aquele que se torna capaz de suportar sem desequilíbrio o peso dos "erros" que não lhe dizem respeito, sem repudiar quem os pratica, embora servindo de obstáculo à sua ação destruidora.

Em palavras simples, totalmente despidas das complexidades do simbolismo iniciático, Jesus traduziu a Lei do Amor para o entendimento do homem comum. Esse o Seu trabalho redentor – simplificar e exemplificar simultaneamente os mais altos ensinamentos que a Espiritualidade já fizera descer sobre a Terra.

Quem se sentir igual à ovelha desgarrada precisará apenas consultar cuidadosamente o Evangelho, impregnar-se do "espírito" com o qual foi vivido por Jesus e aplicar a si o conteúdo luminoso que extravasa da Boa-Nova redentora. Não há um só detalhe que não haja sido previsto por Jesus em sua pregação. Nenhuma das dificuldades marcantes do processo renovador do espírito humano deixou de ser abordada em suas pregações e em seus exemplos.

Portanto, faz-se necessário somente que a Humanidade leia e medite sobre Jesus. Nos demais ensinamentos espirituais o homem encontrará reafirmações de sua atuação renovadora integral e plena de todos os ensinos necessários à vossa evolução. Porém, somente no Evangelho há uma concentração com a dosagem necessária à provisão integral de vosso processo evolutivo. Muitos instrutores lhe prepararam os caminhos, porém a Ele coube a síntese capaz de satisfazer as necessidades de todas as ovelhas desgarradas. Seus ensinamentos baseavam-se nas mais características dificuldades do espírito humano, sem receio de tocar nas feridas milenarmente respeitadas pelos homens diante dos preconceitos sociais e religiosos.

Se tiverdes, realmente, atingido o ponto de amadurecimento capaz de fazer surgir o Amor à Verdade em vossos espíritos, Nele reconhecereis a luz mais radiosa que já brilhou sobre a Humanidade e vos sentireis gratos e recompensados pela oportunidade de segui-Lo em vossas experiências terrenas.

Seu olhar penetrante jamais repudiou o pecador sinceramente desejoso de recomeçar. Amou de tal forma que recolheu entre os seus o que o trairia; entregou a Pedro, que o negaria, a responsabilidade de seu rebanho; procurou Paulo na estrada da perseguição. Quem se poderá julgar abandonado ou perdido se realmente O amar e O buscar com sinceridade?

Jerusalém não O amou e Ele chorou sobre ela. Em todas as suas palavras não se encontra condenação. Somente esclarecimento quanto às consequências das infrações à Lei do Amor. Aponta os erros com clareza meridiana, de forma a não deixar dúvidas quanto ao caminho, mas sua voz não se ergue para condenar ou julgar o pecador arrependido. Há mais júbilo na casa paterna pelo retorno do filho pródigo do que em qualquer outra ocasião. Quem poderá se sentir deserdado depois disso?

03
Quem são as ovelhas?

25 - Do que podemos conhecer de nós mesmos e dos homens em geral, fica-nos a impressão de um verdadeiro caos espiritual. À primeira vista, parece-nos impossível fazer dos homens e de nós mesmos seres capazes de uma definição interior tão profunda como a que representa o propósito de seguir a Jesus. Em outras palavras, a nossa "Jerusalém" não parece facilmente renovável e, em consequência, não conhecemos grande número de pessoas que estejam empenhadas em pagar o preço dessa renovação. Que vos parece?

RAMATIS - A observação procede. Raras foram as almas que, em uma existência na Terra, oferecem o testemunho dessa adesão integral. Porém, nós vos perguntamos: Quem exige de vós tal façanha? Não afirmou Jesus que ninguém verá o reino do céu se não nascer de novo? Em ambos os sentidos essa afirmação é real. Tanto precisará o espírito de tantas encarnações como, no sentido figurado, uma verdadeira "gestação" se efetua para que possa nascer o homem novo de que fala o Evangelho.

Essa será uma abençoada tarefa em que vos empenhareis com alegria, desde que possais compreender e sentir, principalmente, seu significado redentor. Que pode mais alegrar os dias do cativo do que saber-se capaz de conquistar, por seus próprios esforços, sua carta de alforria? Desde então ninguém o deterá, se puser em mira seu objetivo sem vacilações. E a aproximação da hora o fará gradativamente mais alegre, esteja onde estiver e haja o que houver, pois sua sensibilidade terá despertado para o futuro que o aguarda e que interiormente já é, de alguma forma, presente.

26 - Do esforço sincero que possamos fazer para vivenciar as normas evangélicas surge uma impressão penosa de duplicidade e oposição entre o Eu e o não eu, isto é, entre a consciência eterna que precisa desabrochar e a estrutura da personalidade humana que vivemos. Essa situação será responsável pelas formosas "cisões" de que nos fala a psicologia oficial? Como solucionar esse problema?

RAMATIS - Disse Jesus: *Quem não é por mim é contra mim*. A dualidade da natureza humana em evolução é processo sadio de polaridade indispensável à definição consciente.

Quem não O ama a ponto de deixar "pai e mãe" não abandona os planos da evolução. Como tivemos oportunidade de dizer, a "cisão" é resultado da indefinição. É processo produzido pela oposição doentia de quem não fez opções por receio de assumi-las integralmente. Será preciso compreender que os psicólogos[13] identificaram os desajustes do ser humano não para que esses se amedrontassem e se sentissem paralisados de horror diante de desafios intransponíveis, mas, exatamente, para que se conscientizassem das necessidades de reação aos processos deficientes do mecanismo psíquico. Apenas dessa maneira, o labor árduo a que se entregaram será útil à Humanidade.

Ao identificar a cisão, localiza-se simultaneamente a fraqueza. Como o médico reconhece o mal para combatê-lo, sem ter a pretensão de esterilizar o mundo para proteger o doente, o psicólogo precisará despertar o desejo sadio de reação de seu paciente "cindido". As descrições das causas das cisões são relatos dos fatores que as desencadearam, pois a causa primordial reside na fraqueza diante das tribulações, isto é, no uso de reações inadequadas.

---

[13] - O termo aqui é usado no sentido literal.

27 - Como impedir esse processo se frequentemente ele surge na mais tenra infância, quando o espírito humano é tão indefeso?

RAMATIS - O processo renovador do espírito é realizado em uma dimensão globalizadora que escapa à área circunscrita do intelecto. Por essa razão, a lei que é simultaneamente Justiça e Amor, permite que a "criancinha indefesa" seja exposta às correções da reencarnação em ambientes problemáticos. Existe um mecanismo de interação das auras, um campo vibratório que representa um verdadeiro diálogo inconsciente entre os espíritos encarnados em um processo de reajustamento recíproco. O "diálogo" entre pais e filhos ou entre outros graus de parentesco na primeira infância é realizado nos termos que convém – uma influenciação recíproca, com o objetivo de despertar reações adequadas.

28 - Não havendo a compreensão do que se passa, esse "diálogo" poderá ser proveitoso?

RAMATIS - A compreensão plena, frequentemente, embaraçaria o processo. Com uma visão real do panorama, normalmente os espíritos se envolveriam nas emoções pretéritas, dando ênfase às reações anteriores, quase sempre negativas.

Quando a mãe embala nos braços o filho que vem sobrecarregado de sentimentos originados pela atribulação psíquica, essas emoções, ao serem identificadas pelos psicólogos, permanecem inexplicáveis. Eles somente as registram sem lhes entender a origem. Certamente, que esse processo penoso de reajuste se transforma em enigma sem solução. Por serem ambos seres humanos, com mecanismos psíquicos semelhantes, como cometer a injustiça de condenar as reações negativas de uma ou de outra parte, se elas são provenientes da zona inconsciente do ser? Espera-se então que o Amor do mais velho desfaça os elos de ódio, uma vez que, no ser que renasce, essa percepção é gradual e lenta. Entretanto, o "adulto" pode ser o ente espiritual menos evoluído, e de que forma apelar para a sua compreensão maior nesse caso?

Dessas considerações, depreende-se a inoperância da compreensão intelectual no processo renovador do espírito, a não ser para os problemas que ele anteriormente conseguiu, por evolução, conscientizar. Quanto ao mais, o despertamento se dá por choques psíquicos inconscientes, que nem por isso deixam de ser menos atuantes.

29 - Dessa forma, parece-nos que as "ovelhas" ficarão perdidas em um cipoal sem fim, pois nem ao menos conhecem o caminho para a estrada real. Que nos dizeis?

RAMATIS - Se lhes retirassem a "venda" dos olhos seriam capazes de transformar-se em "lobos". As reencarnações em processos dolorosos de resgate são características de espíritos menos evoluídos, que não suportariam a visão global de seu momento de renovação.

30 - Qual o proveito dessa situação constrangedora?

RAMATIS - A aproximação de uma neutralização da agressividade obtida pelo surgimento da sensação de impotência.

31 - Não será isso contrário às leis da evolução, que são essencialmente afirmativas do ser?

RAMATIS - Afirmativas no sentido do crescimento, não da autodestruição.

32 - Porém, esses espíritos endividados não evoluiriam melhor separadamente?

RAMATIS - Muitas encarnações são proporcionadas com o objetivo de preparar o espírito para um contato que lhe seja especialmente adverso. Tanto na Terra quanto no espaço o ser recebe todos os tônicos espirituais capazes de prepará-lo para o reencontro com os adversários. Esse trabalho "psicológico" não é identificado pelos analistas, que aconselham o afastamento puro e simples de contatos provocadores de "rejeição". Não acompanham inclusive as verdadeiras "sessões analíticas", que se efetuam no espaço, quando o espírito se desgarra nas asas do sono, para tentar recompor energias. Uma oportunidade reencarnatória junto aos desafetos representa evento longamente preparado e necessário ao progresso do espírito. Sem a neutralização dos laços magnéticos negativos, sem a força de desintegrar as "respostas" que automatizou no processo antifraterno, não conseguirá internalizar elementos positivos em relação àquela situação vivenciada no passado espiritual e que continuará a prejudicar sua economia psíquica indefinidamente, tal qual um traço doentio não neutralizado pelo processo renovador da saúde psíquica.

33 - Como funcionaria, no caso da criança, esse mecanismo?

RAMATIS - Automatismos, ou seja, condicionamentos neutralizam-se ou por extinção ou por condicionamentos opostos. A extinção se fará durante o processo de renovação representado pelo afastamento dos desafetos, no caso de as impressões gravadas no espírito não serem excessivamente profundas. Nesse último caso precisará ser programada uma convivência em termos capazes de proporcionar aquisição de respostas opostas às anteriores, por estimulação proveniente do mesmo ser que antes provocava as respostas produtoras do condicionamento aversivo.

Dessa forma, coloca-se o verdugo nos braços da vítima em seus primeiros anos de vida ou recolhe-se ao seio materno o espírito do que lhe sofreu a opressão injusta no passado, para que ambos se reconciliem.

34 - Porém, sem consciência da trama em que se encontram envolvidos, como expressar as reações adequadas?

RAMATIS - Anteriormente vos afirmamos que a evolução é processo que escapa aos limites da compreensão intelectual. O espírito sente e reage a um oceano de estímulos, que não são os da palavra ou da percepção intelectiva. A espiritualidade possui instrumentos riquíssimos e extremamente plásticos para atuar sobre o psiquismo humano. O que os psicólogos estão procurando fazer na Terra, desde que há seres encarnados, os orientadores da Humanidade realizam com êxito no espaço. Entretanto, é chegada uma fase da evolução em que os homens despertam e desejam obter participação consciente no processo de sua habilitação angélica e isso só pode ser louvável, se não nos processos pelo menos nas intenções, que poderão terminar por conduzir ao caminho certo, o do reconhecimento do ser humano como espírito eterno encarnado.

Considerando-se que o espírito, ao encarnar, precisa esquecer para reaprender, a supervisão que sofre é proporcional às suas necessidades, e o esquecimento auxilia, tornando-o moldável dentro de certos limites, senão para uma reconciliação integral, pelo menos para o arquivamento de motivos compulsórios, para ser grato no futuro, despertar maior grau de sensibilidade.

Até mesmo vossa época hiperintelectualizada pode aceitar que o campo emocional tornado positivo facilita reajustamentos infinitos.

35 - Como explicar essa vossa última afirmação?

RAMATIS - Um exemplo marcante dessa situação encontra-se no tratamento produzido pelo eletrochoque. Cortar temporariamente a comunicação do espírito com seu campo sensorial, produzindo um coma artificial, é expulsá-lo do seu campo bioeletromagnético habitual, com o objetivo de desmemoriá-lo e descarregar o excesso de venenos psicofísicos que entorpecem suas reações. Esse lapso de memória de suas tensões rotineiras, associado ao impacto de um pseudodesencarne, produz desligamento temporário, com consequente atenuação de seus males.

Nada mais traumático e antinatural do que esse processo. Porém, esse é um tratamento que reproduz duas constantes da terapia socorrista, estabelecida para a evolução do homem como espírito imortal: uma está representada no desligamento compulsório que a morte produz nos espíritos involuídos e a outra no abafamento da memória, que caracteriza a reencarnação.

36 - Poderíeis proporcionar maiores explicações?

RAMATIS - Os homens ignorantes das realidades do espírito encontram na morte e no esquecimento do passado dois elementos que, a seu ver, contradizem a sabedoria, a beleza e a harmonia da Criação. Tecem críticas aos rigores do plano da Criação que traumatizam os seres viventes com a inevitabilidade da cena final da vida. Outros consideram errada a providência do esquecimento temporário, no caso de existir a reencarnação. Entretanto, poucos se dedicaram a meditar sobre as possíveis consequências de tais providências serem eliminadas. E, na impossibilidade de conhecerem os efeitos de uma tal providência, continuam, indefinidamente, sua pregação negativista contra as leis naturais da vida, concebidas por um Criador enigmático, que parece desejar ensinar por métodos menos esclarecidos do que os adotados pelos educadores sagazes da Terra.

Esses comentários destrutivos foram possíveis até que, ao obterem os homens maiores conhecimentos, observaram que o impacto e o esquecimento poderiam funcionar como terapia em casos extremos. Respeitando o mais possível o livre-arbítrio do doente, tentam todos os recursos terapêuticos, porém, ao concluírem pela ineficácia das técnicas psicológica e farmacológica comuns, apelam para a imitação da Natureza, quando produzem desligamento pela desencarne simulada e pelo amortecimento da memória, que o eletrochoque representa.

Essas experiências demonstram sobejamente que as transformações psíquicas estão apoiadas por processos independentes da compreensão comum das coisas que se passam na zona intelectual consciente e destacam a inoperância de uma terapia espiritual baseada na simples compreensão, quando o espírito atravessa a fase evolutiva mais primitiva, durante a qual as vibrações instintivas e emocionais podem facilmente se apossar de seu campo psicológico.

Os impactos produzidos pela desencarne e pelo esquecimento do passado são profundamente salutares para a evolução do espírito que vai, aos poucos, gravando "certezas" profundas no campo de sua memória, capazes de funcionar como força magnética de atração, na qual ele se deslocará, cada vez mais seguro do seu campo de gravitação interior, em direção aos destinos espirituais que o aguardam no porvir.

Por essa razão, surgem na Terra indivíduos, inexplicavelmente, possuidores de segurança sem cultura intelectual que a justifique aos olhos humanos. E encontrais no dito popular "quem é bom já nasce feito" uma das maiores expressões de reconhecimento das leis da espiritualidade, embora dando ensejo a que o Criador seja interpretado como apadrinhador de uns em detrimento de outros, enquanto o processo reencarnatório não for reconhecido por todos.

37 - Consideramos esse um ponto de grande importância. Porém, de que forma proceder diante da consolidação dos conceitos contrários divulgados e fortalecidos diariamente pela corrente materialista em que a ciência oficial se coloca?

RAMATIS - Os que optaram pela ciência oficial precisarão esperar que ela, por seus próprios recursos, chegue a se esclarecer.

38 - Porém, parece-nos que a tendência é fortalecerem-se, cada vez mais, os aspectos materialistas em que se refugiam.

RAMATIS - Bem expressa vossa última afirmação a necessidade de abrigo, revelada inconscientemente pelo espírito humano ao escolher o materialismo como sua posição atual. Tal foi a confusão que irrompeu das entranhas de processo psicológico religioso da Humanidade terrena, que provocou reação generalizada de oposição sistemática, como se os homens se defendessem de uma erupção vulcânica ameaçadora, capaz de soterrar coletividades. Então, os seres humanos retiraram-se dos vales, antes acolhedores, dos ensinamentos cristãos, para os terrenos do paganismo materialista, preferindo essa condição de deserdados da espiritualidade à sufocação dos gases pestilentos do desamor propagado em nome da ira de Deus. Qual uma comoção geológica, a pretensa filosofia cristã espalhada aos mais remotos locais da Terra transformou-se em ameaça à sobrevivência espiritual do homem esclarecido, vendo-se ele na contingência de repeli-la, afastando-se para terreno mais firme – o materialismo, cujos perigos são palpáveis e, por isso, menos angustiantes.

O homem de hoje sabe que morrerá, mas pretende utilizar-se bem da vida, aproveitando-a com todas as vantagens que pode oferecer. Na incerteza quanto às realidades espirituais, constatou que há mais perigo em se entregar às mãos inábeis de pretensos condutores do que em desbravar, por si mesmo, o desafio intrincado de seu existir. Optando pelo hoje e o agora, limita sua ansiedade, voluntariamente, defendendo-se de pensar no que não consegue compreender.

39 - Não haverá forma mais saudável de reagir às avalanches de incompreensões derramadas através dos séculos pelos condutores espirituais da massa humana?

RAMATIS - Essas reações precisarão surgir de uma fermentação psíquica, realizável unicamente com o tempo.

40 - Parece-nos, de certo modo, existir um pouco de abandono no fato de deixar-se a Humanidade entregue a si mesma. Por que foi permitida a deturpação de princípios espirituais tão preciosos à evolução humana?

RAMATIS - Porque a capacidade de seleção é o primeiro teste para a evolução.

41 - Parece-nos incongruência o fato de ser exigida essa capacidade de quem ainda não evoluiu?

RAMATIS - Não se exige. Espera-se.

42 - E, enquanto isso, a pessoa sofre?

RAMATIS - Que sabeis do sofrimento? Que conceito fazeis sobre ele? Que representa afinal?

43 - Parece-nos uma condição penosa e desagradável, que gostaríamos sinceramente de evitar. Não sabemos como, mas nosso desejo seria eliminá-lo do processo de evolução. Que dizeis?

RAMATIS - O sofrimento não existe, a não ser como processo. Ele não representa um fato concreto nem necessário; não tem existência própria. É mecanismo comparável ao sintoma que alerta para o mal real existente. Que sucederia se a dor e a febre não acometessem o doente para despertá-lo para a luta contra o mal que o consome? Quanto mais forte o organismo mais intensa a reação ao desequilíbrio. O sofrimento atinge somente as almas sensibilizadas. As embotadas acomodam-se e permanecem onde as sensíveis se entediam, reagem e evoluem. O sofrimento constrange e traumatiza apenas na medida da debilidade "orgânica" do espírito que "adoece". O que reage positivamente sente a utilidade do alerta produzido pela dor e se cura, agradecendo a Deus suas leis magnânimas, que permitem seja expressa a desarmonia para poder ser identificada e superada.

44 - Existindo essa "debilidade orgânica", como vencer o desequilíbrio? Nessa comparação poderemos admitir que a doença do espírito seja incurável?

RAMATIS - No plano das formas densas, o cuidado na realização de uma tarefa é proporcional ao valor por ela representado. Se uma obra mobiliza recursos imensos, podeis avaliar, geralmente, que seus realizadores se propõem a dali retirar imenso cabedal de recursos, compatíveis com o esforço despendido para levar a efeito o empreendimento.

Observando vosso próprio ser, mesmo que desvinculado da extraordinária obra da Criação que vos envolve, podereis constatar que uma primorosa organização, de amplitude ainda indefinível para vós, se desdobra sob vossos olhos, exigindo séculos e milênios para ser aplicada em suas grandiosas dimensões. Julgaríes possível que se construísse tal organização complexa e viva sem antes serem providenciados os recursos necessários à sua sobrevivência? Poderíeis conceber que os responsáveis por tão extraordinária produção de vida teriam olvidado a providência básica da fonte de suprimento, o que permitiria fracassar um investimento grandioso como o do ser humano, representado pelo espírito encarnado?

Uma usina em construção, observada por alguém que ignorasse sua finalidade, poderia conduzir somente à conclusão de que algo extremamente precioso, desejável e produtivo estaria sendo esperado de um complexo tão grande de trabalho e planejamento. Por haver sido previamente desviado o leito do rio, não se justifica a incredulidade em relação aos resultados do empreendimento.

45 - Que desejais expressar com essa última afirmação?

RAMATIS - O homem, através dos séculos, vem sendo orientado para o fato de que ele representa uma fonte infinita de recursos. Desse modo, têm sido desenvolvidas técnicas de uma complexidade crescente para expressar sua capacidade de produção. Empenhado em aprimorar suas capacidades, obteve um panorama especializado de tal forma que, geralmente, se perde na complexidade de suas expressões tecnológicas. Isso se aplica, não apenas ao campo de suas atividades materiais, onde o cidadão hoje é um ser que vaga nas grandes cidades tão somente como se percorresse uma floresta inóspita, como, principalmente, em sua esfera psicológica ou espiritual. Conhece mecanismos psíquicos, relações humanas, dinâmica de grupo, doenças psicossomáticas, problemas de liderança política, religiosa, empresarial, complexos intercâmbios interdisciplinares nas ciências, domina a força da gravidade e os campos magnéticos cósmicos e desintegra as energias dos átomos na matéria. Revolve em todos os campos os segredos da Natureza, penetrando em todos os escaninhos ocultos das leis da Criação, movimentando céus e terra para adquirir domínio da técnica de viver. Colocado na posição de impulsionar poderosamente o panorama da vida, parece, no entanto, que se encontra impedido de fazer o leito do rio retornar à posição primitiva, de fazê-lo correr novamente sobre seu antigo curso após a obra ciclópica da construção da usina propulsora.

Absorveu-se de tal forma no encantamento dos mecanismos criados que dá a impressão de um desmemoriado que, após iniciar uma obra de tal porte, prefere permanecer na contemplação do mecanismo inventado, aperfeiçoando-o indefinidamente, sem nunca lhe permitir o funcionamento definitivo.

46 - Poderíeis fornecer maiores informações?

RAMATIS - Em um vale povoado descia um rio caudaloso que, a princípio, era suficiente para prover as necessidades da população. E todos viviam despreocupados, abençoando a água generosa que lhes enriquecia a existência e venerando as forças da Criação que lhes proporcionavam tal bênção. Atraídos pela riqueza do vale, muitos novos habitantes surgiram e a população se adensou de tal forma que foi necessário, também pelo crescimento natural do grau cultural, aprender a utilizar de forma disciplinada e mais proveitosa os recursos existentes.

Os mais cultos e habilidosos, então, propuseram a necessidade de desviar o curso do rio para a construção de uma usina. E toda a população, compreendendo que haveria grandes benefícios, habituou-se a procurar a água em um curso desviado, nos arrabaldes afastados da cidade.

Uma grande veneração surgiu pelo empreendimento extraordinário, que propiciaria a multiplicação de recursos para uma existência bem provida.

Porém, o orgulho e a vaidade dos construtores da obra tornaram-nos indiferentes em relação à concretização final do empreendimento, pelo amor hipertrofiado à atividade especializada que os colocava na posição ímpar de prepostos de um saber inacessível aos seus contemporâneos. E encastelaram-se na obra, entronizando a maquinaria como um altar e passando a constituir uma casta superior, para a qual era gesto indigno depender de uma forma da Natureza para movimentar sua obra. E, embora vivendo da água proveniente do rio desviado e carregada por seus irmãos, não permitiam que ele voltasse a correr em seu leito, pois sentiriam rebaixado o seu prestígio a partir do momento em que, pelo natural impulso, possível apenas àquela força da Criação, novamente se evidenciasse o prestígio de elementos que lhes escapavam ao controle absoluto.

A posição momentânea de poder irrestrito precisaria ser prorrogada para lhe satisfazer a euforia inusitada de possuir nas mãos os destinos de seus irmãos.

Simbolizando nas águas as bênçãos espirituais, podereis restabelecer o quadro atual da Humanidade, envolvida pelos sistemas criados pelos homens, que receiam ser testados pela volta ao curso normal das ideias espirituais, antes desviadas pelas razões naturais das necessidades de crescimento e aprimoramento dos recursos naturais.

Hoje, os que creem que a usina precisaria ser posta em movimento são inimigos da "paz e da tranquilidade" em que os cientistas precisam trabalhar em suas turbinas e mecanismos cada vez mais complexos. Além disso, os "menos esclarecidos" pelos conceitos científicos da época creem mais no poder da "água" do que na força das "máquinas", ou seja, nos "construtos" engenhosamente arquitetados pelas mentes de escol que, no entanto, não ousam testar tais preconceitos camuflados de ciência com o impacto das experiências redentoras de "deixar a água passar pelas turbinas". Por que o receio de oficializar a pesquisa psíquica em contraposição à pesquisa materialista? Faltarão recursos ou coragem para fazê-lo?

47 - Qual a situação dos que "creem no poder da água" dentro dessas circunstâncias?

RAMATIS - São, acima de tudo, os que velam pela preservação do conjunto, enquanto os "especialistas" encontram-se no seu transe lunático e megalomaníaco de pretensos cientistas, incapazes de sentir a dualidade harmoniosa de extraordinário valor que representa o entrosamento entre o homem e Deus.

48 - Em que sentido serão eles responsáveis pela preservação?

RAMATIS - Por não permitirem que sejam cortadas as raízes que ligam conscientemente o homem à sua Origem.

49 - Porém, mesmo assim, os negadores da espiritualidade não sobrevivem?

RAMATIS - Sobreviver não é viver. Na primeira há uma condição anestesiada espiritualmente. Viver significa movimentar a totalidade dos recursos disponíveis.

50 - E os que "creem na água" estarão capazes de fazê-lo?

RAMATIS - Em tudo que tocarem, mesmo no mais rudimentar dos instrumentos de ação, deixarão a marca de seu crescimento interior. Uma impregnação luminosa de paz espiritual caracteriza as atividades humanas quando o ser é dessedentado de sua necessidade de crescimento espiritual por ser humilde suficientemente para se deslocar até a Fonte, mesmo quando ela foi desviada para os "arrabaldes" dos aglomerados humanos.

Observai o olhar ansioso e a alma ressequida do que apenas crê nos próprios construtos e notareis a diferença entre o homem integral e sua oponente, que é a alma carente e desprovida de base para viver, embora encastelada nos mais complexos e artificiais sistemas pretensamente científicos.

Por ir sempre à Fonte, os que creem exercitam-se no serviço aos que lá não podem ou não querem ir. Abastecem a "cidade" e, com isso, se enriquecem em experiência e Amor, em compreensão e tolerância e aprendem a conhecer de perto os males humanos que devem evitar.

Todos encontram-se de pleno acordo em que a "usina" é necessária ao "vale", pois representa um benefício que ampliará os proporcionados pela Natureza, mas não enquanto se constituir em museu para as vaidades humanas, enquistadas na alma dos seres incapazes de refletir as claridades espirituais. Enquanto monopolizam os bens obtidos com a inteligência serão como o servo que enterrou os talentos espirituais, embora negociem eficientemente os bens materiais no uso inadequado do saber adquirido.

Qual será a resposta que darão ao Senhor na hora da prestação de contas?

51 - No caso individual da alma que sofre de debilidade orgânica produzida pelo desvio das águas da fé, que aconselhais?

RAMATIS - Concentrar-se na conquista permanente e voluntária de novos caminhos. Somente a vivência poderá consolidar novas disposições. Não lhe adiantará permanecer no vício intelectual de criar explicações complexas para a vida, acompanhadas de soluções teóricas. É preciso caminhar com os próprios pés até a Fonte para sentir-lhe toda a força restauradora no seu habitat – a Natureza, em todos os seus infindáveis recursos à disposição da escalada evolutiva humana. Não seria uma volta à Natureza no sentido do primitivismo, mas com o efeito grandioso do encontro consigo mesmo e com os recursos naturais existentes em toda a grandiosa obra do Criador. Na mais humilde semente todos os recursos para a sua sobrevivência encontram-se em estado potencial. Bastará que o ser criado não se insurja contra o Criador na vaidade satânica de saber mais do que o seu Senhor. Limite-se, como convém, cada um a buscar dentro de si as respostas que não estejam em oposição pueril às leis gerais da Vida, que se baseiem no "amar ao próximo como a si mesmo", em manifestação evidente do Amor que lhe tenha sido despertado pela sua condição de ser filho de uma Força Central da Vida, capaz de prover e conduzir o processo de crescimento de todos os seres viventes. Buscar as matrizes mentais no seio da Criação e vencer as barreiras da inércia involutiva – eis o roteiro da paz que buscareis sem êxito nas retortas e nos laboratórios de sensibilidade, onde se extravasam sem rumo os males humanos que tanto mais se evidenciam quanto maior é a técnica de pesquisá-los sem os rumos que a lei espiritual é pródiga em fornecer.

Remédios, tranquilizantes, estimulantes, terapias e recursos diversos só funcionam na medida em que se aproximam das leis naturais estabelecidas para o progresso harmonioso do espírito nas diferentes etapas de seu desenvolvimento. Procurar copiar as leis naturais é a norma de uma ciência verdadeira. No que se refere ao espírito humano, será preciso primeiro saber ter "olhos de ver e ouvidos de ouvir" para ser proporcionado qualquer alívio ou estímulo na busca da paz.

Antes da pesquisa científica do bem-estar humano, colocai a pesquisa espiritual dos interesses imortais do espírito e tereis encontrado a chave para construir a solução de todos os problemas. Podereis, então, fazer retornar o rio ao seu leito, pois as turbinas e todos os mecanismos estarão revistos sob novos princípios, capazes de suportar a pressão da água da vida eterna que constituirá a energia propulsora capaz de transformar todo o vale em ambiente apto a comportar as renovações infinitas de uma humanidade feliz, porque integrada em sua constituição total homem-espírito.

52 - Qual seria o papel de Jesus em tudo isso?

RAMATIS - O do Amigo que acompanha.

53 - Como certificar-se desse fato, uma vez que os padrões mentais do homem de hoje são tão adversos às recomendações das religiões? Haveria uma técnica de obter certeza desse acompanhamento do Amigo? Os homens encontram-se tão desiludidos dos preceitos da fé...

RAMATIS - Se meditásseis sobre vossas próprias palavras, encontraríeis resposta fácil às vossas indagações. O homem acostumou-se a falar com o sentido convencional das palavras, sem o raciocínio profundo que analisa o conteúdo lógico das palavras e frases. A simples atenção educada vos permitiria reduzir noventa por cento das dúvidas que ocorrem no vosso processo cognitivo. Quando vos ocorrer uma dúvida para a qual não encontreis resposta, detende-vos para analisar com a paciência que costumais dedicar à solução dos problemas da física, da matemática e de outras ciências exatas. Pela simples assimilação das diferentes nuances dos termos aplicados, associada à percepção da tonalidade psíquica em que foram emitidos e selecionados, podereis obter elementos para abrir caminho à nova compreensão. Geralmente, a resposta está contida na pergunta.

54 - Acreditamos que isso ocorra para aqueles que ampliaram sua visão espiritual a ponto de serem capazes de identificar de pronto tais nuances. Quem pergunta, porém, geralmente considera-se sem recursos ou em dúvidas quanto à resposta. Que dizeis?

RAMATIS - As respostas existem. Onde elas se encontram há acesso para todos.

55 - Então, não haveria necessidade de instrutores?

RAMATIS - Os bons instrutores não revelam tudo.

56 - Haverá contraindicação para a satisfação de certa curiosidade sadia?

RAMATIS - A mais sadia de todas as formas de curiosidade é a de medir até onde vai nossa capacidade de expansão das potencialidades internas.

57 - Seria, então, inútil o diálogo que estabelecemos neste momento? Nossa função, neste trabalho, não é a de indagar?

RAMATIS - Nosso diálogo, que é preparado para atender às necessidades de muitos outros seres, não retirará dúvidas a não ser dos que se encontram prontos para assimilar as respostas e até mesmo para se interessarem pelo tipo de pergunta que formulais.

58 - E, nesse caso, ele seria útil?

RAMATIS - À medida que o esforço de consolidação que o espírito esteja apto a realizar, das ideias estruturadas. E isso será realizado apenas se ele se encontrar na atitude de esforço interno, que a qualquer momento faria eclodir em seu próprio campo psíquico as respostas, se soubesse orar e vigiar. Daí decorre que as respostas e perguntas são funcionais somente quando, em última análise, representam confirmação para o processo de crescimento interior que se realiza silenciosamente no campo da mente, ou seja, no conjunto de vivências preparatórias que torna moldável o ser para novas concepções.

59 - Nesses termos, qual seria o papel do nosso trabalho?

RAMATIS - Ajudar a consolidar o preparo das etapas sucessivas de evolução nos seres afinados com nosso pensamento.

60 - A afinação, sendo estimulada com o pensamento de alguém ou de alguma corrente filosófica, ou religiosa, ou de outro qualquer caráter, não estará contribuindo para uma delimitação contrária ao progresso? Se há uma constante reafirmação de campo, não seria prejudicial à expansão e evolução do espírito? Ao nosso ver, o diálogo teria como valor primordial, justamente, afastar para novos caminhos, não somente consolidar os preexistentes na alma.

RAMATIS - Vossa experiência vos afirma que ninguém convence ninguém de nada. O exemplo só "arrasta" quando há predisposição psíquica, mesmo que inconsciente.

61 - Gostaríamos que nos explicásseis a razão dessa digressão em torno de uma pergunta feita.

RAMATIS - É muito oportuno esclarecer não apenas as ideias, mas também o *processo* de alcançá-las. O homem preparado para as complexidades do raciocínio despreza o valor extraordinário de sua capacidade de despertamento interior das faculdades ainda ocultas de seu pensamento. Quer saber a resposta, recebê-la pronta, se possível em dicionários enciclopédicos de acumulação fácil, mas não valoriza suficientemente o processo de surgimento das respostas. Entretanto, se acompanhasse seu simples raciocínio, teria mais a aprender sobre si do que sobre os fenômenos que o cercam. E, colocando a casa mental em dia, haveria nela luz e espaço suficientes para o conteúdo de todas as respostas, de forma crescente e espontânea. O valor de tal processo é evidente – ao invés de recorrer e esperar, ele desperta, acorda, alerta e dá pronta segurança àquele que sabe poder pesquisar em si o reflexo adequado de todas as coisas, de forma gradual, porém segura e integradora para o próprio ser.

Se o homem tivesse se habituado a tal procedimento, não teria sido envolvido pelo descrédito em relação aos preceitos da fé, como afirmastes.

62 - Como compreender essa afirmação?

RAMATIS - Houve, em todas as épocas, orientadores capazes de falar aos homens sobre o valor de suas potencialidades latentes. Amoráveis e esclarecidos, limitavam-se a exortar ao crescimento interno e à valorização do eu superior que habita em todo ser humano. Entretanto, o profeta Samuel foi repelido por seus contemporâneos quando tentou dissuadi-los de eleger um rei. Nas fases involuídas, o espírito humano desacredita de sua essência autodiretiva e prefere colocar sua segurança nas mãos de quem o constranja a seguir caminhos impostos, em uma fuga inconsciente à responsabilidade de se dirigir. Como a autoridade do Amor ainda não é valorizada, o ser prefere ser violentado por uma força exterior e abdicar do esforço da decisão.

Daí surgem os preceitos. Os seres escolhidos para orientar impõem normas capazes de atender, segundo seu entendimento, às necessidades dos seres que lhes buscam a proteção. Quem poderia acusar os cegos que conduzem outros cegos, voluntariamente, entregues às suas mãos?

Ao abdicar de buscar dentro de si as respostas, permite-se que se estiolem na fonte as reservas espirituais mais nobres e preciosas para o progresso na escalada evolutiva.

63 - Ocorrendo isso em fases muito incipientes do progresso, não seria justificável essa ânsia de se apoiar em outros?

RAMATIS - A capacidade de elaborar a sensação de insegurança é teste decisivo para o progresso. Se o homem se justifica de ser inseguro, mais contribuirá para a consolidação de tal posição.

64 - Sois então contrários à existência de orientadores?

RAMATIS - Vossa própria ciência já conseguiu identificar a necessidade de estimular a maturação pela ação discreta, velada, dos psicólogos que substituíram a atuação diretiva dos que se arrogavam o direito de interferir na estruturação psíquica do ser humano. O máximo que se pode fazer com proveito é servir de ponto de referência ou apoio a processos naturais, que se consolidam apenas no momento oportuno.

65 - Todas essas explicações decorrem de nossa pergunta sobre se poderíamos obter técnica capaz de servir de amparo ao homem desiludido em relação aos preceitos da fé. Que nos dizeis?

RAMATIS - Ela já foi descrita.

66 - Poderíeis resumi-la em algumas palavras?

RAMATIS - "Veja quem tem olhos de ver, ouça quem tem ouvidos de ouvir". Os orientadores que a Humanidade escolheu até hoje foram aqueles que lhe davam a ilusão de lhe aliviarem o fardo do autoaperfeiçoamento. Iludiam-se com gosto diante dos pretensos senhores, fortes e onipotentes, à semelhança da figura do Deus enfatuado e autocomplacente que criaram à sua imagem e semelhança. Os instrutores que não deram preceitos para a fé, mas que realmente desejaram despertar em cada um os recursos superiores que traziam consigo, aqueles que falavam de Deus como um apoio e um reforço a ser buscado à custa de esforços constantes, foram banidos em favor dos que apregoaram imagens mentais em tudo semelhantes aos ídolos de pedra a serem propiciados com oblações fáceis e materiais. À míngua de combustível, a chama bruxuleante da fé extinguiu-se.

Dentro de vós está o holocausto, a oblação, o ritual e a magia. "Sois deuses", segundo Jesus. Propiciai-vos a vós mesmos no gesto sadio de permitir o crescimento de vossas sagradas potencialidades latentes. Começai por abandonar as atividades frenéticas do campo material, nas quais atordoais o espírito para não vos lembrardes de que ele espera vosso esforço de burilamento. Aprendei a apreender vossa essência espiritual, em primeiro lugar, pela orientação do pensamento, a chave da vossa mente, o segredo de vossa evolução. A expressão mais elementar desse processo inicia-se ao ser obtido o domínio do próprio pensamento. Sem esse primeiro passo, nada se fará para chegar a expandir o complexo processo do desabrochar das potencialidades divinas em vós adormecidas.

Enquanto a palavra for para vós instrumento de destruição ou prazer antifraterno, maledicente, displicente e maliciosamente usada, vosso pensamento circulará na onda opressiva das paixões irracionais, e vossa casa mental será incapaz de abrigar as expressões superiores da fé em uma destinação superior que não aceitais por realidade, nem mesmo por hipótese.

Se em vós não crerdes como seres imortais, pelo íntimo convívio com o extraordinário fenômeno que a vida representa, é porque vos fixais nos aspectos perecíveis da matéria que vos monopoliza a atenção.

Parai para meditar. Acompanhai vosso próprio raciocínio com a atenção do cientista que investiga um extraordinário fenômeno da Natureza. Acordareis em vós ressonâncias com os processos da espiritualidade superior que, então, poderão ser abrigados em vossa mente como uma realidade vivida e desejada, por terdes identificado a grandiosidade do fenômeno poderoso das forças criadoras em vosso próprio ser.

Na realidade, sois seres que raciocinam, mas que raramente ainda se comportam como seres racionais. **Vossos tesouros maiores são desprezados em busca do efêmero momento de gratificação dos sentidos, que o menor sopro de adversidade destrói.**

Como crer na vida, se nem em vós ainda aprendestes a crer? Como identificar a mão do Pastor se não vos sentis ovelhas? Como buscar as coisas do espírito, das quais a fé é uma superior expressão, se não credes que haja em vós mais do que processos orgânicos? E quando afirmais o contrário, agis na realidade como se fosse possível conciliar a luz com as trevas.

Ou se proporciona uma linha de prioridade capaz de reestruturar a visão da vida, concedendo-lhe unidade e harmonia em função da realidade interna, ou as oscilações do pensamento desordenado terminarão por evidenciar a inexistência de uma realidade interior, por ser ela ainda desestruturada e informe.

Pagai à conquista dos valores do espírito o tributo da autorrenovação. Meditai sobre o Evangelho, vivei-o, e o Pastor se fará nitidamente presente, no júbilo intenso que vos bafejará a alma, falando-vos sem palavras do "Seu reino, que não é deste mundo" e, portanto, não pode ser exteriorizado nos moldes dos preceitos impostos por conveniências religiosas ou socialmente determinadas.

Somente a Lei do Amor apregoada por Jesus, se **vivida em todas as suas consequências,** é passe válido para o terreno onde a fé no próprio destino espiritual desemboca na fé generalizada em relação a todo o processo de harmonia inscrito na Criação.

04
TRABALHO E RENOVAÇÃO

67 - Ao nos ser comunicado o título desta obra, sem mais nenhum detalhe, julgamos que se trataria de centrar os temas em Jesus, o que realmente nos encantou. Entretanto, vemos agora que os assuntos tratados são todos relacionados às nossas vivências na experiência terrestre. Não julgais que esse fato poderá decepcionar os leitores?

RAMATIS - Para os teóricos místicos, sim. Para os especuladores contumazes dos assuntos espirituais, vivências são colocadas em segundo plano, pois se encontram empenhados em saber mais sobre os outros do que sobre si mesmos. Não foi para esses que o Mestre se deslocou dos mais altos planos espirituais, uma vez que não têm "olhos de ver, nem ouvidos de ouvir."

O próprio Jesus não veio falar de si e nem conseguiríeis evoluir por saber mais sobre Ele. Basta-vos o que já conheceis sobre Sua atuação para, em consequência, possuirdes material para milênios de elaboração interior construtiva.

As lições mais simples são as de mais profundo conteúdo. A mensagem que extravasa do Evangelho dos Apóstolos é fundamental para a depuração psíquica indispensável a quem se candidata ao ingresso em novos e mais aprimorados níveis de ação interior. A natureza do Cristo, como de todos os grandes avatares, tem correspondência interna com padrões intraduzíveis ao entendimento comum da Humanidade.

Se conseguirmos vos interessar pela vivência crística nos padrões acessíveis ao vosso nível atual de evolução, estaremos contribuindo para que escaleis os primeiros degraus da afinação interior, que vos permitirá penetrar no vestíbulo de futura compreensão espiritual do Mestre.

De pouco valor teria um trabalho que vos satisfizesse a curiosidade intelectual em relação ao Cristo e vos deixasse no mesmo estado anterior de pedintes espirituais.

Conhecê-Lo, em verdade, representa viver-Lhe os ensinamentos.

68 - Entretanto, por ti mesmo foi ditada a obra[14] sobre Jesus, que muitas alegrias espirituais nos proporcionou.

RAMATIS - Ver passar o Mestre diante de seus olhos encantou a muitos homens. A uns converteu ao Bem Sua simples presença, a outros, essa mesma visão fez desencadear torrentes de ódio e incompreensão.

Nada existe que contraindique a meditação sadia sobre as virtudes elevadas do Senhor. Elas devem ser mesmo alvo de nossa contemplação. Porém, ao se tratar de estimular o progresso e a renovação da Jerusalém que O crucificou, antes de louvá-Lo ou mesmo de tentar contemplá-Lo será necessário acordar ecos e para isso será preciso preparar o terreno.

Por vos amarmos e vos desejarmos ver renovados em uma faixa vibratória do Amor Crístico, capaz de vos fazer sintonizar com o Mestre, é que vos falamos de vossas necessidades prementes, tendo em vista Seus ensinamentos amoráveis. Se não vos equilibrardes, de que modo podereis caminhar para Ele?

Têm sido inumeráveis os homens que se dedicaram à tarefa de enaltecer, por palavras ou por atos, a figura mansa e sublime de Jesus. Plantaram na Terra a semente do Amor que Ele vos trouxe, espalhando-a em todos os lugares.

---
[14] - MAES, Hercílio (Pelo Espírito Ramatis), *O sublime peregrino*.

Ele, o Amigo incomparável, tem sido apontado como o Pastor, o Meigo Nazareno, o Grande Instrutor, o Sábio, a Ovelha do sacrifício propiciador, o Juiz das almas, o Servo maior de todos, o Trabalhador incansável na redenção dos homens, o Inspirador de todas as correntes do Amor sobre a Terra.

Os seres humanos têm sido conclamados a segui-Lo, a amá-Lo, a servi-Lo. Enfim, veem-se efígies de Jesus em quase todos os lugares da Terra, altares, bênçãos proporcionadas em Seu nome, serviços assistenciais inspirados na caridade cristã, contudo o número é reduzido dos que se recolhem para tentar refletir realmente o ensinamento espiritual que Sua presença grandiosa representa para o processo educacional da Humanidade.

69 - Porém, todo esse trabalho de divulgação de Jesus não representaria um processo educacional prévio da Humanidade?

RAMATIS - Quando se anuncia a publicação de uma boa cartilha não significa que os alunos já se encontrem alfabetizados por ela.

70 - Poderíamos, então, considerar que os homens são como os alunos que veem figuras com agrado, mas nunca se encorajam a aprender a ler?

RAMATIS - Se considerássemos assim, estaríamos desdizendo os conceitos de progresso constante que são a lei responsável por toda a dinâmica evolutiva. Com o passar do tempo, faz-se crescente sensibilização, mesmo para os alunos que gostam apenas de "ver as figuras". Um dia eles despertarão para o desejo de ser capazes de ler sem auxílio alheio. E nosso esforço de intercâmbio espiritual não faria sentido se não nos colocássemos como quem "conta histórias" com o objetivo de "despertar o apetite" dos alunos desinteressados, para esforço maior no futuro. Porém, ao professor cabe desenvolver o processo educacional de tal forma que não habitue mal seus alunos. Caso não consiga habilmente provocar respostas de anseios novos será um simples treinador, jamais um real educador.

71 - Com o intuito de esclarecer ainda mais nossos possíveis leitores, gostaríamos de vos perguntar se esta não seria uma curiosidade sadia, a de pesquisar os grandes vultos da espiritualidade que passaram sobre a Terra.

RAMATIS - Tão sadia quanto necessária, à medida que não se transforme em hábito de pesquisa sem consequências imediatamente aplicáveis. Acumular conhecimentos sem vivenciá-los é atitude semelhante à do agricultor que, possuindo muitas terras, deixa-se ficar na sua contemplação, sem delas retirar nenhum proveito, na tradicional atitude de indolência de quem louva a Deus pelas belezas criadas, mas não se encoraja a desenvolvê-las com seu próprio potencial de energias.

72 - A que espécie de trabalho vos referis nesse título?

RAMATIS - Ao funcionamento das engrenagens do progresso, sejam elas pertencentes ao plano físico ou ao espiritual, e à interação das peças que de ambos os planos promovam a arrancada do espírito em direção à Luz.

73 - Por que seria importante estudarmos nesta obra os problemas relacionados com o trabalho?

RAMATIS - Porque é onde o homem coloca seu potencial de ação de modo a se fazer percebido a si e ao próximo.

74 - Que significa "fazer-se percebido" a si e ao próximo?

RAMATIS - Somente quando atua, o ser organiza de forma característica as potencialidades disponíveis, expressando sua forma particular de ser. Os seres inibidos receiam se manifestar e não obter aprovação própria ou alheia. É agindo que o espírito conhece a si mesmo e dá-se a conhecer.

75 - Essa afirmação poderia ser interpretada tal qual uma declaração de que somente a ação exterior é importante para a autorrealização humana?

RAMATIS - Sendo provenientes de formação espiritual orientalista na Terra, somente por meio de uma deturpação inexplicável poderíamos desconhecer o valor do trabalho interior como fonte de expressão do espírito imortal. Os valores que se acendem, quando o ser penetra as camadas mais profundas de sua estrutura psíquica, representam tomada de posição indispensável ao equilíbrio quando se decidir a imprimir movimento externo ao conjunto psicossomático que representa. Exatamente como compreendereis perfeitamente que, para um corpo deslocar-se no espaço, sem desequilíbrio, será preciso possuir massa própria e centro de gravitação definido, além de orientação do campo magnético interno que lhe proporcione sentido direcional na órbita que deva percorrer.

76 - Haveria alguma razão especial para que esse assunto seja tratado em capítulo à parte?

RAMATIS - Todas as formas de atividade revelam algo de sua fonte propulsora na Criação. O homem discorre eloquentemente sobre si mesmo no que produz e, simultaneamente, pela lei da polaridade, consegue fazer retornar ao seu núcleo consciencial certa energia desencadeada por ele próprio, que o reforça nos aspectos característicos em que se expressa inicialmente. Obedecendo ao princípio de que a "função faz o órgão", vossas atividades modelam o mundo externo e esculpem no campo interno a imagem criada pela ação desenvolvida, em interdependência estreita, tal como se uma divindade, ao criar, se modelasse a si própria à semelhança de sua obra.

Ao assimilar e transmitir as energias que absorve da Criação, o ser humano ou o espírito em liberdade constitui-se em um transformador dessas energias, retransmitindo-as e utilizando sobre elas o poder plástico de sua mente, que o qualifica tal qual um pequeno criador de mundos atuantes no conjunto existencial.

77 - Parece-nos difícil perceber de imediato todo esse contexto no simples ato de alguém se dispor a agir, realizando uma tarefa comum. Que dizeis?

RAMATIS - Todas as tarefas são comuns, desde que sejam habituais. Porém, esse fato não lhes retira o significado esotérico incontestável.

78 - Haveria significado esotérico em tudo o que realizamos?

RAMATIS - Ainda não compreendestes a afirmação de Jesus "Vós sois deuses" e, por essa razão, vosso mundo se arrasta em uma esteira de sombras pelos espaços siderais, quando poderíeis torná-lo radioso de luz.

79 - Que significaria esse "sentido esotérico dos atos comuns?"

RAMATIS - Lembrai-vos de que sois verdadeiras pilhas carregadas de energia poderosa, e a cada momento emitis partes dessa carga capaz de impregnar tudo em torno de vós, conforme o alcance do impulso determinado pela vossa vontade.

80 - Porém, o homem comum limita-se a agir sem essa determinação de impregnar ou atingir pessoas e coisas. Considera-se, por isso, isento de responsabilidade em relação ao que possa acontecer no campo "extrassensorial", que ele ignora.

RAMATIS - Estar isento de responsabilidade no sentido de saber explicar os fatos ocorridos não significa estar desligado das consequências desses mesmos fatos.

81 - Não seria um pouco injusto responder-se pelo que não se conhece?

RAMATIS - Há dois mil anos são repetidas na Terra frases como esta: *Não é o que entra pela boca do homem o que o prejudica, mas o que dela sai* e, ainda: *Buscai o reino de Deus e todas as coisas vos serão dadas por acréscimo.*

Instruções semelhantes a essas foram precedidas por milhares de outras disseminadas pelos oráculos, profetas, moralistas, sacerdotes, e até mesmo pela simples intuição materna ao corrigir a mão que se ergue para ferir ainda na infância, sem contarmos, em vossa época, a aluvião de mensagens mediúnicas a reacender os ensinamentos puros do Amor Crístico apregoados na Terra por Jesus.

Quem poderia se considerar ignorante da repercussão espiritual de seus atos, mesmo sem saber fornecer explicações teóricas de seu processamento?

Antecipando-se à expressão francesa que designa a surdez (*Avoir l'oreille dure*), Jesus sabia que os que tivessem os "tímpanos" esclerosados não conseguiriam "ouvidos de ouvir", pois não haveria flexibilidade em sua constituição psíquica para vibrar sob o efeito da emissão de seus alertas. Entretanto, não se furtou aos esforços ingentes desenvolvidos pela Espiritualidade com o objetivo de semear matrizes mentais positivas junto aos seres encarnados na Terra, pois Sua mensagem era, em primeiro lugar, um ato de Magia Branca destinado a abrir clareiras vibratórias no campo psíquico da Terra, pequeno Planeta necessitado de higienização áurica para penetração de sua humanidade nos primeiros passos em direção à Lei do Amor.

Somente quando os seres humanos conseguirem encarar suas tarefas, como meio de expressão do seu ser integral, conseguirão harmonizar-se com a Vida e alcançar a paz de quem possui um programa a seguir em termos tão amplos que o identifique com sua individualidade eterna. Desde, então, as medidas de "produção" serão interiorizadas, em completa inversão dos padrões hoje adotados pelo homem terreno.

82 - Tendo em vista que, pelo processo exposto, as medidas de produtividade serão interiorizadas, como coordená-las exteriormente?

RAMATIS - Pelo princípio da correspondência.

83 - Poderíamos obter maiores esclarecimentos?

RAMATIS - Da mesma forma que afirmamos que o fato de o espírito se expressar pelo que realiza, quando houver consolidado internamente os padrões de avaliação espiritual, esses se projetarão sobre suas atividades externas e funcionarão tais quais medidas provenientes de valiosas elaborações psíquicas, conduzindo-o a apreciar a estrutura grandiosa do Sistema da Criação de que é participante ingênuo.

84 - Por que seria o homem classificado de ingênuo nesse particular?

RAMATIS - A ingenuidade se caracteriza pela incapacidade de reagir adequadamente diante de problemas, por desconhecimento da complexidade da situação vivida. Dessa forma, podeis aquilatar facilmente a razão desse qualificativo, quando se trata de observar o comportamento humano dentro do grandioso processo da Criação.

Premido pelas circunstâncias de seu estágio incipiente de evolução, o espírito encarnado ou desencarnado deixa-se impregnar pelo negativismo em relação a si e ao que o cerca. Ignora os grandiosos processos renovadores, representados pelos obstáculos que lhe serão colocados no caminho, e afeiçoa-se ao imediatismo das vantagens materiais como ponto de referência em sua conquista de felicidade. Caem os padrões e, novamente, premido pelas circunstâncias, luta para se equilibrar, firmando-se em novas ilusões que o mantêm algemado a bens perecíveis como fonte de reconforto.

Frequentemente, somente o sofrimento repetido consegue deslocá-lo de tal processo inadequado de construir sua posição na Vida.

85 - Poderíamos, desse modo, classificar de ingênuos os homens que se dedicam a impulsionar o progresso material do Planeta com seu trabalho?

RAMATIS - Se vos referis aos homens, esses deverão ser classificados de instrumentos úteis ao progresso necessário que, inclusive a eles próprios, servirá mais tarde de despertamento de maior avaliação dos fatos. Porém, se os encarardes como espíritos imortais, vereis que se conduzem feito cegos, voluntariamente, incapacitados para apreciar sua posição grandiosa na Vida.

Quantas vezes tereis ouvido a afirmação de que alguém precisa "se fazer na vida"? Pesquisai se nessa declaração haverá alguma conotação espiritual. Não seria ingênuo tal esforço com o prejuízo frequente da paz interior, como se o ser ignorasse a necessidade de deixar para trás toda a fortuna ou o "status" social para se deparar com a realidade do espírito, tão certo quanto seja o fato de um dia ter nascido? E, no entanto, nem ao menos param antes para definir em que consiste a "vida" em que vão "se fazer". Limitam-se a se projetar na torrente voraz da competição para superar a ânsia de "ganho" de seu irmão mais próximo, encarado feito um "competidor".

86 - Porém, essa porfia pela produtividade não contribui também para o aperfeiçoamento do espírito?

RAMATIS - Passar por experiências não significa necessariamente aperfeiçoar-se.

87 - Seria essa afirmação conducente à conclusão de que é preciso trabalhar menos?

RAMATIS - Não menos, mas, sim, melhor.

88 - Como compreender vossa afirmação?

RAMATIS - Podeis sair em um dia de sol radioso, caminhar pelos parques cercados de belas paisagens e, pelo ruído alegre das crianças e dos pássaros, fitar os lagos ornamentados de aves aquáticas, sem conseguir vibrar, mesmo de leve, com o significado extraordinário que todo esse panorama de vida representa. Ao vos erguerdes do leito, a brisa da manhã refresca vosso rosto e toda a vida iniciou a sinfonia de novo dia para cantar hosanas ao progresso em sintonia com as Fontes Superiores da Criação. Intenso fluxo renovador se derrama sobre a Terra que pisais, e vosso espírito permanece indiferente, desligado da grandiosidade do panorama de que fazeis parte integrante por leis de íntimas relações criadoras entre o macrocosmo e o microcosmo que representais. Ao regar uma planta no solo, o jardineiro não medita na beleza do "milagre" da vida que lhe foi confiado aos cuidados; ao bater nas teclas de sua máquina de escrever a funcionária não se conscientiza da harmonia extraordinária do complexo representado pelo seu organismo, que lhe permite adquirir precioso automatismo para sua atividade, incapaz de se sentir parte do grande turbilhonar de mundos no Espaço Sideral. E o homem confina-se física e mentalmente no escritório, cuja janela é um convite à meditação sobre o que vai lá fora, em um espaço sem fronteiras, até o Infinito!

No passado, o ser humano era integrado à Natureza, mas não ultrapassava os limites que ela lhe impunha. Hoje, construiu sistemas para lhe obter o controle, mas impermeabilizou-se em sua sensibilidade, a ponto de se transformar na máquina de medir o tempo, capaz de fazê-lo vencedor do meio externo.

Infelizmente, esqueceu também que há uma marcação interna para o tempo em que sua maturidade eclodirá, exigindo renovações negligenciadas nas etapas primeiras de sua evolução.

89 - Se existe um momento adequado para que surja a maturidade, não seria inútil a preocupação de comentar e apontar novos caminhos?

RAMATIS - Quando a maturidade surge, o espírito sente-se hipersensibilizado, o que, muitas vezes, serve inicialmente para lhe agravar os problemas. Nossos comentários e também todos os trabalhos que visam fornecer orientações sadias da espiritualidade consistem em secundar o Divino Magistério do Messias. Ele, na qualidade de Sábio Instrutor da Humanidade, veio derramar seu Amor sobre todos os seres da Terra, deixando atrás de Si um rastro invisível, capaz de nortear a caminhada de cada ser humano no momento de seu amadurecimento interior, em época imprevisível.

Nossas singelas instruções revelam o desvelo da Espiritualidade em dar desenvolvimento à campanha de desanuviamento espiritual iniciada por Ele no sentido de um Amor integral, reunindo a sementeira menos vigorosa daqueles que vieram preparar os caminhos da Humanidade para recebê-lo. A divina enxertia do Cristo fez-se através dos ensinamentos evangélicos, que hoje estão sendo reavivados, quando o ressecamento espiritual se manifesta em todo o seu poder esterilizante da alma imortal.

Apresentar frutos saborosos aos olhos dos homens não os fará desejá-los enquanto estiverem no nível do bruto que se alimenta de despejos. Porém, é preciso que os frutos permaneçam disponíveis para atender ao paladar apurado, que surge na hora do amadurecimento espiritual. Quando, cansado de rastejar, o ser humano eleva o pensamento e se põe ereto diante da Criação, seu olhar depara com frutos altos da árvore da Vida e ele consegue transitar do nível animal para o espiritual, passando a se admirar por nunca ter identificado os extraordinários valores que o têm constantemente cercado, sem jamais serem apreciados.

É o retorno do Filho Pródigo, e o Senhor o recebe com o júbilo do Pai sábio e amoroso.

Os ensinamentos de todos os matizes que visam esclarecer os espíritos são como os tesouros acumulados para uso oportuno nas épocas de carência.

90 - A que época de carência vos referis? Às da coletividade humana ou à do amadurecimento interior de cada ser encarnado?

RAMATIS - Os fluxos renovadores do campo espiritual revelam-se tanto individual quanto coletivamente.

91 - Nossa época é carente, mas não nos parece que de modo geral se dê conta disso. Não é verdade?

RAMATIS - Jesus falou às massas, mas não esperou que elas lhe respondessem em bloco. Pelo contrário, contou sempre com a animosidade dos que se contrapunham ao Seu apostolado. A própria oposição do Sinédrio e dos fariseus em geral lhe servia de ponto de apoio para Sua doutrinação evangélica, pois viera "para os doentes", e porque "os sadios não precisam de médico". A reboliço causado por sua exemplificação avultou-se e projetou-se pelos séculos como mensagem redentora, exatamente pelo contraste chocante entre sua realização de alto nível espiritual e a reação hostil da sombra, que não desejava diluir-se na vibração radiosa do Amor.

Seu calvário se repetiria nas almas de todos os Seus seguidores, quando cada um de *per si* concebesse a possibilidade de um encontro com o Mestre "em espírito e verdade."

O apelo do Amor Crístico, semelhante ao tesouro intocável da luz, permanece pelos séculos, projetado como massa luminosa de ensinamentos e de vibrações, assimilada, no entanto, em uma resposta interior do ser individual ao seu Pastor.

Caso pudésseis fazer um levantamento estatístico do que se fala a cada dia na Terra sobre Jesus e os Evangelhos, ficaríeis surpresos de o orbe terráqueo não se ter ainda transformado no paraíso sonhado pelos homens de boa-vontade. Entretanto, o fermento para levedar a massa exige o tempo necessário para as transformações químicas esperadas. Faz parte dos planos seguros da supervisão espiritual do Planeta que nem um só dos seres encarnados deixe de encontrar à mão os recursos necessários no momento de seu ressurgir das cinzas do passado involuído.

A luz precisa estar sobre o velador, não sob o alqueire. No dizer de Jesus, o farol do conhecimento superior deve brilhar adiante de todos para que, oportunamente, possam corrigir sua rota e encontrar o divino Amigo no mais suave de todos os enlevos – aquele que se reconhece como filho muito amado de uma casa paterna cheia de recursos e bênçãos.

05
O AMOR

92 - Quem vos serve de intermediária na Terra, neste momento, julga o presente tema impossível de ser abordado em toda sua amplitude, especialmente pela imperfeição do instrumento. O processo de captação e retransmissão de temas como esse dão-nos a impressão de sermos um perneta precisando correr para acompanhar, sem êxito, uma carruagem supersônica. Há certa sensação de falência ao registrar a amplitude do conteúdo que nos trazeis e que exorbita de nossa capacidade de expressão. De tal forma que nos sentimos em falta com o leitor sempre que isso acontece. Que dizeis?

RAMATIS - Todas as criaturas ocupam-se, constantemente, de tal tema. Por que seríamos os únicos a negligenciá-lo?

93 - Não desejaríamos negligenciar, mas evidenciar a impotência que nos acomete diante do panorama *sui-generis* de que tal assunto se reveste quando abordado por entidades que se encontram muito acima de nosso estágio evolutivo. Não é assim?

RAMATIS - Se os médiuns se furtarem a tal esforço, quem poderá fazê-lo? Que utilidade haveria em abordar um tema sob forma rotineira? O Amor, em sua totalidade, seria indescritível, e não tentaríamos tal empresa impossível nem através do mais iluminado dos médiuns. Jesus, o médium do Cristo

Planetário, não encontrou no vocabulário humano termos capazes de descrever o processo de afinação com as Forças Superiores da Vida, limitando-se a discorrer pelo próprio exemplo. Ao recomendar que vos amasseis como Ele vos amou, apontou-vos a direção, como quem indica o caminho para um país encantado, cujas realidades apenas o próprio consegue constatar, pelo contato direto.

Entretanto, Sua vida foi um compêndio completo de ensinamentos, em que não usou caracteres impressos no pergaminho, no barro ou no papiro. Usou a base da mente humana coletiva para grafar, em símbolos e formas as mais incandescentes, lições de Vida Superior, realmente intraduzíveis em termos habituais. Era tal o teor de suas manifestações de Amor que seria impossível retê-las nas formas consagradas pela sistemática mental de aprendizagem humana. Todos que O viam recebiam o impacto de Sua aura sem, contudo, conseguirem descrever tal evento. Eram seres em estado de choque psíquico benéfico e intransferível.

Porém Ele, reconhecendo a comoção que a pura vibração do Amor é *capaz* de produzir em curto e longo prazos, não se inquietava, pela certeza de ser incapaz de traduzir em palavras aquilo que somente se comunica pela sua própria e singular força de expansão, no tempo e no espaço, de forma grandiosa que ultrapassa a ambos, atingindo a dimensão da eternidade, latente em todas as criaturas.

94 - Desse modo, confirmais nossos receios. Não havendo em nós força de ação correspondente, como veicular tais valores pela palavra humana deficiente?

RAMATIS - Vossa tarefa é a do arauto que anuncia o advento do Mestre a plenos pulmões e cuja arte de transmissão será tão eficiente quanto seja a coerência de vossos atos com a mensagem redentora. Vossos irmãos, percebendo o grau de vossa sinceridade, darão crédito na medida de seu amadurecimento e, então, poderão ligar-se ao imponderável, que permanece além das palavras, onde se cruzam as estradas do mundo com as do espírito.

Quando lançamos um trabalho destinado a auxiliar a evolução, há uma faixa de seres que se encontrarão dentro de nossa previsão para o aproveitamento do que é exposto. Cabe a cada trabalhador do Bem dar a parte que lhe compete, na certeza de que não será capaz de reunir condições para a aprovação geral. Essa empresa nem o próprio Jesus conseguiu efetuar, pois se trata de problema de estatística relacionada com o grau dos interesses do conjunto. Mesmo a humanidade que se declara cristã, em quase sua totalidade no Ocidente, fabricou para si um Jesus à sua imagem e semelhança, de acordo com seu grau de percepção espiritual.

Semear é a tarefa. A germinação e a colheita pertencem à Vida. Não vos aflijais, portanto. Quando, em vossos esforços, desejardes ser fiéis às tarefas abraçadas, vosso irmão sentirá a repercussão de um impulso de Amor que, se não for tão genuíno quanto desejaríeis, terá representado vossa contribuição melhor dentro da seara.

95 - De que forma será feita a transição entre a época atual e o advento da Jerusalém Renovada no que concerne à implantação de expansão maior do Amor entre os homens?

RAMATIS - Ninguém será capaz de amar sem conhecer a si mesmo.

96 - Compreendemos que amar é doar-se ao próximo. Foi sempre essa a concepção mais corrente: "fazei ao vosso irmão o que desejaríeis que vos fizessem". Como explicar a vossa afirmação?

RAMATIS - Se não vos conhecerdes em vossas próprias necessidades, como reconhecereis as de vossos irmãos para servi-los adequadamente, se em última análise as necessidades do próximo são basicamente as mesmas? Se não vos souberdes socorrer a vós mesmos, sereis muito pouco capacitados a servir em bases realmente úteis ao vosso irmão. Além disso, carentes em vossas expressões espirituais, vosso gesto de socorro poderá, geralmente, restringir-se ao sentimento de solidariedade, impotente para fornecer maiores contribuições à renovação efetiva de vosso companheiro de jornada.

97 - Que mais seria possível, além da solidariedade, oferecer ao irmão necessitado sob a forma de Amor?

RAMATIS - Existe uma gama infinita de interpretações para o Amor. Ao nos referirmos à doação dessa sublime vibração são tão amplas as escalas em que poderemos nos encontrar quanto são diversificados os estágios evolutivos dos seres criados. Daí a complexidade evidenciada quando alguém precisa assinalar os ensinamentos, pois há instrutores e aprendizes na mais infinita gama de aprendizado e assimilação da espiral do Amor Universal que se manifesta no Todo.

Ao emitir e receber no padrão que lhe seja peculiar, o ser torna-se fiel ao seu processo de enquadramento sucessivo aos diversos níveis de realização. Definindo essa palavra como o ato de se colocar em "ação" no "real" que lhe é perceptível e acessível, podereis compreender que a troca será efetuada nos mais variados padrões. Porém, o que efetivamente conta é que o "quantum" desse Amor em trânsito seja generosamente oferecido como oblação às Forças Criadoras do Universo, em um gesto que engrandece e ratifica o grau alcançado de participação no fluxo extraordinário da Vida, que absorve em si o potencial mobilizado por todas as almas conscientes de sua participação grandiosa no panorama dinâmico da evolução coletiva, o qual se expande desde o átomo às esferas extraordinariamente balsâmicas, onde a Luz se manifesta em todo o seu esplendor.

98 - Diante de tais explicações, séria dúvida nos assalta. Na eventualidade de existir grande distância na evolução espiritual entre quem doa e quem recebe, surge uma real dificuldade para ser aceita a forma mais aprimorada de expressar o Amor. Pelo que temos observado, aspectos mais refinados desse amor ao próximo costumam ser até interpretados como desinteresse e hostilidade. Que fazer?

RAMATIS - O Amor, quando veiculado, higieniza o vaso que o transportou. Essa é a medida e a defesa, automaticamente, assimiladas pelo instrumento das energias poderosas da vida.

99 - Essa afirmação significa imunização completa e absoluta em relação às cargas negativas da incompreensão, geradas pelo gesto mal-interpretado de Amor?

RAMATIS - Em termos absolutos, sim. Porém, é preciso levar em consideração que um ato de afirmação positiva de um espírito dentro da Criação, nas escalas menores de progresso, não constitui expressão integralmente harmoniosa do ser, mas é sempre proporcional à sua capacidade de filtrar a Luz da Espiritualidade através de si.

100 - Sendo assim, o ser, embora bem-intencionado, ao tentar agir com Amor encontra-se à mercê dos planos involuídos em suas reações cegas ao Bem, não é verdade?

RAMATIS - O cansaço, o repouso e o refazimento fazem parte do treinamento do atleta que deseja desenvolver capacidade maior de resistência diante das provas. E somente pela repetição dos exercícios, muitas vezes penosos, de auto-disciplina, o efeito adequado e ansiosamente buscado é obtido com êxito. Ao pagar o preço do adestramento, ele adquire, simultaneamente, a consciência do próprio valor e do significado inestimável de ter suportado e superado os obstáculos ao seu crescimento pessoal na área escolhida.

O preço pago torna legítima a conquista e confere ao aprendiz o grau de conhecimento associado à capacidade de manipulação, que sugere segurança maior no agir, assim como um poder de afirmação diante de eventualidades congêneres.

Além disso, o ser imortal que preside o treinamento assimila a essência de mecanismos capazes de lhe fortalecerem a convicção da vitória do Bem, associada a um automatismo benéfico, que lhe tornará menos penosas experiências futuras de autorrenovação. É como ouvirdes alguém dizer, na expressão rudimentar da troca de ideias, que já está "calejado" diante de certas situações ou que as experiências maiores da meia-idade lhe conferiram certo grau de insensibilização diante dos problemas comuns da vida. Se, simultaneamente, for apresentada capacidade de solução mais ajustada de tais problemas, podereis deduzir que o ser espiritual conseguiu assimilar elementos capazes de fornecer melhor trato das situações íntimas diante de determinada gama de eventos psicológicos, por evolução gradativa do espírito. Será comum, inclusive, que tais indivíduos se digam "calejados", insensíveis e até rudes por julgarem que as novas atitudes não são tão aprováveis como as anteriores, que os colocavam vulneráveis às investidas das incompreensões do meio e, reprovando-se, no entanto, atribuem a "culpa" à rudeza do ambiente em que vivem. Mal podem, no entanto, compreender que se fizeram mais resistentes para servirem aos seus irmãos uma "sobremesa" de paladar diferente, que os alerte quanto ao empobrecimento de sua sensibilidade.

101 - Como compreender melhor essa última afirmação?

RAMATIS - Depois de se fartarem no banquete de suas iniquidades, infligindo frequentemente a seus irmãos sofrimentos inumeráveis, os seres involuídos esperam a vitória de seus objetivos sanguinários, violentos ou contumazes no prejuízo mesquinhamente planejado ao viver do próximo. A atitude serena de resistência traduz incômodo para quem a precisa adotar, mas, principalmente, constitui valiosa fonte de despertamento para quem a encontra como o final de um repasto indigno, no qual o paladar da sobremesa não lhe é agradável, em vista de estar habituado a prevalecer em seus atos rotineiros de desamor e desequilíbrio.

102 - Em se tratando de opor-se a espíritos menos evoluídos, essa forma de reagir, embora representando atitude equilibrada e serena, não atrairá sobrecargas prejudiciais a quem a adota?

RAMATIS - Quem encontra em si forças para se opor serenamente, simultaneamente, se coloca em nível de irradiar paz em torno de si. Essa própria vibração constitui defesa, como barreira intransponível para os dardos mentais dos seres involuídos. Transferindo o problema a uma escala genérica, podemos afirmar que o "santo" não poderá estar à mercê das forças negativas, e sua imunização será proporcional ao grau de Amor esclarecido com o qual veicular sua reação serena ao Mal.

Quando Jesus se deixou imolar, tinha um objetivo construtivo em vista. Saber escolher a hora para cada tipo de testemunho é o segredo da evolução permanente. Resistir às solicitações negativas representa a consolidação máxima nos níveis em que a evolução ainda não se pode afirmar por grandes realizações positivas. Daí decorre que os iluminados sejam sempre alvo do desamor concentrado de seus irmãos, embora tal fato apenas possa intensificar o seu grau de iluminação.

Aceitar esse desafio das trevas é apanágio dos seres que já se certificaram de que o Senhor da Vinha possui talentos em abundância para distribuir entre aqueles que desejarem engajar-se nas hostes do Bem, sem se preocuparem com o abastecimento, pois as vias do espírito imortal se aplainam à proporção que são trilhadas na paz do Senhor.

103 - Como conseguir agir em paz quando a turbulência nos solicita atenção, alvejando-nos a sensibilidade?

RAMATIS - É preciso compreender que a paz com o Senhor é a paz dos aflitos, dos angustiados pelos azorragues da renovação interior. É aquela aura de compreensão benéfica que lhes permite não desesperar, conferindo-lhes energias capazes de improvisar soluções novas e benfeitoras para os caminhos torturados dos seres que os envolvem em suas vibrações desarmônicas. É a atitude de firmeza inabalável que, sem perder o rumo, descobre os meios de atenuar o sofrimento sem colidir com as leis da evolução, que exigem respeito para os princípios básicos da integração gradativa com o Todo.

Os seres que se opõem declaradamente à Lei precisam encontrar, mesmo a contragosto, os obstáculos naturais a seus atos desarmônicos, e não seria lícito permitir que angustiassem indefinidamente seus irmãos recolhidos sob a capa de falsa superioridade, impossível de ser provada pelo equilíbrio indelével de um Amor sublimado.

Em uma atmosfera de grande elevação, esses seres desarmonizados seriam paralisados pela própria impossibilidade de encontrarem comparsas para suas intenções, ou mesmo que se submetessem aos seus propósitos mesquinhos. Na Terra, no entanto, a fraqueza e a dubiedade dos interesses humanos cria atmosfera rica para a afirmação das raízes do mal, e a preponderância dos mais afoitos sobrepõe-se aos bem-intencionados. A trama criada pela mente involuída não encontra oposição fácil e mesmo os que a identificam, sentindo-se em minoria, recolhem-se aos seus interesses particulares, com bem fundados receios do desabamento de uma estrutura defeituosa e habilmente mal construída sobre suas necessidades de sobrevivência.

A resistência será proporcional, tanto no esforço quanto na realização, ao grau alcançado de evolução e consequente percepção das Leis da Vida. Quem estiver empenhado no equilíbrio espiritual mais do que na preservação de seu bem-estar, identificar-se-á com a Lei e agirá dentro dela, nutrindo-se na produção de harmonia proporcionada aos que realmente se afinam com o Plano da Mente Divina.

104 - Uma forma de amar que se expresse por atos muito distanciados da aceitação do ser amado não equivale a uma negação do amor, desde que o objeto desse amor não o possa assimilar? Satisfazendo-nos em veicular a sublime vibração do amor, na medida em que nos é acessível, não estaríamos agindo egoisticamente, desde que o objeto do nosso amor não consiga percebê-lo como tal?

RAMATIS - O amor representa um processo magnético de escoamento vibratório impossível de ser expresso em termos racionais. Por ser arracional ele atua em níveis supraconscienciais capazes de transmitir efeitos não registrados conscientemente, mas captados na faixa espiritual fora do tempo, do espaço e da conceituação comum. O transmissor e o receptor desse influxo, frequentemente, acham-se envolvidos por uma situação "mágica" de telecomunicação extrassensorial que, apesar de perturbar suas relações momentâneas, mesmo assim pode consolidá-las em termos de eternidade.

Repelir uma mensagem de amor vazada em termos incompreensíveis pode representar para o espírito um marco espiritual capaz de funcionar como ponto de apoio para futuras renovações, mesmo que no momento de sua recepção tal mensagem lhe tenha soado inteiramente dissonante e impossível de ser-lhe útil.

105 - Como compreender tal fato?

RAMATIS - Quem atua em termos de amor expressa escalas de valor tão amplas que podem beneficiar o espírito à sua revelia.

106 - Isso não nos parece normal. Que dizer do aproveitamento?

RAMATIS - Quando agirdes em termos de real amor essa escala de medida para aproveitamento também se tornará tão ampliada que jamais pretendereis aferir resultados imediatos de um gesto de amor legítimo.

107 - E que dizer da necessidade de bom relacionamento com nosso próximo? Desprezaríamos os propósitos de confraternização em nome do amor?

RAMATIS - Se estiverdes agindo na pauta da aceitação imediata, não podereis vos qualificar ainda para os atos de amor depurado e realmente fraterno, pois esse, conhecendo o valor da necessidade de acomodação à amplitude das leis gerais da vida, sabe colocar-se na perspectiva adequada do tempo necessário ao surgimento dos frutos.

Quem realmente ama não oscila, porque conhece. Caminha por trilhas de autorrenovação em relação à Lei e sabe que seus irmãos um dia ingressarão em novos padrões de avaliação da vida e, então, serão capazes de rememorar, com a avidez do sedento, os pequenos atos de dedicação que lhe pareceram absurdos ou desarmônicos em suas fases de involução e cegueira espiritual.

O que se grava no espírito imortal por ocasião do relacionamento entre os seres humanos é o ato em sua pureza cósmica de irradiação energética, de vibrações cuja qualidade regenera ou corrompe quem as emite. Cessada a obscuridade do ser involuído, que repeliu o amor eventualmente vibrado e não captado, momento virá em que a memória do fato ocorrido será capaz de restabelecer o elo com o ato gerador do impulso energético do amor. E dos registros etéricos o influxo arquivado beneficiará ainda, pelos séculos, quem for capaz de se ligar novamente a eles.

Um ato de amor silencioso ecoa em toda a Criação. Quem o recebe não o valoriza? Que importa, se terá toda a eternidade para reacender a chama que não pode, no momento, valorizar?

Alegrem-se os que já têm no coração o desejo de beneficiar, lembrando-se de que a Criação é um arsenal de bênçãos a explodir em todas as direções, em dimensões que escapam à limitada percepção do espírito enclausurado nas medidas de tempo e espaço.

A inefável grandeza dessa realidade permitiu aos grandes espíritos velarem pelo bem da Humanidade, mesmo quando vilipendiados e agredidos pelas hostes trevosas do orbe terráqueo.

Ingressai na faixa dessa compreensão crística do Amor Universal e sabereis que "há tempo para tudo", como afirmava o salmista, pois a Criação grava os registros do amor para serem oportunamente aproveitados.

Não desanimeis com as rejeições que a Sombra costuma articular contra a Luz. Quando a Sombra se esquiva à Luz, esta não deixa de prosseguir sua caminhada para o infinito, pois há lugar também para tudo no Universo, e o fluxo do Amor caminha sem interrupção em direção ao seu glorioso destino de União com o Todo. Sede serenos na realização do Bem que vos estiver ao alcance. Se não crerdes em vossas possibilidades para a destinação eterna de beneficiários da Luz, bem pouco podereis fazer por vossos irmãos. Compreendendo, porém, que essa Luz exige processo de acomodação gradativa e prolongada, derramareis fartamente as bênçãos do Amor legítimo, vazado no espírito de serviço e passareis adiante, esperando a hora oportuna do despertamento de cada um de vossos irmãos, sem esmorecimentos na batalha pela vitória do Bem, tornado para vós realidade que se plasma dia a dia em vosso templo interior. Quem se aflige por respostas receptivas imediatas não ama, mas deseja ser amado, sinal de carência que não qualifica o espírito para a graduação do ser capaz de uma identificação com os mais altos objetivos da Vida.

108 - Ao agir dessa forma não surgirá o perigo de uma centralização das medidas em âmbito tão subjetivo que impeça real avaliação das necessidades do próximo e, portanto, um bloqueio na capacidade de servir? Em termos humanos, o amor se mede pela capacidade de dar alegria ao ser amado. Que dizeis?

RAMATIS - O ser amado pode ser servido em graus diversos de aprimoramento, dependendo das características de quem o ama. Quanto mais límpido o espelho sobre o qual a imagem se projeta mais ela será identificada em seus detalhes. A alma evoluída é como o espelho, capaz de perceber e refletir a imagem do ser amado em sua real posição na escala espiritual evolutiva. Passará a servi-la na medida mais evidente de suas necessidades reais, muitas vezes não identificadas pelo próprio interessado. Sem magoar, no entanto, não poderá deformar a realidade que já percebe e procurará providenciar para que, no momento adequado, estejam ao alcance da mão do ser amado os bens que lhe sejam necessários à continuidade da caminhada evolutiva. Certamente, que a mesma capacidade de percepção espiritual que lhe proporciona a visão clara da situação será capaz de ditar-lhe, pela sensibilidade apurada, os meios de se constituir em instrumento oportuno e amigo de renovação em direção gradativa à paz espiritual proporcionada pelo processo do despertamento consciencial.

Amar é saber esperar, sem desânimo, a hora abençoada da renovação dos seres amados, pois a Lei é o legítimo apoio dos que já pressentiram no Universo o conjunto bendito de recursos infinitos disponíveis no jardim do Éden espiritual sonhado por todos os seres criados.

O Grande Modelo do Amor que passou pela Terra vilipendiado deixou-nos a imagem viva do que representa o espírito de serviço expresso pelo verdadeiro Amor. Jesus era *firme* e *amorável* simultaneamente, e essas suas características provinham do fato de conhecer profundamente a Lei, mas, por isso mesmo, sua tarefa constituiu em exortar pelos atos que O seguissem, sem violentar os seres em sua caminhada evolutiva. Sofrendo o impacto dos homens imersos nas Sombras, sem os repelir, deixou na aura da Terra gravada a mensagem do Amor que não magoa nem mesmo quando magoado, por saber que a Lei é servir no padrão mais elevado, mesmo quando esse nível não é ainda valorizado, pois a grande magia do amor abarca as consciências, independentemente, de estarem ainda denegridas e não conseguirem responder no mesmo diapasão. Faz parte do aprendizado espiritual a necessidade de conviver com padrões mais elevados para ser provocado o desnível, o impacto a ser aproveitado futuramente no momento do despertamento consciencial para a Luz.

Seguramente amparado, o espírito de quem ama no padrão mais alto que lhe é acessível, serve à Vida e prossegue tal qual um facho de claridade indefinível, marco de despertamento nas consciências embrionárias necessitadas do suave impulso dos que já sentem a aurora de uma espiritualidade pura.

06
A VIRTUDE

109 - Sendo essa uma palavra tão controvertida em nossa época, o que, então, considerais virtude?

RAMATIS - Falar em termos comuns ao homem seria preencher ociosamente o tempo disponível, em uma época poderosamente conscientizada quanto à velocidade do processo vivencial. Mesmo que nossa conceituação de virtude não coincida com as concepções gerais, seremos coerentes com os objetivos da obra, que consiste em exaltar a mensagem evangélica de Jesus entre os homens. A ânsia de respostas existenciais, que mobiliza o homem no presente, possui a mesma conotação de ansiedade e desencanto que arrastava multidões à presença do Mestre, tão ávidas de reconforto e amor que eram esquecidas as horas, a fome e o cansaço, mobilizando-se em Sua presença, frequentemente, todas as potencialidades da alma para responder ao Seu apelo amorável e sublime.

As multidões hoje arrastam-se na busca irrefreada do prazer, como sucedâneo anêmico das autênticas alegrias espirituais que o Senhor irradiava generosamente. E o homem deifica o "astro" cinematográfico ou o cantor mais em destaque na época para extravasar a necessidade intrínseca de doar amor, admiração, zelo e alegria. Ao contrário do que se possa supor, o desarvoramento dessas manifestações extemporâneas e tantas vezes incompreensíveis aos mais ponderados representa a expressão distorcida de potencialidade que, bem orientada, conduziria mais rapidamente o homem ao nirvana, ou seja, ao estado consciencial que todos buscam, de plenitude cheia de bem-aventurança.

110 - Em que sentido a virtude estaria colocada no panorama descrito?

RAMATIS - No sentido de que, quando a vida projeta no ser humano suas oportunidades de realização, sucede como se a luz incidisse sobre um corpo, e sua imagem se projetasse em um espelho. O que todos veem é a imagem refletida, mas no prolongamento dos raios refletidos encontra-se a imagem virtual não identificada, que se desenvolve em outro plano. Os que podem observar esse foco virtual, que poderíamos associar à consciência em suas mais recônditas expressões, constatam que potencialidades existem que vêm sendo desenvolvidas sem uma percepção clara do fenômeno, mesmo para o espírito que o vivencia. Para nós, virtude existirá em toda atividade, capaz de realmente atingir e estimular esse foco virtual, onde o processo real da evolução se desenvolve.

111 - Nesses termos, seria bastante difícil, senão impossível, determinarmos quais as situações em que o homem estaria ou não sendo virtuoso. Não é assim?

RAMATIS - Por que vos preocupais em classificar? Será mais importante observardes o processo indiretamente pelas suas consequências.

112 - Entretanto, como estabelecer os níveis em que essas consequências serão válidas? Os conceitos de virtudes entre os homens são variáveis, mas sem eles sentimo-nos mais inseguros ainda na apreciação do processo evolutivo. Que dizeis?

RAMATIS - Será necessário transferir o critério de aferição para o "barômetro" da sensibilidade que mede a atmosfera interna das almas.

113 - Não seria essa uma medida excessivamente subjetiva, variável e, por isso mesmo, menos digna de confiança?

RAMATIS - O grau de confiança dessa medida tem relação estreita com o grau evolutivo de cada ser em todas as etapas do crescimento espiritual. O espírito em evolução somente dá real crédito ao que se encontra em consonância com sua capacidade de percepção por maturidade alcançada. Mesmo quando a sociedade impõe normas restritas aos desmandos dos seres nos agrupamentos, será o grau de ajustamento do espírito ao conteúdo psicológico dessas normas que decidirá se serão respeitadas ou burladas com maior êxito.

114 - Seria, então, inútil estabelecer normas sociais no que diz respeito à aquisição da virtude?

RAMATIS - As normas podem acelerar o processo de manutenção ou marginalizar o indivíduo excessivamente deslocado em relação a elas. Entretanto, em uma comunidade, haverá sempre necessidade de estabelecê-las, atendendo ao nível médio das potencialidades gerais, existindo certa cota de indivíduos que as ultrapassarão e outra que se colocará aquém do que seja considerado virtude. Para nós, entretanto, o que oficialmente se considera **virtude** representa respostas comparáveis à reflexão dos raios nas lentes ou no espelho. Interessa-nos analisar a **virtualidade**, ou seja, o **potencial existente** por trás da resposta ao meio, que independe, frequentemente, das impressões gerais causadas.

115 - Não considerais que essas concepções possam conduzir os menos avisados a agirem livremente, sem respeito às normas, tendo em vista que a Espiritualidade se expressa com menos interesse pelo que é realizado objetivamente?

RAMATIS - Os que assim agirem não estarão por conta de Espiritualidade, mas atendendo a seus próprios anseios de subversão da ordem estabelecida para o convívio entre os homens. Ao nos expressarmos em termos de evolução espiritual não podemos confundir os critérios, mas nem por isso julgamos desnecessárias as medidas humanas.

116 - Quando e como as normas sociais passarão a ser dispensadas?

RAMATIS - Tanto para a coletividade quanto para o ser isolado, quando o centro de gravitação dos conceitos e vivências se deslocar da periferia para o centro, deixando de existir o movimento de rotação descompensada, resultante de o homem colocar na vivência material o eixo de suas mais valiosas cogitações. Julgando-se simplesmente como um corpo dotado de vida, seu centro gravitacional encontra-se na periferia, e sua órbita em torno do Sol da Vida, ou seja, da Energia Criadora que mantém a criação. Há uma dinâmica de desequilíbrio, com desgaste de energias superior ao que se dará no momento em que, interiorizado o ponto de sua concentração maior de energias, passar a girar harmoniosamente sobre si mesmo, descrevendo uma órbita isenta de volteios inúteis, que lhe permitirá um maior rendimento e um maior ajustamento aos objetivos do sistema de que participar.

117 - Em termos humanos, qual a medida para a constatação de tal fenômeno, a fim de não confundi-lo com a simples interiorização egocêntrica?

RAMATIS - A paz que decorre de maior ajustamento com a vida em todas as suas expressões, a começar pela possibilidade de maior e melhor relacionamento consigo mesmo, no templo interior da alma, onde a Força Criadora se manifestará sob a forma de harmonia crescente a se escoar através da alma bem-intencionada que evolui dia a dia no seu processo de integração com o Todo e passa a sentir-se como um "Planeta" que não mais ameaça de abalroamento as outras peças do "sistema", evoluindo sem maiores desequilíbrios em sua órbita tranquila em torno da Força Central da Vida.

Então, as suaves harmonias da Criação passarão a constituir para o ser que ressurge para a Vida Imortal como um constante hino de hosanas, dentro de cujo ritmo de suavidade e pureza desloca-se pelo infinito das possibilidades renovadas, que então sentirá encontrarem-se ao seu alcance, bastando para isso que estenda as mãos e aprenda a amar, como o Grande Arquiteto o faz, ao manter a Vida em um panorama inigualável de beleza e Amor como palco grandioso de renovações sucessivas, no qual as criaturas rejubilam-se em êxtases inexprimíveis cada vez que despertam do sono milenar da inconsciência espiritual para a esplendorosa realidade do Ser.

118 - Poderíeis tecer mais algumas considerações em torno da comparação usada em relação à imagem virtual como representação das transformações mais recônditas e decisivas do ser? Não nos parece claro, embora estejamos convictos da veracidade do fato, o modo pelo qual o processo de desenvolve.

RAMATIS - Nesse âmbito relacionado com os mais profundos movimentos e com os mais sutis dinamismos do processo espiritual, tentamos colocar comparações ao nível intelectual para abrir campo às ressonâncias que desde logo possam existir em estado inicial de sensibilização nos que tomarem conhecimento dessas mensagens. Entretanto, seria pueril imaginar a possibilidade de uma correspondência perfeita entre o objetivo visado e os meios utilizados. O salto entre o intelecto e a intuição, entre a concepção e a percepção espiritual representa uma ponte muito frágil e movediça, comparável às pontes construídas sobre cordas entre altíssimos pontos da montanha da evolução. Aquele que atravessa deve ser corajoso suficientemente para olhar os abismos sem perder o valor e sem se desequilibrar no frágil ponto de apoio que lhe serve de passagem entre os dois mundos em que precisa aprender a exercer suas atividades.

Quando se trata de explorar o campo espiritual, em que as compensações não são imediatamente valorizadas, a maior parte dos aprendizes recua julgando temerário deixar o "certo pelo duvidoso."

Somente os que se decidem a pôr em jogo toda a "segurança" uma vez alcançada passam a empenhar nessa busca todo o acervo adquirido. Reconhecem o valor do que conquistaram sob a forma de inteligência e capacidade de ação, como alguém que já "explorou" todo o terreno que se encontra em um dos lados do abismo e resolve utilizar os recursos frágeis da ponte, em que a intuição está simbolizada, sobre o abismo profundo da incerteza, por ter reconhecido que as certezas possíveis no espaço representado pelo "lado de cá" da matéria em que permanecem são incapazes de lhe fornecer as respostas desejadas.

Essa coragem, fruto dos desencorajamentos que as repetidas decepções na matéria lhe proporcionaram na busca da paz integral, termina por se enraizar sob a forma de um jogo final, onde se empenha na situação do "tudo ou nada", o rasgo definitivo da decisão para a exploração valorosa dos redutos ignorados, onde a Realidade Última possa um dia ser encontrada.

Ao ser observado, esse indivíduo que se empenhasse na aventura de cruzar a ponte e depois, corajosamente, se lançasse a escalar os mais altos picos da terra desconhecida, seria considerado um temerário ou louco por arriscar assim sua segurança.

Essa divina loucura, porém, somente ocorre após exaustivas tentativas de concretizar uma forma estável de segurança e paz. As seguidas decepções em consegui-la pelos meios habituais terminam por despertar ecos interiores das vagas intuições espirituais que flutuam inconsistentes em toda criatura humana. E, como recurso último, a hipótese corajosa foi colocada, a ponte construída tosca e perigosamente, e a alma decidiu-se ao ato renovador da exploração do ignorado.

Entretanto, enquanto isso não ocorre, o processo parece resumir-se em duas partes muito simples: o indivíduo que age, pensa e sente com conhecimento de si, e uma imagem dele refletida nos conceitos gerais que sobre ele se fazem. Suas virtudes são tantas quantas sejam as facetas agradáveis que sua imagem refletida na mente própria ou alheia possa manifestar, em um intercâmbio superficial em que o próprio interessado, geralmente, somente percebe o que vê refletido no espelho dos conceitos sociais nem sempre bastante fiéis.

Em uma segunda etapa, em que sua visão mais educada tenha percebido as distorções da superfície refletora do espelho e suas limitações para mostrarem todos os ângulos possíveis da imagem, o homem desperto reconhece a pobreza dos recursos que as imagens refletidas possuem, como frutos que são de um processo artificial. Deixa de se analisar somente com o intelecto e seus recursos de reflexão para se permitir conhecer-se numa condição de ser vivente, atuante e real, independentemente das limitações impostas pela conceituação geral ou mesmo pelas formas pessoais e particulares que imprimira até então aos padrões absorvidos das vivências gerais.

Começa a "ouvir e ver" em nova dimensão, atendendo ao apelo de Jesus aos que fossem mais maduros espiritualmente falando.

É quando se fixa na autoanálise, aprendendo a auscultar as profundezas de sua própria alma, corajosamente, enfrentando os dragões das formações milenares que adormecem em seu arquivo consciencial.

Nessa auscultação chegará a abstrair-se voluntariamente da imagem refletida ou intelectual de si mesmo, passará por uma etapa de espanto em relação à real natureza de seus impulsos e um dia começará a pressentir que existe uma imagem mais real a ser buscada, exigindo seu desligamento em relação ao que é facilmente perceptível e, no prolongamento dessa imagem aparentemente real de si mesmo, sentirá que uma concentração dos raios projetados faz-se por trás do espelho das convenções materiais, precisando desenvolver capacidade de captação para contatar com o firme ponto de apoio ansiosamente buscado, mas que se encontra localizado por trás das montanhas de picos altíssimos a serem escalados com esforço e decisão.

Sua imagem virtual, paulatinamente, será desvelada como a acomodação crescente da visão interior a níveis de assimilação para os quais a palavra é impotente, por constituírem a antítese dos conceitos para os quais o linguajar humano foi construído.

119 - Essa descrição nos sugere algumas dúvidas. Seria aquela segunda etapa caracterizada pela autoanálise correspondente ao que se pratica hoje como Psicanálise?

RAMATIS - Absolutamente impossível o acesso ao foco virtual da alma por um processo destinado a atender a exigências da vida no plano material. Os psicanalistas trabalham como quem, a um determinado ponto da estrada simbólica da busca de si mesmo, colocasse sinais capazes de despistar o buscador de seu verdadeiro rumo, conduzindo o ser desprevenido a caminhos ínvios, embora aparentemente acolhedores.

120 - Entretanto, os mecanismos psicológicos movimentados não poderão conduzir a uma aproximação gradativa de um estado mais adequado de viver?

RAMATIS - Não possuindo visão globalizada do ser humano, iniciaram com grande deficiência a estrutura de seu sistema. Partiram para a negação da virtude máxima do homem, que é sua condição espiritual, invertendo-lhe os anseios para um ajustamento ao imediatismo da vida. Embora surja certa ilusão de ajustamento, esse é realizado em termos antagônicos à busca da imagem virtual. Essa atitude poderia ser comparada ao ato de comprar um espelho mais fiel, porém continuar a observar a imagem refletida, representada pelos conceitos mais elaborados, que permitiriam correção da imagem orgânica do ser, como se ele constituísse uma finalidade em si mesmo e nada além devesse ser considerado válido. Nessas condições, o real representa o que já está no ser, sendo suficiente rearticulá-lo satisfatoriamente para atingir os objetivos visados.

Essas concepções, embora prolonguem a ilusão de encontrar na vida material remota possibilidade de harmonia psíquica, obrigarão o espírito, ao desencarnar, a fazer revisões semelhantes ao que o estudioso necessita realizar quando, após consultar obras que descrevem trabalhos originais de um autor, passa a lidar com a obra propriamente dita e sente quanto havia deixado de compreender e realizar, em função da estreiteza das orientações recebidas anteriormente.

121 - Poderíeis oferecer maiores detalhes sobre essa circunstância?

RAMATIS - Sendo o espírito imortal simultaneamente o artífice e o herdeiro de um processo de inexprimível grandiosidade na dinâmica de sua própria evolução, enquanto conceder a outros a posição de intérpretes de suas próprias necessidades de crescimento espiritual, precisará se submeter a revisões infindáveis do significado da sua caminhada e do rumo a imprimir aos seus esforços.

122 - Compreendemos essa circunstância, porém, aqueles que se orientam pelos processos espirituais não recebem, também, explicações e interpretações de suas necessidades, que precisarão posteriormente ser revistas? Sendo assim, não estarão também em caso análogo quando desencarnarem?

RAMATIS - É oportuno esclarecer esse pormenor de importância fundamental. Tanto o analista quanto os espíritos orientadores e os "gurus" encarnados ou, ainda, os líderes ocidentais de coletividades espirituais falam ao espírito encarnado, tentando despertar-lhe ecos de uma condição individual de reação aos obstáculos do meio, relativamente à sua necessidade de equilíbrio e paz. Nesse esforço, o espírito é conduzido à auto-observação e à tarefa de renovar atitudes, visando à harmonia diante dos problemas defrontados. À medida que esse resultado seja obtido, a finalidade do processo de orientação terá sido alcançada em maior ou menor grau e paz relativa será vivenciada, seja pelo espiritualista ou pelo materialista que se "ajustou" ao desafio do momento.

Porém, como os momentos evolutivos se sucedem em substituição constante de desafios, o sistema adotado precisa ser flexível e amplo, suficientemente, para abarcar os repetidos processos renovadores que atingirão o psiquismo em seu deslocamento constante em direção à paz. As diretrizes oferecidas como soluções prontas, sejam espiritualistas ou não, serão sempre um sucedâneo para a obra original. Na fase de busca externa de roteiros, o que se realiza será sempre como um comentário em torno do texto original, ainda conservado oculto.

123 - Se existe um "texto original" onde a virtude pode ser buscada, qual a finalidade dos ensinamentos espirituais que recebemos tão seguidamente?

RAMATIS - Despertar ecos.

124 - Esses "ecos" não surgiriam como consequência natural sem serem solicitados exteriormente?

RAMATIS - Os ensinamentos espirituais são respostas a profundos anseios produzidos pela maturação anterior do espírito e visam socorrer a necessidade de despertar novos.

Um espírito somente reconhece como válido um ensinamento quando sua maturação se fez, pelo menos no setor da compreensão, que antecede a vivência integral. Os fatos vivenciados produzem predisposição ou atmosfera psíquica propícia à valorização de determinada ideia. Preparado esse campo, ainda não há organização no processo. Um ensinamento proveniente de fonte fidedigna, no momento psicológico exato, desperta ressonâncias capazes de consolidar a vivência. O que poderíamos chamar de virtude no caso seria o campo que se abriu à nova vivência.

125 - Qual o significado da expressão "texto original"?

RAMATIS - Com essa imagem não pretendemos representar a virtude, em sua mais pura expressão, como uma codificação rígida de conteúdos espirituais a serem expressos de forma padronizada.

O texto será original sob o aspecto de que possui origem específica, com características próprias de grande valor, insubstituível por qualquer sucedâneo.

As interpretações que a inteligência humana procura organizar para imprimir ao processo evolutivo uma ordem digna de sua importância, mesmo para os materialistas que precisam tanto quanto os espiritualistas valorizar sua paz, são simplesmente interpretações, carentes de amplitude para conter a dinâmica vital do processo que escapa à simples área da inteligência. Quando **Freud** escandalizou sua época, estendendo ao **inconsciente** a fonte das motivações mais atuantes do homem, iniciou a era do retorno à realidade psíquica entre os que se entregam aos cuidados da ciência oficial, pois os iniciados o sabiam, com grande antecedência, desde as mais remotas eras, o que está referido veladamente nas **"reminiscências" de Platão**.

Do mesmo modo que em um texto original rico, a ideia vai sendo exposta em graus crescentes de clareza, refundindo os conceitos para chegar quase sempre a abrir campos novos sem esgotar o tema. A pesquisa espiritual autêntica oferece âmbito de expansão infinita à alma que seja sincera buscadora da Verdade inesgotável em seu conteúdo.

O "texto" será original na busca da virtude autêntica, no sentido de que a autorrealização será sempre sentida e vivida em termos individuais de reorganização do material psíquico que a vida oferece, tal qual cada escritor, que ao usar os símbolos alfabéticos e as palavras comuns, possui um tema desenvolvido em ângulos pessoais e vazado no estilo que lhe é próprio, tornado inconfundível com outros, seja por méritos, seja por deficiências. Entre esses dois extremos equilibra-se no seu grau de virtuosidade, no terreno da produção pessoal.

126 - Tendo em vista que a virtude em toda a sua potencialidade estaria colocada em âmbito inacessível à compreensão comum humana, seria impossível ao homem não espiritualizado alcançá-la?

RAMATIS - O grau de virtude é proporcional ao de espiritualização.

127 - Como compreender tal afirmação?

RAMATIS - Será preciso distinguir o significado real da **espiritualização**. Essa palavra aqui é usada como forma de expressar a **depuração do espírito independentemente de suas vinculações religiosas ou filosóficas**. A virtude é proporcional ao processo de reestruturação do espírito em função da Lei, cujas características são, em sua maior parte, incompreensíveis para o grau evolutivo da humanidade terrestre, muito condicionada ainda às convenções sociais, políticas e religiosas, sem dedicar o tempo suficiente à pesquisa sadia da Verdade que ecoa simples, bela e pura diante dos que se dedicam a essa busca em primeiro lugar no laboratório experimental da própria alma.

128 - Haveria alguma passagem evangélica na qual Jesus expressasse esse conceito de **virtude**?

RAMATIS - *Vós sois deuses. Se tiverdes a fé do tamanho do grão de mostarda direis a esta montanha: retira-te daqui para ali, e ela o fará. Não coloqueis a luz sob o alqueire, mas sobre o velador.*

Em todas essas passagens o Senhor fala da **grandiosa potencialidade que está em vós para ser despertada**. A luz que não deve ficar sob o alqueire, mas ser colocada diante dos olhos para iluminar o caminho está em vós mesmos à espera de ser posta sobre o velador.

Sede vós perfeitos como perfeito é vosso Pai que está nos Céus. O Mestre vos conclama à busca intensiva das potencialidades existentes como herança legítima dos filhos desse "Pai" grandioso em sua força doadora e generoso em seu provimento farto, que recolhe com extremos de carinho o filho pródigo disposto a tudo recomeçar.

Por que a incansável solicitude do Plano Espiritual enviando profetas, missionários e médiuns para repetir constantemente e convincentemente a mesma mensagem a ponto de ser ela considerada obsoleta nos tempos atuais? Os homens encarnados, ao observarem a superficialidade dos fatos, não conseguem coadunar a afirmação de sua herança espiritual com o ambiente caótico da vida moderna. Alguns tentam desprezar essas afirmações que se repetem desde os tempos bíblicos no Ocidente e desde os védicos no Oriente. Mas, a Espiritualidade continua a reiterar essas afirmações que atingem os sinceros buscadores de forma tão plena que eles passam a constituir coletividades mais elevadas no grande plano da evolução, deslocando-se para outras paragens siderais.

Entretanto, para apoiar os que ficam, permanece também o número suficiente de videntes, sábios, líderes e pregadores que, conjugados às vicissitudes naturais da vida, terminam por sensibilizar os mais sinceros, que se dispõem a pagar o preço da autorrenovação.

E o Senhor fala, eloquentemente, no silêncio da alma, àqueles que O interrogam sobre seus destinos verdadeiros, dispostos a deixar para trás o que até então constituiu a cortina de ilusões materiais, a lhes impedir a passagem. Assim motivados, descobrem que a barreira antes existente entre eles e sua autorrealização espiritual era composta de pequenos egoísmos, inconsistentes diante do amor à Verdade e que será suficiente levantar as mãos corajosamente para afastar, sem dificuldade, o véu ilusório dos interesses imediatos, que não oferecerão resistência, pois são inconsistentes, criados por força de conceitos truncados a respeito da Vida.

O desapego, a renúncia, a exemplificação serena e amável, que antes pareciam inacessíveis e espoliadoras, deixam de possuir tal conotação para representarem expressão natural de encontro consigo mesmo e com a consciência aclarada em relação ao panorama espiritual extenso que se desenrola diante dos olhos do aprendiz, deslumbrado por possuir uma herança tão rica e até então ignorada por completo, a ponto de descrer do Mestre quando Ele lhe afirmava através de uma série infindável de solicitações indiretas: *Levanta-te e anda*, tal como dizia aos paralíticos. E após obedecer-Lhe e sair pela Vida a expandir amor, ressoarão em seus ouvidos as mansas palavras: *Vai, a tua fé te curou!* Essa é a descrição de todas as reais conversões, seja em que setor de fé ou de filosofia adotada, quando a alma descobre o foco virtual de sua crescente posição de adepto da vida eterna.

Um filho pródigo ingressou consciente e triunfante na Casa Paterna.

07
A FÉ

129 - Como poderíamos encarar o problema da fé na época atual?

RAMATIS - A fé é alguma coisa indispensável à própria sobrevivência humana. Quando elaborais o mais simples projeto a ser concretizado em vossa existência material, essa atitude representa um ato de fé em vossas possibilidades de realização no campo da vida diária. Por experiência sabeis que o êxito de uma atividade será tanto mais completo quando o ser humano que a impulsiona estiver imbuído da fé ou confiança na sua capacidade de ação.

130 - Entretanto, não se utiliza normalmente essa palavra para designar a atitude comum, sendo ela quase exclusivamente reservada para se referir ao que é "sobrenatural" e, por isso, tomou o sentido de algo desprovido de base na vida diária. Que dizeis?

RAMATIS - Desde que o homem cometeu contra si mesmo a agressão nefasta de considerar-se um ser bipartido, desarticulou o universo em que está situado, agindo como se seu pensamento representasse um raio destruidor capaz de romper as bases sólidas da montanha sobre a qual seria realizada a sua escalada a maiores alturas. Desde, então, formou-se um desfiladeiro entre ambas as partes da montanha, por onde passará facilmente para o outro lado, mas permanecendo ao nível em que antes estacionava.

131 - Gostaríamos de maiores explicações. Que representa esse raio?

RAMATIS - A força do pensamento.

132 - Podemos compreender que o pensamento seja um instrumento maléfico para a evolução humana?

RAMATIS - Não maléfico, porém insuficiente.

133 - Entretanto, pelo que conhecemos da história do pensamento humano, foi a razão que permitiu ao homem livrar-se de superstições e dogmatismos que ameaçavam sufocar a civilização na época negra da Idade Média. O racionalismo cartesiano representou uma alavanca contra o domínio das trevas. Que dizeis?

RAMATIS - Contra a imposição violenta e cega da arbitrariedade exercida em nome de Deus para sufocar a liberdade do pensamento, o homem movimentou os instrumentos que possuía, em esforço hercúleo para não se deixar soterrar pela avalanche da corrupção religiosa. Realmente, a razão representou poderosa alavanca para movimentar a mente humana de sua posição de inércia. Entretanto, essa alavanca, como era natural, utilizava o ponto de apoio que se apresentava acessível – o encadeamento de ideias representado pelo raciocínio, sendo esse, por sua vez, um produto de pensamentos baseados em fenômenos acessíveis a todos. Dos desmandos da fé passou-se ao polo oposto. Para fugir ao desequilíbrio em um polo, houve necessidade de se projetar ao outro. Desde, então, o panorama da cultura humana surge como a montanha fendida, e todos se conformam docilmente em seguir pelo desfiladeiro, com receio de ousar a escalada. Certamente, que de outro lado encontrarão amplos terrenos, mas capazes somente de oferecer os mesmos frutos que em breve ocasionarão um processo de inanição por carência de variedade na produção.

Ao abrir caminho para o outro lado da montanha pela ação fulminante do raio do pensamento racional, o homem julgou-se mais forte, por dispensar a fé que até então fora utilizada como meio de corrupção e prepotência. A humanidade que se desloca através do desfiladeiro representativo da ânsia de conhecimentos novos visa adquirir domínio sobre um panorama mais amplo, desprezando os acidentes do caminho, representados pela montanha que desafiava sua capacidade de se elevar acima do âmbito comum. Com receio das distorções que os processos ditos "espirituais" poderiam suscitar, prefere manter-se ao nível anterior. Entretanto, a curiosidade natural não lhe permite passar pelo desfiladeiro sem indagar de que é constituída a montanha. Ao se deslocarem, acidentalmente e de forma vaga, vão os homens formando suas ideias em torno do que julgam sobrenatural, por terem deliberadamente excluído de suas possibilidades uma natural ascensão a níveis mais elevados na realização espiritual. Alguns, encantados com o grande feito de terem conseguido romper a montanha, abrindo passagem e desse modo exorcizando os fantasmas da superstição, cantam louvores à supremacia absoluta do intelecto e negam qualquer outra possibilidade, a não ser a da continuidade da cisão entre espírito e matéria. Outros, identificando a altura a que a montanha se eleva, ficam a sonhar como seria bom se pudessem subir, mas se encontram percorrendo o desfiladeiro, cujas paredes íngremes não lhes oferecem a menor oportunidade de escalada. E continuam a caminhar insatisfeitos, mas incapazes de mudar o rumo em que são conduzidos pela maioria. São os espiritualistas em potencial, eternos descontentes na civilização moderna.

134 - Qual seria a solução para esse impasse se o homem não pode se basear em sua razão para se conduzir na busca do progresso?

RAMATIS - O esgotamento dos recursos racionais provará a necessidade de alcançar os de origem suprarracional.

135 - Isso representaria uma "volta ao passado"?

RAMATIS - Precisamos estabelecer diferença entre recursos "suprarracionais" e os "arracionais" utilizados na fé cega medieval. A superstição marginaliza a razão e, mesmo quando esta prova a inexistência de um fato, a mente condicionada pretende ignorar a realidade comprovável. Os fatos suprarracionais são fatos, representam evidências funcionais, mas o homem, mesmo assim, não consegue derrubar as fronteiras de sua limitação racional para encadeá-los aos fenômenos sobre os quais exerce domínio consciente.

Terminada a euforia da razão, depois de esmiuçar todos os fenômenos na extraordinária embriaguez de "dominar" a natureza material, a um determinado ponto de sua experiência extraordinária de investigação científica, o homem paira impotente no vestíbulo rarefeito da Vida Espiritual, para a qual não se oferecem padrões em sua mente racional. Identifica um fenômeno vital que é, mas que não explica. Na própria pesquisa da matéria, a mente humana percorreu toda a gama possível de investigações até o reduto último, onde a matéria se aproxima da condição de matriz espiritual. E o homem, que se negou a subir a montanha por receio da vertigem das alturas, que em eras passadas havia ameaçado de insanidade o gênero humano, estaciona perplexo diante da "magia" do átomo e dos "mistérios" científicos que não consegue decifrar a não ser atribuindo a tudo uma força vital, bem semelhante à energia criadora esparsa e imanente que antes, nas eras recuadas, costumava-se chamar de Deus!

Ela ressurge entre suas mãos, cientificamente aparelhadas, tão inexplicável como antes na boca dos profetas e nos olhos dos videntes. E como exorcizar agora os próprios cientistas, se já não se pode mais crer nos demônios enganadores das "ilusões" dos médiuns e feiticeiros? Com o primado da razão perdeu-se a técnica do exorcismo, e a ciência desamparada vê-se entregue, por suas próprias mãos, ao assalto do "incomum", que a visita na tranquilidade de seus laboratórios científicos.

E então ecoam vagamente, nas mentes supersaturadas de cálculos, as doces e mansas sonoridades de há dois mil anos: *Minhas palavras não passarão...*

Sucede como se os peregrinos da era do materialismo, ao examinarem a fundo o terreno do outro lado do desfiladeiro, chegassem à conclusão de que o solo em que pisam possui atributos muito mais inacreditáveis do que as suposições da fé cega em que as eras remotas e supersticiosas baseavam seus conceitos.

Levantam, então, os olhos do chão e começam a admitir a possibilidade de escalar a montanha, agora munidos de meios aperfeiçoados de investigação, embora ainda impotentes quanto à aquisição dos métodos adequados para a nova qualidade de trabalho.

136 - Supondo que os homens de ciência decidam investigar os processos espirituais, poderíamos obter por esse meio um ressurgimento da fé?

RAMATIS - Aqueles que um dia conseguiram abrir as comportas da alma aos legítimos fenômenos da fé jamais poderão perdê-la, vivam ou não cercados de almas afins. Essa é uma experiência irreversível de crescimento interior.

Do mesmo modo que o adulto jamais conseguirá retornar às experiências da infância ou da adolescência, o espírito que se identificou com o processo evolutivo, a ponto de ingressar em experiências criadoras, despertando seus "olhos de ver e ouvidos de ouvir", não sofre mais regressão nesse âmbito. As oscilações, nesse setor, são características de um processo evolutivo incipiente. Portanto, um ser ou uma coletividade jamais poderá "retornar à atitude de fé", pois a identificação de sua condição de peça no mecanismo universal significa a entrada em faixa segura de percepções que se gravam profundamente, mesmo no espírito que encarna e sofre o abafamento da matéria. Tocado pela magia do Amor Universal, aquele que um dia "viu" jamais voltará a ser cego.

O que sucede, geralmente, é que almas tíbias acolhem-se sob o manto protetor de uma crença religiosa e, por sua conduta são consideradas tocadas pela fé, quando, na realidade, essas crenças simbolizam para elas o refúgio, não a força. Diante de experiências mais árduas julgam-se abandonadas e descreem, porque jamais haviam realmente possuído a fé que transpõe montanhas.

A Humanidade, como coletividade, jamais teve a ventura de possuir fé. Escorou-se sucessivamente nas mais diferentes expressões de culto externo, procurando aplacar os critérios ameaçadores de que a vida se servia para educá-la, sem nunca compreender realmente o sentido das sugestões seguras de renovação que os desígnios insondáveis do destino representavam, pois a Lei fala em termos de Amor, mas o homem desejava interpretá-la em termos de egocentrismo.

Expressando-se em linguagem estranha ao processo da evolução, sempre que tentou interpretá-lo, julgou-se injustiçado e passou a temer e a procurar "propiciar" as forças criadoras que o "ameaçavam", sem mesmo tentar verificar se era ele próprio, o homem, que, em sua ignorância e cegueira, estava ameaçando destruir a obra harmoniosa em que todo o seu ser se encontrava inserido.

Não existindo consonância entre o homem consciente e a Vida, não pode jamais esse homem criar em si o sentido verdadeiro da fé e, logicamente, ela não poderia ressurgir, mas precisa ainda ser buscada como aspecto absolutamente novo para o espírito humano em geral.

137 - Em tais circunstâncias, que aconselharíeis para que o homem conseguisse conquistar a fé "capaz de transpor montanhas" segundo os ensinamentos de Jesus?

RAMATIS - Segundo os preciosos ensinamentos do Mestre, bastaria a fé "do tamanho do grão de mostarda" para serem removidas as "montanhas" ou dificuldades que se antepõem entre o homem e seu progresso espiritual. Tornou-se, portanto, estranho que esforços tão ingentes sejam exigidos de quem deseje passar pelas experiências renovadoras do espírito. Como compreender que o simbolismo tão rico e simultaneamente singelo das parábolas frequentemente se torne obscuro a ponto de representar um obstáculo à iniciação cristã nos primeiros esforços espirituais? Teria Jesus utilizado uma "chave" esotérica tão complexa que dificultasse propositalmente a expressão clara do seu pensamento? Por que, frequentemente, lançava o desafio: "Veja quem tem olhos de ver, ouça quem tem ouvidos de ouvir"? Estaria Ele dirigindo-se a uma casta de seres privilegiados? Seria indiferente aos menos dotados?

Nessa série de interrogações baseia-se a decifração de toda a pedagogia espiritual adotada pelo suave e inigualável Nazareno.

Qual o procedimento adotado de certa época em diante pelos pedagogos terrenos nas escolas que recebem a criança para as primeiras lições? Procura-se pesquisar seu grau de maturidade para a aprendizagem. Caso ele não seja satisfatório, permitem-se e estimulam-se experiências capazes de proporcionar incentivo inicialmente à eclosão dessa capacidade básica, sem a qual qualquer aquisição posterior seria impossível em termos efetivos, de uma assimilação funcional. Entretanto, a criança recebe oportunidade de se relacionar com os professores e colegas em clima cordial e, pela convivência consigo mesma busca-se despertar-lhe o interesse que servirá de meio para desabrochar as condições internas favoráveis à experiência reformuladora.

Ao afirmar que visse quem tivesse "olhos de ver", Jesus desejava esclarecer que seria necessária a condição interna de amadurecimento espiritual para que seus ensinos caíssem iguais a semente sobre o solo fértil, tal qual sucedia na Parábola do Semeador. E de que forma o "solo" se torna fértil? À proporção que os resíduos arrastados pelas chuvas se transformam em adubo generoso. Portanto, torna-se claro na linguagem poética e simbólica dos ensinamentos espirituais do Mestre que, tal como sob o efeito do sol e até mesmo da putrefação, as substâncias aparentemente inúteis e até repulsivas enriquecem a seara, as experiências que o ser humano pretende rejeitar podem vir a se constituir em benéfico enriquecimento de seu "solo", tornando-o produtivo e acolhedor a novas sementeiras. Entretanto, sabia ser necessário esperar que essas condições vigorassem antes de se poder contemplar o milagre da colheita. Porém, quando isso ocorresse, o impulso do crescimento contido na Centelha de Vida Eterna existente no ser humano seria tão potente em suas consequências de revigoramento quanto o fenômeno extraordinário, embora corriqueiro, de surgir o vegetal viçoso e benéfico em toda a energia e esplendor da transformação vital proveniente de uma minúscula semente, cuja aparência insignificante em nada permite transparecer o potencial de extraordinária vitalidade nela contido.

Ao se referir à fé do tamanho do grão de mostarda, a mente incomparável do Mestre sintetizou ao nível dos seres humanos de todas as épocas a grandiosidade do processo evolutivo, utilizando-se do princípio hermético de que a lei que rege o macrocosmo é semelhante à que rege o microcosmo. Assim como na semente, também na alma humana há em potencial um germe de vida de espantosa força e extraordinária capacidade de autorregulação infinita, para a execução de uma tarefa surpreendente, se for levada em consideração a desproporção entre a causa e o efeito, rico de consequências infinitamente benfeitoras, na continuidade imprevisível dos benefícios encadeados entre o ato de germinar e a reprodução de consequências cheias de generosas e sucessivas doações a bem do progresso.

No espírito humano dormita o potencial vigoroso que permitirá surgir, aparentemente "do nada", grandioso sistema de energias conjugadas e reguladas por uma Centelha imortal, responsável pela "recriação" da vida em torno de si. Quando a "explosão" se der, ela própria não se reconhecerá tal a transmutação capaz de identificá-la com o Universo que até então contemplava perplexa! Torna-se indescritível e, portanto, intransferível a experiência de despertar de um ser para a sua consciência cósmica. Entretanto, esse dom divinatório existe em estado latente em todas as almas que lutam por seus ideais, sejam eles ou não ainda compatíveis com sua gloriosa destinação. A alegria de viver, mesmo no espírito que ainda não despertou para a sua condição de eternidade, representa pálido reflexo dessa premonição de sua herança divina.

Entretanto, apenas quando esse panorama interno é entrosado, conscientemente, torna-se o ser semelhante ao que tem fé do tamanho do grão de mostarda, para ser capaz de comandar voluntariamente todo o inextinguível potencial de Amor disponível dentro das comportas imortais de seu ser, para se sincronizar na grande orquestração da Vida.

Jesus referia-se ao processo de tal despertamento, quando o espírito tomaria em suas mãos seu próprio destino e conscientizaria o fato de ser atuante e ser capaz de crescer com a vida, tomando as rédeas de seu destino.

Não existe, portanto, nenhuma forma sutil ou velada de discriminação, quando os textos sagrados se referem aos "olhos de ver e ouvidos de ouvir". Não há, também, privilégio naqueles que possuiriam, no dizer do Mestre, a "fé do tamanho do grão de mostarda". Essa não lhes seria doada, mas, sim, conquistada ao preço de se submeter ao aprendizado espiritual. Existe, isso sim, certa predestinação, que se cumpre mais cedo ou mais tarde, de o ser se sensibilizar, seja pela *adesão*, seja pela *oposição* em relação à Vida Maior.

138 - Como poderia alguém sensibilizar-se ou adquirir fé "pela oposição"?

RAMATIS - Opor-se representa uma forma de medir a realidade que está sendo contestada. O Amor expressa-se na vida por adesão ou por polaridade contrária. Eis por que o progresso é lei geral, vitoriosa mesmo no âmbito conflituoso do mundo. Por oposição, alguém pode chegar a conclusões bem delineadas caso seu caráter seja contestador, desde que tenha sabido conservar a *sinceridade* de propósitos.

Buscar a verdade não representa atitude passiva de adesão incondicional. O pêndulo da evolução oscila entre o ser e o não ser das formas temporárias, até que a consciência, que rege o microcosmo em deslocamento para o progresso, haja conseguido equilibrar-se entre os opostos.

139 - Podemos considerar que umas das etapas da busca da Verdade é a falta de fé?

RAMATIS - Se ela é produto de um dinamismo interno que ainda não obteve, mas procura respostas satisfatórias ao seu modo peculiar de sentir a vida, sim.

140 - Desse modo, a Verdade precisaria ser capaz de se apresentar à imagem e semelhança de cada ser humano que a busca para ser aceita. Não seria isso desvirtuá-la?

RAMATIS - Ela é suficientemente ampla para caber um pouco na "verdade de cada um."

141 - Isso não representaria certa elasticidade excessiva?

RAMATIS - Se ela, a Verdade, é capaz de abarcar o Universo, como não encontraria meios de se infiltrar, com legitimidade e sem se deturpar, em cada parcela desse Universo? Por um estreito canal de confirmações minúsculas é capaz de penetrar a alma de um pequenino ser dentro do Universo, pode surgir o "filete" através do qual se canaliza a "água da Vida" em porções cada vez mais generosas.

Todo ser criado encontra-se sob a jurisdição da Lei. Os espíritos graduados espiritualmente encontram nela apoio suficiente para abrir brechas de esclarecimento nas almas bem-intencionadas, mesmo quando elas, por serem honestas, se opõem a uma adesão prematura, indigna da verdadeira fé.

142 - Poderíamos incluir nesse número os que, se opondo, mantêm atitude de descrédito a ponto de contrariarem a Lei do Amor?

RAMATIS - Se observarmos em termos absolutos tal proposição, todos os seres criados, nas escalas menores da evolução, estarão incluídos entre os que agem em contraposição à Lei do Amor.

A única forma de distinguir entre *oposição destruidora da oposição construtiva* encontra-se na medida do *grau de pureza do propósito de acertar*, medida essa que somente raros seres mais sensíveis são capazes de identificar em seus irmãos.

143 - Levando-se em consideração a oposição entre os propósitos conscientes e as motivações, opostas frequentemente, do inconsciente, de que modo estabelecer um limite entre ambas, capaz de funcionar como o termo médio ou fiel da balança das intenções reais do espírito?

RAMATIS - Doces e suaves consolações derramaram-se sobre os espíritos humanos a partir do momento em que o Mestre proferiu seu discurso ou Sermão da Montanha. Nas palavras iluminadas e generosas do Seu inesquecível sermão, os homens de boa-vontade passaram a se sentir bem-aventurados sem que Ele, o Meigo Nazareno, estipulasse se se dirigia ao consciente ou ao inconsciente dos seres humanos.

Existe uma conjugação de ambas partes do ser em evolução. A polaridade que se revela entre o que "foi" e o que é desejado, realmente, apresenta um termo médio capaz de, no cômputo geral das vibrações do espírito, fazer-se presente em sua aura, como uma emanação preponderantemente de boa-vontade, quando a deliberação de acertar tornou-se firme.

A "verdade de cada um" representa o termo médio dessas oscilações entre o "ser" e o "não ser" de um momento evolutivo, mas a disposição de prosseguir na busca, seja aderindo ou se opondo a manifestações momentâneas da vida, precisa ser o fruto de uma autêntica fé no que se faz – seja negar, seja afirmar.

144 - E no caso de o espírito estar enganado, não haverá prejuízo para sua evolução, se crê firmemente em seu engano?

RAMATIS - No caso de se ter imbuído de conceitos contrários ao seu processo evolutivo, por falta de elementos harmoniosos internos em que se apoiar para crescer, sofre, não se encontrando à vontade, e o desconforto de se manter em equilíbrio precário, em oposição às leis da evolução, em tempo oportuno o conduzirá, gradativamente, a abrir campo a novas concepções, que, no entanto, poderão demorar mais do que uma encarnação.

Um século a mais ou a menos, na sucessividade das encarnações necessárias à evolução do espírito, representa o que para vós significa um dia a mais em vossas atividades materiais.

Um momento surgirá em que se verá só, por efeito das circunstâncias, que levarão para outras experiências o panorama que lhe servia de apoio às convicções. Sem base, elas ruirão e outras precisarão ser construídas. Encontrará sempre quem o apoie no sentido de que as novas convicções sejam adequadas à sua renovação espiritual efetiva.

145 - Finalmente, gostaríamos de saber se haveria para o homem atual condições de viver sua experiência terrena com base nos conceitos da fé, contrariando os princípios da ciência materialista, sem se desarticular ou se desligar da realidade.

RAMATIS - Felizmente, o conceito de realidade, para todos, é variável, segundo o amadurecimento do espírito. Se a grande maioria dos seres humanos vive na ilusão da matéria preponderantemente, já existem e sempre existiram os que absorvem da vida conceitos mais profundos. Para esses a ilusão é a matéria e a realidade é a vida do espírito. Embora não possam afirmar declaradamente essa convicção sem o perigo de ser observados como seres excêntricos, não conseguem mais conceder preponderância aos eventos materiais nas horas decisivas em seu foro íntimo. Por lhes escassearem conceitos seguros em relação à espiritualidade, contentam-se em viver a seu modo a fé que se integrou nos alicerces da alma por experiências hoje chamadas parapsicológicas, mas que em todos os tempos abriram ao homem sensível as portas de sua condição de eternidade.

Como em todas as épocas, o homem de hoje rende culto aos deuses oficiais publicamente para não destoar do conjunto e intimamente sente em sua própria intuição o caminho decisivo. A religião materialista em que a ciência se constitui recebe as oferendas do culto que lhe é próprio – o endeusamento do poder aquisitivo, do sucesso e da irreverência em relação à espiritualidade – mas não consegue impedir que nos lares se renda homenagem aos deuses particulares ou numes titulares, quando se manda rezar a missa, encomenda-se o patuá ou procura-se a cartomante e a benzedeira para soluções impossíveis por meios chamados científicos.

A Natureza não consegue trair totalmente sua origem divina, mesmo quando a intuição de seus destinos superiores seja ainda tão vaga que se expressa na superstição gerada pelo receio do incompreensível.

Desse modo, não sai da faixa do chamado "sobrenatural", mesmo o figurão que afeta absoluta descrença na realidade de além-túmulo, mas que foge inconscientemente de aprofundar a fundamentação lógica de suas afirmações cheias de bazófia, em relação ao desprezo que vota às "crendices" da mulher ou às manifestações ruidosas das crenças populares. Por não passar por baixo da escada, não resolver negócios na sexta-feira e conservar respeito supersticioso pela crença "infantil" da esposa, conserva-se na linha da fé em suas expressões mais rudimentares, tal qual o primitivo evita contato com fenômenos desconhecidos e diviniza as forças da Natureza.

Os que aceitam uma forma organizada de fé pelo menos já ultrapassaram a fase do falso respeito próprio e admitiram declaradamente sua incapacidade para dar solução integral aos enigmas do espírito. Por deficiente que seja sua profissão de fé e insatisfatórios os postulados da expressão religiosa escolhida, confessam-se a si mesmos interessados no tema espiritual sem falso pudor do homem "científico". Esse, como adepto da "religião do materialismo", tenta adiar as indagações múltiplas que no seu foro íntimo clamam por soluções e atravessa a vida em subdesenvolvimento espiritual que anestesia, mas não cura os males de sua insegurança interna.

Entretanto, a Humanidade não é composta somente de seres que se julgam falsamente superiores, ou dos que se entregam sem interrogar a crenças mal-estruturadas. Em todas as épocas existiu a minoria espiritual laboriosa, capaz de se concentrar sobre a pesquisa de uma fé sólida.

Não imagineis que o materialismo científico seja o maior inimigo da fé. A corrupção religiosa tem praticado maiores atentados contra a Espiritualidade do que a bisonha negação da ciência. Em momentos decisivos de Sua passagem pela Terra, Jesus invectivou aqueles que eram mais culpados por afirmarem conhecer o Reino de Deus e agirem em contraposição a ele, que conheciam a Verdade, mas não se movimentavam para beneficiar seus irmãos com tais conhecimentos.

O proceder desregrado de alguém que se coloca como representante da fé diante de seus irmãos causa maiores danos às almas imaturas do que a simples negação da vida espiritual, impossível de ser comprovada, pois todos os seres sentem mais ou menos profundamente a intuição da Realidade.

Entretanto, a desesperança, o desamor, a angústia e os mais inomináveis sofrimentos podem ser gerados nas almas daqueles que recebem da vida espiritual mensagens truncadas. Sacerdotes venais, líderes religiosos corruptos, feiticeiros ou magos-negros corrompem mais cruelmente as almas, pois a eles recorrem os que se sentem feridos e necessitados, e sua desilusão é muito mais profundamente sentida, pois esperavam receber Amor e viram-se desarvorados. Os assim chamados "intermediários" das forças espirituais encontram as almas dóceis à sua influência em nome da Força Criadora que invocam e afirmam representar. Indefesas, as almas imprevidentes se enredam em suas distorções da Verdade e a eles aplicam-se as afirmações do Mestre: "Sepulcros caiados", que "escandalizam os pequeninos" e "melhor fora que se lhes atasse uma mó ao pescoço e se atirassem ao abismo".[15] Ao acordarem do pesadelo da atitude criminosa de mal conduzir seus irmãos pelos caminhos de uma fé distorcida arrastarão o séquito de suas vítimas por tempo indefinido, até que elas consigam se resgatar da cegueira que lhes foi imposta às almas crédulas e indefesas.[16]

---

[15] - Lucas, 17:2

[16] - *Ai de vós, doutores da Lei, que depois de terdes arrogado a vós a chave da ciência, nem vós outros entrastes, nem deixastes entrar, os que vinham para entrar.* Jesus (Lucas, 11:52)

Aqueles que afirmam sua incredulidade e dela dão demonstrações públicas, acautelem-se, também, na certeza de que executam um ritual mais poderoso do que imaginam. Se guardarem para si suas ideias excêntricas sobre a Vida e o Criador mais provável será seu restabelecimento no futuro. Porém, se possuindo recursos intelectuais brilhantes tecem a teia do engodo para si e para seus irmãos desavisados, são mais vulneráveis do que a aranha, que a qualquer momento pode ver sua teia desfeita, pois ela ao menos sabe se locomover sobre sua obra sem se deixar segurar. Os pensamentos negativistas criam uma aura de insensibilidade impenetrável às aspirações superiores, e nessas almas desiludidas é comum encontrar-se o hábito nefasto e sádico de desejar ver a todos enredados em seus preconceitos contra a vida. Atrofiam sua capacidade de viver plenamente a experiência interior, enredando-se geralmente em vivências externas intensas capazes de impor silêncio aos chamados da consciência. Pelo número de adeptos ilustres que conseguem reunir, sentem-se afirmados e apoiados em suas fantasias egocêntricas e, geralmente, hedonistas, ao sabor da época apocalíptica, julgam-se "livres" e alimentam em outros a mesma ilusão, quando na realidade não podem viver sem o copo da bebida estimulante, pois são incapazes de suportar por minutos a solidão consigo mesmos.

Aos intelectuais brilhantes e aos religiosos mais foi oferecido e por isso maiores contas lhes serão pedidas.

Quanto ao homem de ciência que afirma não crer em Deus por não poder encontrar a alma sob o seu bisturi, esse argumento, por tão simplório, atinge apenas aos de menor gabarito intelectual, e hoje, um sábio que se preze encontra-se em expectativa respeitosa diante de tão fartos e inexplicáveis fenômenos nas áreas das diversas ciências, que apontam para uma causa desconhecida, a impor silêncio aos mais sensatos.

Resta-nos examinar o procedimento dos que receberam a luz de uma Espiritualidade sadia, nas religiões de âmbito mais avançado, que já fogem aos conceitos infantis da era recuada do desenvolvimento humano. Os espíritas, teósofos, budistas, rosacruzes, esotéricos e aqueles que de todas essas correntes extraem seu alimento espiritual, não fazendo de sua fé uma muralha separativista, estarão cumprindo a determinação mais pura, ou seja, a finalidade mesma de sua fé – reconhecer a Força Criadora da Vida e os laços de fraternidade inegáveis a unirem todos os seres. Identificando que a Força Criadora possui atributos básicos de Justiça e Amor, no entanto, não se contentam com subprodutos de tal convicção e amam realmente seus semelhantes sem colocarem letreiros discriminatórios entre as comunidades espiritualistas.

Considerando-se que seus espíritos e seus corpos foram gerados por um ato de Amor abrangente, como caminhar para a Fonte desse Amor e integrar-se com Ela, se estiver em contraposição à Sua característica básica de misericórdia e harmonia?

"Amar a Deus sobre todas as coisas e ao próximo como a si mesmo" não inclui a segregação de espécie alguma, em especial as que se costumam fazer em nome de uma fé "mais esclarecida."

Seria conveniente que, antes de condenar a suposta ignorância do irmão em suas crenças, o homem de fé se lembrasse da "trave" do orgulho e da vaidade que se encontra no seu olho, incapaz de identificar que a maior expressão de religiosidade encontra-se no serviço ao que lhe fica mais abaixo na escala evolutiva, e que esses laços de Amor que realmente unem o ser ao seu Criador são mais reais no que vibra na participação criadora da vida do que naquele que se conserva como a sentinela estática de conceitos espirituais, sem se recordar que esses também são reformuláveis, proporcionalmente às necessidades da evolução humana, não em atendimento ao academismo religioso de qualquer origem.

Não são os que conhecem a fundo as reações químicas e orgânicas do corpo humano que as vivem mais perfeitamente, mas sim os que, por evolução, já se afinaram com a Vida.

Por isso, Jesus escolheu Seus Apóstolos entre os que não se haviam intoxicado nem mesmo com as normas consideradas puras do mosaísmo. Eram capazes de viver com a simplicidade da criança a experiência espiritual.

Fazei-vos "como os pequeninos" porque deles é o "reino do Céu."

08
A COMPAIXÃO

146 - Em uma humanidade futura, ou seja, em uma "Jerusalém Renovada", que sentido seria atribuído à compaixão, se, como se supõe, aquela coletividade será integrada às normas do Mentalismo?

RAMATIS - Não haverá "saltos" na forma de sentir e viver entre os seres humanos de hoje e os da Era do Mentalismo.[17] Assim como viveis hoje o signo de Peixes, que marcou o advento do Cristianismo e não podeis identificar perfeita vivência cristã entre as coletividades terrestres, a Era do Mentalismo encontrará os seres humanos procurando o objetivo de equilibrar suas potencialidades vitais em ritmo de vivência mentalista, sem que, no entanto, esteja totalmente integrado aos princípios mais profundos de tais concepções.

---

[17] - "Na Era do Mentalismo haverá perfeita fusão entre os objetivos do entendimento e do coração. A Verdade e o Amor conjugados formam a Sabedoria. A mente humana pode ser comparada a uma semente que traz em potencial os germes de uma vida poderosa e bela." (*Brasil, terra de promissão*, Prefácio, Ramatis / América Paoliello Marques). "O mentalismo representa uma filtragem do Amor em grau mais rarefeito. O que é esotérico para o não iniciado é exotérico para o iniciado. O que é oculto para um é claro para o outro. Estamos procurando iniciar-vos em um grau mais elevado de interpretação das verdades eternas. Vossa elevação à conquista do plano mental, representa um constante apelo ao domínio do mental superior, para o desenvolvimento da Intuição Pura." (*Evangelho, psicologia e ioga*, cap. 3, Rama-Schain, em "Evangelho Cósmico do Amor"). "A intuição funciona como uma porta que se abre para novas conquistas. As leis da lógica racional cessam de influir no plano mental superior. O intelecto revela-se insuficiente para as percepções dos planos superiores." (*Evangelho, psicologia e ioga*, cap. 5, Rama-Schain, "A Arte de Amar").

147 - Não haverá, então, diferença entre o que hoje se considera compaixão e o que se admitirá no futuro?

RAMATIS - Toda estrutura mental do homem de hoje caminha para uma reformulação de bases sólidas, necessária à sua integração ao panorama da Era do Mentalismo. Não haverá uma transformação do sentido da compaixão, mas uma subida de nível para essa concepção.

No momento atual o homem oscila entre a apreciação puramente intelectual dos fatos e o envolvimento afetivo diante dos conflitos mais simples da vida. Os que permanecem na posição de equilíbrio são observados com certa desconfiança, pois nem se integram às apreciações melodramáticas dos fatos nem se baseiam estritamente nos conceitos considerados científicos na avaliação dos acontecimentos.

O ser humano identificado com o Mentalismo tem se desabrochado nos espíritos encarnados que se detêm à margem da correnteza da vida para observar e retirar suas próprias conclusões relativamente ao que se passa à sua volta. Procede como o habitante da mata que parasse para analisar a constituição química do rio que lhe serve de sustento, dedicando-se, também, a estudar suas cheias, seu curso e todas as implicações que a vitalidade da Natureza imprime ao panorama circundante.

Aos amantes das paisagens bucólicas, ele poderia parecer um indivíduo incapaz de apreciar devidamente a beleza poética do ambiente, e aos afeiçoados à vida trepidante da cidade não agradaria sua preferência por permanecer no desconforto do sertão. Entre essas duas preferências características do homem emocional e do "intelectual" moderno existe o equilíbrio da vivência que se coloca polarizada entre a razão e a sensibilidade.

148 - Se estará entre a razão e a sensibilidade, haveria para o homem da Era do Mentalismo um terceiro ponto de referência?

RAMATIS - Sim. Sua mente.

149 - Como poderíamos compreender essa afirmação?

RAMATIS - Os próprios incrédulos conseguem perceber que em sua esfera mental existem fenômenos que escapam à sua compreensão intelectual. Hoje, em uma previsão que se concretiza e não se sabe como surgiu; amanhã, tem sensação da "presença" de alguém que já desencarnou; mais adiante, em um "sonho" com características estranhas. Assim, uma série de acontecimentos insólitos deixa seu rastro de suspeitas na alma humana quanto à existência de uma área inexplorada em seu campo mental, mesmo que a campanha constrangedora contra o "misticismo" haja lançado suas raízes de desconfiança quanto às "superstições" anticientíficas dos crédulos.

Não podendo mais suster a avalanche do "espírito" que "desce sobre toda a carne", criou-se a parapsicologia, como última tentativa de traçar barreira imprescindível entre a matéria, ou seja, o novo deus do paganismo moderno e os demônios a serem exorcizados, isto é, os conceitos incômodos de imortalidade do espírito, que retiram o sono e a tranquilidade dos que desejam se locupletar com os bens materiais sem se preocuparem com os princípios éticos de espiritualização.

Se as "vozes dos céus" puderem ser reduzidas a simples mecanismos do inconsciente, estará sob controle, a única fonte de advertência na Babel moderna, onde a corrupção, o ódio e a cupidez pretendem lançar alicerces definitivos para a vitória do imediatismo antifraterno.

Construindo-se a caixa de controle do inconsciente, mais fácil será conduzir a sociedade para o rumo desejado pelos sibaritas, inimigos ferrenhos de um Deus que lembra a necessidade de abrir mão de coisas passageiras em nome da Lei do Amor, que é fraternidade e serviço ao próximo.

Uma mente, onde haja lugar para mais alguma coisa que não raciocínios humanos, representa sério perigo para a estabilidade dos conceitos involutivos da atual humanidade. Daí decorrem os esforços para secar na fonte a nova onda de "profecias" que os fenômenos extrassensoriais podem representar, procurando reduzi-los a simples ecos de uma caixa fechada e vazia a que denominam vagamente inconsciente, onde as ondas mentais repercutem em mecanismos inexplicavelmente mais ricos e produtivos do que o próprio consciente do homem em seu estado normal.

Entretanto, por ter chegado às vésperas do Mentalismo, um fenômeno coletivo de hipersensibilização ocorreu e tal como Aladim pela simples curiosidade casual, friccionou a lâmpada e não pôde mais conter o gênio aprisionado – o homem, científico ou não, aproximou-se, pelas múltiplas vivências anteriores, da Era em que sua Mente exige maior expansão e em breve, atônito, verá que realmente "há mais coisas entre a Terra e o Céu do que a vã sabedoria humana pode imaginar", como previa o pensamento lúcido do personagem de Shakespeare.

150 - Como compreender que haja, como afirmaste, seres humanos que se situam já nessa posição tão deslocada em relação aos outros?

RAMATIS - Essa situação interna receptiva ao Mentalismo não depende de escolha consciente, mas de graduação evolutiva. Representa amadurecimento interno, capaz de deslocar o ser que o atinge para um nível de percepções subjetivas responsáveis pela transformação de seu panorama interior, sem por isso torná-lo aparentemente estranho ou bizarro. Contempla e reage diante da vida com os impulsos naturais aos humanos, com a diferença de uma visão mais ampla, exatamente como quem sobe a um outeiro, observa de perto o panorama circundante, mas consegue abarcar um ângulo maior da paisagem. Sua posição não é suficientemente distante para perder a noção das proporções ou a identificação dos detalhes, porém, consegue perceber com mais clareza as causas e consequências das ocorrências comuns da paisagem observada.

Se houvesse subido a uma montanha, isto é, se o grau evolutivo alcançado o afastasse muito da situação geral, sentir-se-ia incapaz de atuar com naturalidade no ambiente que o cercasse. Esse é o caso de espíritos de grande elevação, que precisariam realizar adaptações em grande profundidade para conviverem com a Humanidade no grau em que ela se encontra.

Os seres que despertam para o Mentalismo podem ser descritos exatamente tais quais os que sobem ao outeiro, não à montanha. Continuam a amar a paisagem de onde provêm, com a diferença de que desejam renovar seus recursos em função da visão global que já conseguem abarcar.

151 - Quais seriam as características psicológicas capazes de nos permitir identificar esses seres?

RAMATIS - Um desajustamento em relação à maioria.

152 - Como se revelaria esse desajustamento?

RAMATIS - Por uma sublime atitude de serviço e amor incondicionais, capaz de levá-los, muitas vezes, ao descrédito ou à condenação de suas atitudes, consideradas mesmo como hostis aos planos bem ajustados, traçados pelas mentes centradas no egocentrismo.

153 - Considerando que seriam seres já evoluídos para penetrar uma faixa ciosa de realizações internas, poderíamos esperar que realizassem com maior êxito suas tarefas e, então, se imporiam naturalmente a seus irmãos. Que dizeis?

RAMATIS - Não possuindo credenciais para o jogo dos interesses escusos e, sendo essa trama secularmente vitoriosa no panorama terrestre, podereis encontrá-los, muitas vezes, desarmados diante da calúnia, do ódio e até mesmo da incompreensão de seus objetivos generosos, interpretados como simples truques para obtenção de notoriedade fácil.

A compaixão gerada pelos mais altos conceitos espirituais na Mente de um Jesus, colocou-O a serviço de uma humanidade capaz de esboçar reações ferozes até à extrema destrutibilidade injustificável. Transferi esse fato para as dosagens menores, compatíveis com os servos pequenos que despontam todos os dias nas almas bem-intencionadas e tereis compreendido a posição de todo ser que desperta para o serviço incondicional, e a razão de o Mestre se ter doado em sublime holocausto, para servir de exemplo a todos que despertassem no futuro para o âmbito do Mentalismo, ou seja, do Amor sentido e vibrado através das fronteiras ilimitadamente amplas de uma mente que se abriu para os conceitos da Vida Eterna!

154 - É moeda corrente a afirmação de que os "desajustados" perturbam a realização tranquila das coletividades empenhadas na concretização do bem geral. Como coadunar a compaixão e o espírito de serviço com uma oposição de valores capazes de gerar atritos e incompreensão?

RAMATIS - Tempestades, embora consideradas inoportunas pelos que se sentem ameaçados por elas, contribuem para o equilíbrio meteorológico e regulação do clima. O ressecamento espiritual pode ser comparado à longa estiagem capaz de provocar desequilíbrio ecológico. Nessas condições, a tempestade será bem recebida como fonte de bênçãos naturais, embora de aspecto pouco ameno.

O ser humano que penetrou mais profundamente os conceitos do bem geral pode ser interpretado, temporariamente, como um fenômeno assustador da Natureza, mas, por isso mesmo, ser capaz de mudar as condições do "clima psicológico" geral.

155 - No caso da Natureza açoitada pela tempestade existe natural receptividade para o fenômeno. Entretanto, entre os homens, tais eventos costumam provocar reações de repulsa com longa série de consequências. Como conciliar tal situação?

RAMATIS - Crescendo em sentimentos aplicados à prática da nova concepção do bem recém-descoberta. O bem impessoalmente concebido cria novas formas de avaliação, consideradas demasiadamente amplas para serem acolhidas. Realmente, quem subiu ao "outeiro" e conseguiu perceber o que convém ao conjunto precisará desenvolver uma arte persuasória, baseada na *convicção serena, que não impõe, mas não se deixa demover.* Coerência com os novos moldes do Amor entrevisto em nível mais favorável à percepção do bem geral, funciona simultaneamente como *teste inter e intrapessoal* dos benefícios apregoados.

Ao mesmo tempo que a convicção vai sendo consolidada interiormente, evola-se,[18] em torno do aprendiz da compaixão ampliada, uma aura de harmonia mais eloquente do que os experimentos desconexos das mentes sem rumo.

"É tempo de investir no homem", diz o slogan voltado para o desenvolvimento material do vosso país. Sem negar o valor de tal empreendimento, o mesmo dístico poderá desencadear, no espírito voltado para os moldes mais amplos da compaixão filtrada em termos do Mentalismo, a percepção de um mecanismo bem mais amplo e profundo. A cada tipo de investimento correspondem as normas que lhe asseguram o êxito. Tempo, planejamento, normas de ação, paciência e convicção são elementos indispensáveis à consecução de uma atmosfera mais esclarecida, seja nas empresas materiais ou espirituais.

O servo empenhado no êxito das atividades cristãs de serviço ao próximo precisará contar com as deficiências do material humano com o qual será obrigado a interagir e elaborar seus planos com a largura suficiente para abarcá-las, sem coação, mas envolvendo-as na técnica da compaixão bem esclarecida.

---
[18] - *Dicionário Houaiss da língua portuguesa* – "tornar-se elevado como se voasse."

156 - Ao considerarmos que comparamos essas crises com a tempestade, convém recordar que as forças desencadeadas da Natureza costumam, também, causar danos. Como contornar essa circunstância?

RAMATIS - A beleza selvagem de uma tempestade costuma causar respeito e admiração. O homem põe-se perplexo a observar como a generosidade da Criação pode assumir aspectos assustadores e mesmo, eventualmente, destruidores. Levando-se em conta que todas as expressões da vida possuem caráter temporário, o clima de realizações no plano físico do mesmo modo que no espiritual é sempre caracterizado pelo dinamismo nem sempre bem interpretado.

Se, para renovar, é preciso retificar posições, corre-se sempre o risco de causar certa dose de destruição. Entretanto, é da Lei que a renovação seja feita. Se a estiagem for muito prolongada, o terreno se tornará estéril, os seres vivos se verão ameaçados em sua sobrevivência, e, entre prover fartamente a renovação geral com possível prejuízo para alguns e impedir, em nome de um falso conceito de compaixão, que a tempestade formada desabe, não haverá dúvida de que as próprias forças da Natureza, sejam físicas ou espirituais, optarão pela renovação, com todos os seus prejuízos.

Da mesma forma, o espírito lúcido assume a posição de renovação de valores, sabendo que sua compaixão ultrapassa a medida de compreensão de seus contemporâneos, mas serve-os com a clarividência alcançada, conservando no coração a nítida ligação com os objetivos visados, embora incompreendidos.

157 - Como poderemos encarar a influência de Jesus para que a Humanidade chegasse à fase do Mentalismo como uma "Jerusalém Renovada?"

RAMATIS - Jesus veiculou duas preciosas formas de socorro espiritual à humanidade insensível da Era de Peixes. Fez surgir no panorama terreno a figura máscula e simultaneamente doce característica do Anjo seguro de suas atribuições amoráveis de reconforto, mas, em nome de uma Lei irrevogável de justiça eterna. Dessa forma, operou em dois níveis simultâneos: no campo emocional e no âmbito de apelos seguros a uma forma renovada de orientar a mente. O impacto de Sua presença curando, servindo e amando, até as últimas consequências, despertou reflexões úteis, mesmo quando, por ausência de ressonâncias, os homens se limitaram a permanecer perplexos diante de tal cascata de eventos inabituais e esplendorosamente "divinos". Abriram-se as comportas de luz, e os fatos foram mais eloquentes do que eruditas dissertações sobre os poderes do Mentalismo, que se pudesse efetuar, mesmo que os homens já possuíssem capacidade para absorver preleções mais complexas sobre a Verdade.

A sensibilidade humana, embotada pela afinidade com a vida material, viu-se atraída a um torvelinho de conceitos e de ocorrências capazes de quebrar o ritmo comum da compreensão da vida. Esse fato despertou predisposições para o inabitual, em termos de concepções relacionadas com a evolução. Um ser estranho, "divino", afirmava-se irmão de Todos e Filho do mesmo Pai. Condensava, assim, em palavras simples, um princípio de consequências imprevisíveis em uma sociedade dividida em castas e imbuídas de conceitos estreitos em relação à sobrevivência do espírito. Superstições, evocações e mediunismos distorcidos constituem a herança popular dos cultos pagãos, deturpações dos grandes ensinos herméticos conservados sigilosamente entre os iniciados.

Ao abrir campo para essas reflexões novas, baseadas no impacto de Sua presença viva entre os homens, Jesus dosou o ensinamento do Mentalismo de forma a permitir uma brecha de luz sobre a treva da compreensão estreita dos homens. Atuando consoante uma real potência espiritual, legou à Humanidade a imagem de Sua futura condição de angelitude. Simultaneamente, preparou-nos o Caminho, ao sintetizar em seus ensinos e parábolas os elementos básicos de uma transformação interna capaz de propiciar a abertura de um canal de comunicação com a

Fonte de toda inspiração pura – a transformação que solicitou como requisito para os que O desejassem seguir, amando-se mutuamente como Ele nos havia amado.

No rastro de Suas preleções, seguindo pela via purificada do Amor a Deus e ao próximo e, somente assim, a Humanidade poderia desembocar obrigatoriamente nas vias do Mentalismo, ponto culminante do verdadeiro Amor.

No momento em que o espírito impregna-se do amor à Vida, sua mente abre-se à inspiração superior e passa a operar em sintonia com as esferas capazes de instruí-lo quanto à continuidade autônoma do seu processo evolutivo, até então impulsionado pelas vias magnéticas da atração pelo campo emocional bem-orientado. Na primeira fase vemos o "filho pródigo" que retorna e se reconforta nos braços paternos. Daí em diante passa a assimilar as normas de ação que lhe permitirão atuação criadora nos domínios do Pai que, por herança legítima, lhe pertencem. Toma conhecimento de seus poderes mentais, pois se tornou espiritualmente adulto para saber utilizá-los proveitosamente. Colaborador efetivo do Pai, gozará de liberdade crescente proporcional à sua capacidade, em constante desenvolvimento, de ser atuante de forma positiva no panorama da Criação.

Nasceu uma alma para a liberdade de Ser!

No testemunho dado por Jesus, possuis o modelo da verdadeira Compaixão de quem serve em termos da mais alta espiritualidade, para impulsionar seus irmãos menores, encorajando-os a percorrerem as diversas escalas da evolução, de que o Mentalismo representa uma das etapas, a próxima que devereis percorrer. Tomai Jesus como Mestre, e Ele vos proverá com a complementação interna dos grandiosos ensinos legados ao vosso Planeta pela Sua exemplificação grandiosa!

158 - Poderíamos considerar o grande interesse existente, atualmente, pelas técnicas de controle da mente como sintoma de aproximação da Era do Mentalismo?

RAMATIS - Se alguém recebesse um manual contendo todas as instruções sobre a navegação aérea e depois de estudar essas instruções fosse solicitado a voar sem maiores preparações, embora se tornasse capaz de alguns feitos positivos, correria o grande risco de possuir conhecimentos incompletos, simplesmente informações sem a necessária formação para suprir as surpresas para as quais a simples teoria não é apoio suficiente.

Do mesmo modo, as técnicas do Mentalismo serão incapazes de proporcionar ao ser humano a paz que ele anseia alcançar, pois, analogamente ao que ocorre com as técnicas do progresso material humano, elas não se definem por si mesmas, e somente após a experiência demonstradora dos efeitos de seu mau uso o aprendiz desavisado compreende que *existe uma técnica de usar as técnicas*.

159 - Porém, não fará parte do aprendizado errar para corrigir a direção?

RAMATIS - Certamente, que aos pioneiros cabe o exame mais complexo na aprendizagem, porém, é de senso comum que a Humanidade deles possa herdar uma experiência benéfica, de forma a poupar a repetição indefinida da aprendizagem chamada de "ensaio e erro". Caso contrário, pouco valor possuiria a experiência anterior para a consolidação do progresso.

160 - Como conciliar a necessidade de experiência pessoal com a existência dessa "técnica de usar as técnicas"?

RAMATIS - Experiência adquirida e experimentações novas precisam seguir paralelamente o caminho das realizações melhores. Aquele que conquistou precisa continuar conquistando e, geralmente, nessa condição serve ao que ainda está iniciando. Atualiza-se pela observação permanente e proporciona oportunidades ao que precisa começar. Desse modo, *os instrutores continuam aprendizes e os aprendizes tornam-se* *instrutores*. Foi assim que Jesus afirmou: *Seja o maior entre vós aquele que se torne servo de todos os outros.*

161 - Como seria necessário agir para aproveitar adequadamente a procura natural que se vê hoje de conhecimentos sobre os fenômenos extrassensoriais? Qual a técnica de utilizar essas técnicas?

RAMATIS - Principalmente, deixando de observá-los enquanto fenômenos extrassensoriais e passando a classificá-los por fenômenos espirituais que são.

162 - Qual a diferença produzida por uma simples classificação como essa?

RAMATIS - O homem costuma conduzir-se condicionado pelas classificações e raramente se sobrepõe a elas com espírito crítico. É fácil perceber que se os fenômenos ainda forem para vós "extrassensoriais" ainda não chegaram a ser percebidos como fatos reveladores de um processo espiritual, mas somente uma variante mais ampla da gama comum dos sentidos físicos. Assim, vosso centro de pesquisas ainda se encontra condicionado à vida material, o que vos situa bem distanciados da meta a ser alcançada.

163 - Não será esse um fato natural na fase atual da pesquisa parapsicológica?

RAMATIS - Por ser natural não impedirá a ocorrência dos enganos que poderiam ser evitados se fossem utilizados os ensinamentos obtidos por outras fontes de pesquisa não ortodoxas.

164 - Quais seriam essas fontes?

RAMATIS - Uma ciência que se diz nova precisaria apoiar sua forma particular de trabalho em uma pesquisa generalizada de fontes afins, para permitir a triagem dos conhecimentos úteis ao desenvolvimento de seus trabalhos. Existe um encadeamento natural entre o que hoje se faz em qualquer especialidade e o que se encontra realizado no mesmo setor, embora por métodos diferentes. Recorrendo à experiência passada, embora perdesse a postura orgulhosa de suposta independência, a nova forma de pesquisa avançaria a passos bem mais seguros. Sua metodologia, chamada objetiva e experimental, torna-se subjetiva, e, menos prática quando se nega a ver e a reconhecer todo o acervo de realizações inegáveis de seus antecessores, mantendo-se bastante condicionada ao subjetivismo dos anátemas aos processos diferentes dos seus.

Ao tentar se escorar na técnica esquece que existem outras concepções para o que seja uma técnica parapsicológica, não obrigatoriamente condicionada ao materialismo do século XX, que funciona tão restritivamente quanto qualquer postulado espiritual do passado.

165 - Qual seria a medida capaz de conciliar tais divergências oferecendo indicação segura para o bom andamento dos fenômenos inabituais da mente humana?

RAMATIS - O critério universalmente válido da comprovação objetiva.

166 - Poderíeis especificar melhor essa afirmação?

RAMATIS - Os fenômenos que ocorrem no campo da pesquisa servem de diretriz para a orientação do que convém e do que não convém aos objetivos visados.

Até hoje, em se tratando do bem-estar humano, não ficou marginalizado o conceito da sabedoria grega em que se afirmava que o homem seria feliz se buscasse obter o equilíbrio através da conquista de uma mente sã em um corpo são.

Se o campo da pesquisa da parapsicologia se delimita à observação dos fenômenos ligados à mente humana no que ela tem de inabitual e se ela pretende com isso concorrer para o bem-estar do ser humano, o critério de avaliação dos experimentos conduzidos em sua linha de ação deverá visar à constatação objetiva da intensificação desse bem-estar a partir das experiências vivenciadas.

Desse modo, jamais se poderá desvincular o campo experimental, ou seja, o ser humano, das experiências ocorridas, sejam elas momentâneas ou não. Nova dimensão, então, fica introduzida nas especulações parapsicológicas, que é a dimensão humana inexistente até hoje, quando se procura transferir a cartas ou objetos toda a ênfase de um trabalho. Isso seria o mesmo que pesquisar o átomo e depois desvinculá-lo de sua existência no conjunto do organismo de que participa.

Nesta linha truncada de pesquisa, o campo opcional é tão delimitado que impede o aproveitamento dos resultados na dimensão real em que podem e devem atuar.

167 - Essa aplicação dos conceitos parapsicológicos ao bem-estar humano já não pertenceria a outra ciência, como à psicologia, por exemplo?

RAMATIS - Se o homem é, funciona como um todo, e se as ciências insistem em trabalhá-lo como se fosse formado por partes estanques, a qual delas caberá a glória de ajudá-lo como ser integral? A essa Ciência do Homem é preciso chegar logo que possível, para que a partir dela o panorama humano comece a se integrar no Todo.

Mais do que qualquer outra, a Parapsicologia oferece campo a essa realização, por penetrar nos mais específicos terrenos em que o homem se define como tal – os escaninhos de sua mente.

Entretanto, essa nova ciência não compreendeu ainda sua missão e encontra-se ameaçada de soçobrar por falta de lastro para sulcar o "mar alto" da pesquisa sobre o ser humano em seus aspectos fundamentais. Partindo do particular para o geral, ela se detém em detalhes sem procurar reconstruir o Todo. Se o campo experimental é o homem, que ele seja visto em toda a sua integridade e a pesquisa, ao invés de procurar simplesmente fenômenos, seja voltada para a procura das partes que compõem o grande fenômeno do homem consciente de si dentro do universo. Daí em diante o padrão a ser buscado serão as condições que favoreçam essa abertura de consciência, na qual o Mestre pôde afirmar, na pujança maior de todos os fenômenos parapsicológicos – *Eu e o Pai somos Um*.

Partindo da premissa de que o bem-estar humano não depende de **conhecer**, mas de *saber*, a pesquisa não objetivará os fatos isolados, mas sua articulação com o grande fenômeno da Vida, e as grandes almas constituirão o campo predileto da pesquisa, aquelas nas quais as condições sadias de viver constituem autêntico laboratório experimental de vida! Os condicionamentos, tendências e ocorrências vitais inabituais não serão mais confusamente classificados de anomalias, como consequência de se tomar o ser humano médio como padrão de bem-estar, mas se buscando desenvolver em cada qual a semente de vida eterna que traz em si.

Desde então, tal qual hoje se pesquisam substâncias fisiológicas capazes de imunizar o corpo físico contra as doenças e outras tantas para amenizar o mal instalado, com o mesmo cuidado e afã pesquisar-se-á na mente do homem esclarecido, equilibrado e justo, os anticorpos para defender os seres humanos das mais cruéis moléstias mentais causadas pelo egoísmo e pela ignorância de sua real posição de crescimento na Vida.

A partir de então, a verdadeira compaixão se evidenciará na conjugação harmoniosa dos mais altos princípios espirituais entrevistos pelo homem e uma ação benéfica esclarecida pela antevisão de sua real destinação eterna.

09
O HOMEM ADORMECIDO

168 - Considerando-se todos os progressos obtidos pela Humanidade, em especial no âmbito da justiça social, para tornar mais imunizada a existência terrestre, poderíamos ainda assim afirmar que o homem permaneça adormecido espiritualmente?

RAMATIS - Para emitirmos um conceito precisamos sempre saber sob que ângulo ele foi elaborado, pois sendo a linguagem uma forma de expressão limitadora ao extremo, é necessário que as ideias sejam antes localizadas quanto ao seu ponto de origem.

Partindo do ponto de vista de que nos encontramos descondicionados dos conceitos mais geralmente aceitos entre os homens, certamente que estaremos observando o campo de ação humana pelo aspecto espiritual. Essa posição nos permite permanecer capazes de extrair conceituações reais, embora geralmente consideradas demasiadamente avançadas por vós.

Entretanto, vossa insatisfação difusa quanto aos padrões das vivências humanas já vos permite acompanhar, sem demasiada estranheza, nossas ideias a respeito do que seria desejável para a renovação dos padrões da espécie humana na Terra.

Existindo esse elo de comunicação mínima indispensável, nossas ideias surgirão como prováveis, embora ainda distantes de serem realizadas pela maioria dos homens.

Jesus afirmou: *Conhecereis a Verdade e ela vos libertará*. A que verdade se referia? Realmente, quanto mais o homem conhece o panorama em que está situado, com espírito crítico e objetivo, mais se sente cerceado nos seus anseios de realização sadia entre os seres de um Planeta caracterizado pelo negativismo em relação aos conceitos de espiritualidade. Seria, pois, um contrassenso considerar que as palavras de Jesus se referiam à realização mais livre no âmbito do mundo, pois esse, em sua cegueira espiritual, procurará impedir a implantação de padrões para os quais não se encontra amadurecido.

As leis sociais, os códigos de justiça e toda extensa gama de valores que supervisionam a atuação humana conseguiram realmente extrair a coletividade terrestre do estágio mais rude da animalidade total. Tentativa preciosa de regular o relacionamento humano para torná-lo mais suportável vem sendo realizada com imenso dispêndio de tempo e de reservas de todo gênero. Entretanto, a própria improdutividade dos processos usados demonstrará, gradativamente, ao homem surpreso, que seus métodos considerados mais avançados ainda se encontram longe de representar uma forma proveitosa de equacionar o problema de seu despertar para uma vida mais feliz e mais adequada.

169 - Como definir essa vida "mais feliz e mais adequada?"

RAMATIS - Para o homem exausto das contradições de seu meio ambiente começa a esboçar-se uma grande interrogação. "Qual o ponto falho responsável pela insatisfação humana, em uma sociedade privilegiada, capaz de maiores êxitos objetivos"? Que impede de ser feliz a um homem capaz de se colocar em órbita a imensas distâncias interplanetárias sem perder o controle de suas máquinas em termos de minutos e segundos? Que impede que esse homem científico desenvolva a ciência da enervação sadia, capaz de prover o mesmo grau de produtividade no que se refere à vida pessoal e coletiva?

O caos social representa um ponto negro no painel das grandes realizações humanas. As estatísticas da neurose cobrem de espanto os pesquisadores do bem-estar coletivo.

Tem-se a impressão de que toda a atividade febril em que o mundo se encontra mergulhado é realizada em estado de autêntico sonambulismo, no qual o sujeito age sob comando de forças estranhas, sem possibilidade de decidir a direção que mais lhe convenha. E, nessa atmosfera de pesadelo, negociações se desenvolvem exaustivamente. A um determinado momento figuras caricaturais desvelam suas reais intenções, e toda uma gama de padrões ilusoriamente alimentados sofre queda ruidosa. Os fantasmas do medo, do ódio e da agressão saltam excitados no panorama mundial; toda a Humanidade estremece como sob impulso instintivo, em autêntico pesadelo vivencial, e clama-se por uma figura salvadora. Quando ela surge já o homem intimamente se prepara para nova decepção. E o sono letárgico, incômodo e interminável continua a consumir as melhores energias da Humanidade bem equipada, que não sabe de que modo coordenar suas vivências para acordar do transe em que se vê mergulhada.

170 - A que poderíamos atribuir essa inabilidade inexplicável do homem atual?

RAMATIS - Não consideraríamos inexplicável uma inabilidade quando ela decorre de natural desinteresse pela aquisição da aptidão focalizada.

171 - Poderíamos compreender que na realidade os homens ainda não desejaram despertar desse pesadelo vivencial?

RAMATIS - Desejam afastar os fantasmas, mas não querem parar de sonhar.

172 - Custa-nos aceitar que nem as populações sofridas de regiões em conflito, nem os homens que negociam a paz mundial não estejam inteiramente empenhados na aquisição de novos padrões de vida para se libertarem das aflições que os atingem. Que dizeis?

RAMATIS - Novos padrões, sim, mas nem sempre os que seriam necessários.

173 - E o desejo de modificar não lhes garantirá o êxito desejado?

RAMATIS - É da lei que milagres existam apenas na imaginação dos homens menos esclarecidos. Para a manipulação autêntica dos valores da Vida é preciso encontrar os caminhos reais que a ela conduzem. A paz não pode ser produto de negociações, mas de autênticas disposições de amar e servir.

174 - Porém, como converter os códigos políticos e sociais à expressão simples e pura de "amar para servir", para ser obtida a paz?

RAMATIS - É esse o desafio do século XX, que se tornou crucial, mas que na realidade representa o mesmo desafio de todas as épocas, quando o irmão mais forte defrontou-se com a carência de seu semelhante e desconheceu sua dor. Hoje somam-se em doses vultosas as culpas e os ódios de inumeráveis gerações de oprimidos e opressores, e não cabe a nós apontar soluções que poderiam ser classificadas de inviáveis e utópicas, em uma era em que a inteligência hipertrofiada serve de bloqueio aos anseios do sentimento da Humanidade.

O homem encontra-se ávido de usufruir todo prazer que o conforto material lhe proporciona, não desejando ser perturbado com a simples notícia de que seu irmão não tem nem onde morar, considerando ser esse um problema que o outro precisa solucionar, pois as "oportunidades estão aí para todos". Não possui a disponibilidade mental, nem a sensibilidade suficiente para tentar, na hora do "rush", meditar sobre o desconforto dos que se amontoam no coletivo, quando o seu próprio carro tem ar refrigerado e música tranquilizante. Perdeu por atrofia a capacidade de perceber a posição do outro, mas isso não o preocupa, pois o tempo é pouco para aproveitar todas as solicitações hedonistas que a megalópole moderna lhe pode oferecer, com a agravante de que, quando os prazeres de sua cidade já se tornaram insípidos, o próprio mundo lhe oferece um campo infinito de novas atrações. E aquele que viaja para o exterior, como quem vai até à esquina, precisa de incentivos fiscais para aplicar sua fortuna desproporcional em empreendimentos capazes de abrir novos campos de justiça social, esquecido de que muitas vezes a riqueza que locupleta seus cofres e reservas está sendo extraída do sangue ou linfa vital de muitos outros que, legalmente, nada podem fazer contra o sistema.

175 - Tendo em vista o princípio do carma ou lei de causa e efeito, considera-se que os que sofrem o efeito negativo do sistema, seja ele qual for, estariam simplesmente recebendo o choque de retorno de seus atos passados. Assim, a responsabilidade seria deles próprios, não de quem usufrui os benefícios da situação dominante. Que dizeis?

RAMATIS - Ao analisar o panorama social nos interessa apenas perceber em que termos cada um está se conduzindo para aproveitar a oportunidade de crescimento que a vida oferece. Compreendemos que os sistemas sociais inadequados representam reflexos dos atos desavisados dos próprios que hoje lhes sofrem as consequências desagradáveis. Porém, nem assim os novos donos da situação deixarão de responder por suas distorções espirituais perante a coletividade que deles depende. Do contrário, círculo vicioso interminável prosseguirá, se não partir de quem tem meios para isso, reação sadia para instalar novas concepções de convivência entre os homens.

176 - Sabemos que Jesus afirmou a Pilatos: *O meu reino não é deste mundo*. De lá para cá todos os cristãos repetiram tal afirmação, reconhecendo seu sentido de exortação para o desapego aos bens materiais. Entretanto, nossa civilização é essencialmente materialista em seus valores. Como desencadear reação em sentido espiritual se até hoje ela não foi possível?

RAMATIS - Pela saturação dos fatores negativos que tal atitude provoca.

177 - Não será esse um processo excessivamente penoso?

RAMATIS - Ele foi escolhido pelo próprio homem quando se negou a utilizar os valores do espírito por ele classificados de inacessíveis, estranhos e inabordáveis.

178 - Porém, essa não é uma condição natural do processo evolutivo, que o ser menos amadurecido valorize os bens materiais sobre os espirituais?

RAMATIS - Valorizar menos os bens espirituais por mera condição do processo incipiente de evolução não representa o mesmo que supervalorizar os bens materiais, como prejuízo para a aquisição de novos horizontes para o espírito mergulhado na degradação da avareza, do egoísmo e das paixões dos sentidos.

O selvagem e o campônio vivem junto à Natureza quase como parte dela, sem cogitar da existência de amplas expressões da vida espiritual. São simples em suas pretensões e atacam somente quando se sentem ameaçados em suas convicções ou em sua sobrevivência.

O homem "civilizado", tecnicamente bem preparado, calcula friamente como atrair aos seus cofres os bens materiais supérfluos para o seu bem-estar, mas que representam ociosa sensação de grandiosidade e poder sobre seus semelhantes, manipulando-lhes a consciência, impondo-se a eles como seu senhor para uma subjugação mental, moral e material, sem possibilidade de questionamento. Erige o sistema que lhe convém ao bem-estar material sobre os escombros da liberdade de seu próximo e, frequentemente, se arvora na posição de benfeitor em relação àquele a quem veladamente conduziu à situação de indigência total.

Os bens da Terra foram criados para usufruto de todos e, simultaneamente, para o aprendizado do "amai-vos uns aos outros", como a Lei exige.

Consequências moralizadoras são disseminadas através dos séculos no pano de fundo da consciência dos que denegriram o panorama terrestre com os sinais indeléveis da cupidez e do desânimo na alma dos "desvalidos da sorte". Na resposta ao Anjo anunciador, Maria emite profundo conceito de verdade ao afirmar que o Senhor "encheu de bens os necessitados e despachou os ricos de mãos vazias". Observadas em suas devidas dimensões, essas palavras revelam a supervisão do Alto sobre o procedimento dos homens. E embora o rico prepotente não seja capaz de acordar a tempo para deter sua atividade responsável pelo sofrimento de outros irmãos, ele surgirá mais tarde como o pobre desvalido da sorte, a curtir os malefícios do sistema egocêntrico criado pelas suas próprias mãos. Sua alma gravará indelevelmente as dores dessa experiência e, quando reencarnar novamente, será profundamente sensível ao sofrimento dos desamparados pela sociedade. Aos poucos, a imunização será realizada nas almas adormecidas, e o pesadelo vivencial as obrigará a acordar mais facilmente quando a oportunidade se repetir, pois natural tendência as aproximará da situação de carência do próximo, com o sentimento de compaixão e solidariedade a se esboçar, em demonstração de que já não se encontram tão embotados na anestesia da matéria. Se não for capaz de olhar o sofrimento de seu irmão, e nem mesmo suas necessidades mais prementes conseguirem mobilizá-los para a fraternidade, aprenderão pela luta em causa própria a maneira de participar da vida sem causar danos a outros seres criados.

179 - Como compreender a situação de reação à mentalidade geral se o homem nasce e cresce sendo moldado pelas ideias do ambiente em que vive? Como vencer o círculo vicioso quando, ao renascer, o espírito involuído encontra influências que fortaleçam suas tendências?

RAMATIS - Se os padrões foram criados por eles, pelos mesmos devem ser quebrados.

180 - Porém, não seria exigir demasiadamente de quem não tem capacidade para isso?

RAMATIS - A capacidade se desenvolve de acordo com a direção dada à vontade.

181 - Mas, se o que falta é a vontade, fecha-se o círculo vicioso. Qual a solução?

RAMATIS - Esperar a sensibilização positiva ao bem geral.

182 - Não vos parece haver certo fatalismo injusto no fato de um ser involuído estar entregue a si mesmo?

RAMATIS - Os espíritos estão tão entregues a si mesmos quanto o próprio corpo do homem. O organismo humano possui mecanismos adquiridos através de seu desenvolvimento milenar. Recebe vitalidade do meio ambiente e encontra-se pronto às reações saudáveis. Entretanto, cabe ao portador do corpo, isto é, ao espírito encarnante, a escolha do tipo de alimento que será ingerido. Do seu discernimento, cuidado e previsão dependerão sua saúde.

No âmbito espiritual, também, os mecanismos psíquicos encontram-se prontos a responder e o farão conforme o "alimento" moral selecionado pela decisão consciente do espírito que se encontra em aprendizado.

183 - Se há um espírito em aprendizado, de que forma utilizar medidas corretivas que desembocam no sofrimento, se a lei é amor?

RAMATIS - O próprio espírito anseia por elas quando se cansa de agir em oposição ao progresso.

184 - Não existe, então, um programa corretivo compulsório?

RAMATIS - Existem leis gerais que limitam o âmbito de ação dos que se encontram em desequilíbrio. Essa ordem geral é responsável pela contenção dos aspectos destrutivos em um âmbito que inabilita os menos esclarecidos para o acesso indiscriminado aos bens da vida. A serenidade com a qual essa lei do Amor pauta o comportamento dos menos esclarecidos serve, simultaneamente, de estímulo ao seu crescimento e de defesa ao bem-estar do conjunto.

O cansaço nas investidas contra o Amor que protege e resguarda o bem comum termina por conduzir às reformas necessárias os menos esclarecidos. *Ninguém os força, ninguém os corrige. Respeita-se o seu processo de crescimento íntimo, pois os espíritos já evoluídos conhecem profundamente os mecanismos através dos quais chegaram a ser o que são.*

185 - Não haverá uma forma de desamparo nesse deixar crescer ao sabor dos acontecimentos?

RAMATIS - Para quem conhece a Lei não existe nada que esteja ao sabor dos acontecimentos, no sentido do acaso e da falta de previsão.

O Amor é uma lei abarcante e presente em cada experiência vital desde o átomo aos esplendores da mais alta hierarquia espiritual. Tal como se observa tranquilamente a perda da primeira dentição, sabendo que ela será substituída por nova, mais adequada e que esse é um processo pelo qual todos passarão, mas que suas repercussões dependerão dos cuidados que facilitem o andamento do processo. No âmbito da vida espiritual conhece-se as fases do crescimento interno da alma em evolução, observa-se serenamente suas mudanças e respeita-se suas decisões e seu aproveitamento, sem que essa atitude represente indiferença ou menor esforço. Ao contrário, saber velar com Amor sem perturbar a natural experiência de crescimento é uma aptidão que se adquire somente após grandes etapas de aprendizado da psicologia espiritual, bastante sutil para a maioria dos seres que desencarnam condicionados aos padrões da dominação e da falta de Amor.

186 - Então, considera-se que voltar a viver em ambientes involuídos é a melhor forma de aprender a evoluir?

RAMATIS - É preciso não esquecer que os ambientes não são involuídos. Toda a Criação clama poderosamente sua condição de harmonia, beleza e amor. Os conceitos através dos quais os homens pautam seu comportamento é que impregnaram a aura da Terra com os miasmas mentais e emocionais da guerra em todas as suas nuances – desde o simples mau-humor caseiro até à explosão de artefatos de destruição em massa.

Todo aquele que decide conhecer a Verdade liberta-se, Jesus afirmara. Porém, como todos os bens preciosos, o preço de sua aquisição é proporcional ao seu valor.

187 - Porém, essa libertação não seria mais fácil entre irmãos mais esclarecidos?

RAMATIS - Mesmo pertencendo a humanidades menos evoluídas, os espíritos que encarnam encontram sempre em suas novas experiências o famoso paralelismo entre o Bem e o Mal. Cada época, cada civilização, por mais remota ou mal-dotada que fosse, dispôs de elementos suficientes e adequados de esclarecimentos nos magos, nos profetas, nos pajés, nas videntes e em uma série infindável de "sinais" que a espiritualidade providencia individual e coletivamente para despertar a memória humana quanto aos seus compromissos com a eternidade. O simples ciclo da vida, o nascimento e a "morte" física representam alertas cotidianos para a meditação sobre a finalidade da vida.

Mas, por ser essa vida tão excelente, a alma se inebria com suas manifestações primeiras na matéria, apega-se a elas e recusa-se a crescer, como criança ainda imatura que ama seus brinquedos, mas não deseja viver plenamente as experiências que ainda lhe parecem insípidas na lida diária dos adultos.

188 - Há alguma passagem do Evangelho em que Jesus se refira especificamente a essa situação de adormecimento do espírito humano?

RAMATIS - Em Lucas, 13:34, podemos ler: *Jerusalém, Jerusalém, que matas os profetas e apedrejas os que a ti são enviados, quantas vezes quis eu ajuntar os teus filhos, como uma ave recolhe os de seu ninho debaixo das asas, e tu não quiseste!*

Ao considerarmos que todas as passagens da vida de Jesus possuíam um sentido de pedagogia espiritual em âmbito universal, não se pode compreender que se dirigisse exclusivamente aos homens que até então haviam encarnado em Jerusalém, o que restringiria de maneira absurda e desproporcional os ensinamentos de um Mestre da elevação de Jesus a um pequeno número de seres humanos.

Para os que têm "olhos de ver e ouvidos de ouvir", desde que os ensinamentos de Jesus aplicam-se à evolução da Humanidade como o conjunto dos seres que vêm à Terra para evoluir, torna-se clara a alusão ao comportamento desavisado de grande faixa de seres humanos que, na Grande Jerusalém em que a Terra está representada, furtam-se à aprendizagem do Amor, saqueiam os bens da Vida, destroem a paz do semelhante e revoltam-se contra os desígnios que provêm a evolução.

189 - Poderá parecer, entretanto, pouco distante da realidade atual a acusação de "matar profetas" e "apedrejar os enviados". Como interpretá-la?

RAMATIS - Extraindo do texto o seu sentido alegórico, ou seja, filtrando, através da letra, o espírito que vivifica.

190 - Existirão, na atualidade, pessoas que possam ser designadas por profetas?

RAMATIS - Profetas foram, em todas as épocas, os que se dedicaram à árdua tarefa de viver por antecipação, relativamente à maioria, experiências internas que os habilitavam a ultrapassar os conceitos gerais, em qualquer área de atividade.

O termo assumiu conotação divinatória em virtude de se ter vinculado à experiência marcante dos homens que, em Israel e em outros povos, eram portadores de sementes de grau mais amplo de visão espiritual. Entretanto, o que os classificava de profetas não era propriamente sua vinculação a uma corrente dedicada à espiritualização dos homens em termos ascéticos ou místicos, mas a abertura consciencial que haviam conquistado, em virtude da qual podiam funcionar como canais para as mensagens mais convenientes à evolução de sua época.

Ninguém se lembraria de aplicar esse termo a um cientista ou político. No entanto, os transes espirituais necessários à autêntica inspiração para o progresso coletivo da área de ambos toma a mesma característica de penetração nos arcanos do futuro, exigindo formação receptiva e simultaneamente resistente, capaz de permitir "verificar" projetos "ocultos" na Mente Divina em relação aos seres humanos. Exige, ainda, que perseverem, como os profetas que jejuavam no deserto, pois hoje aquele que fala em nome do bem geral é tão incompreendido e perigosamente assediado pela emissão negativa dos sentimentos antifraternos, que podem, sem nenhum favor, ser classificados de profetas do bem geral, que jejuam para se purificar, pois se encontram em árduas provas para as quais o ambiente humano não oferece abastecimento espiritual.

No deserto representado pela solidão, em suas lutas heroicas, desenvolvidas sem aprovação nem apoio, aprendem a conhecer a mesma reação que fazia os antigos supersticiosamente temerem e apedrejarem os que falaram iluminados em termos do bem geral. Hoje, perdem o emprego, sofrem marginalização e até mesmo perseguições que não lhes retiram o mérito equivalente aos que se refugiam no deserto, pois, no asfalto e vestido com o traje do cidadão do século XX, podereis encontrar o pai de família que, por ser fiel à sua consciência, vê a capacidade de prover a subsistência de sua prole gravemente ameaçada.

A figura hirsuta e áspera do profeta do passado gravou na mente humana a imagem do defensor da Verdade em tempos para os quais todos os conceitos eram mais concretamente objetivados. Profetizar é sentir antecipadamente o progresso, sem que isso obrigue o ser humano a pertencer a uma escala diferente das criaturas normais. Todos que penetraram os desígnios evolutivos um pouco além de seus contemporâneos, serviram de instrumento para impulsionar o progresso e, mesmo continuando a pertencer ao rol dos seres necessitados de evolução, deram sua contribuição "profética" à Vida.

Na área política, tivestes em Gandhi um pioneiro dos processos amoráveis de conduzir coletividades; em Galileu, Giordano Bruno, Joana D'Arc, Albert Schweitzer e tantos outros homens e mulheres imperfeitos, mas incendiados pelo anseio de servir, recebestes entre vós autênticos "profetas", que continuaram a clamar no deserto, com número reduzido de seguidores e frequentemente sendo acusados, feridos, quando não sacrificados.

E o Senhor continua a fazer ecoar sua voz nas palavras do Evangelho: "Jerusalém, Jerusalém,..." Quantos O ouvirão a tempo?

10
O TRABALHO E A RECUPERAÇÃO

191 - Quando o espírito reencarna e recomeça novo ciclo de aprendizado, amortece a memória espiritual para assumir novos compromissos e recomeçar as experiências malogradas no passado. É comum, então, sentir-se assoberbado pelos receios, conflitos e padecimentos vários que o conduzem a receber as tarefas como peso quase insuportável e arrastar-se assim uma existência inteira. Haverá proveito nessa existência assim tão marcada pelas repressões e humilhações de toda sorte?

RAMATIS - A dor alerta para a existência da ferida.

192 - Mas, se o espírito se sente desanimado e ferido, de que modo se poderá dar o aproveitamento?

RAMATIS - Pela recuperação lenta e gradual de sua sensibilidade para os temas em que antes nem sequer parava para refletir, agindo inadvertidamente com o comportamento desavisado habitual.

193 - Poder-se-ia julgar que haveria progresso nessa incômoda situação, que geralmente conduz à inconformação, à revolta e aos sentimentos de culpa?

RAMATIS - Mais do que na estagnação anterior diante de conflitos insolúveis. O incômodo, o desassossego, a insatisfação também constituem remédios, embora amargos e pouco valorizados.

194 - Porém, o espírito que sofre e não compreende bem por que, ou que sofre compreendendo que deve merecer, mas sem saber superar seus sentimentos, não estará agravando seu carma com a revolta ou a incapacidade de reagir adequadamente?

RAMATIS - O carma não é um "território" delimitado, de cujas fronteiras se retirem ou coloquem coisas. Representa uma palavra capaz de designar o fluxo contínuo de atitudes responsáveis pelo ambiente vibratório do espírito. Se ele ainda se revolta ou se conduz desajustadamente, mas consegue deplorar tal situação, sua constituição psíquica já é capaz de produzir elementos de menor rigidez em relação aos seus hábitos anteriores. O incômodo dessa autoavaliação negativa poderá abrir campo a atitudes mais flexíveis a qualquer momento, quando o empenho em vigiar se fizer maior.

195 - Porém, essa atitude de padecimento e remorso não parece, à primeira vista, muito positiva ou aberta à criação de um clima de realização construtiva, não é assim?

RAMATIS - Quando a Terra está envolta nas fermentações dos resíduos malcheirosos, poucos refletem na preciosa química preparatória do solo adubado e vivo que então surgirá. A alma humana precisa fermentar seus resíduos para se enriquecer. Como é natural, será preciso proporcionar tempo e esperar que a semeadura seja boa, ainda assim sabendo regar e cuidar, para que, no tempo oportuno, surja o vegetal sadio e útil à vida.

196 - Observando o panorama de trabalho do homem na Terra, surgem-nos três características mais evidentes, nas quais seu labor parece se situar: uns trabalham para sobreviver, outros procuram compensações materiais de enriquecimento e para outros ainda o trabalho é derivativo em que se pretende compensar a insatisfação geral com a vida e esquecer as frustrações. De que forma a recuperação visada neste capítulo poderia ser alcançada e que representaria ela?

RAMATIS - Recuperar traz o sentido de reaver, tornar a possuir, tomar posse de algo que se perdeu. Tendo em vista que o espírito mergulha na matéria não para se identificar com ela, mas para aprender a definir seus próprios rumos a partir das escalas menores da evolução. A recuperação, aqui citada, refere-se ao momento evolutivo em que o espírito se apossa do sentido direcional impresso no seu processo evolutivo nos mais recônditos recessos de sua Centelha de Vida. Assim como o código genético contém o germe de toda estrutura orgânica do homem, ao encarnar, uma predisposição à evolução adormece no âmago da Centelha, pronta a responder ao apelo consciente do espírito que desperta, percebe a Vida e quer assumir seu papel criador dentro dela. O conjunto formado pela consciência espiritual, do qual a Centelha é o centro coordenador latente, integra-se no ritmo da harmonia, e desse modo a consciência sente-se resgatada ou recuperada para a Vida maior, respondendo aos apelos profundos de uma Voz interior que aparece empenhada em mostrar o rumo pressentido, mas ainda vago, para a iniciante capacidade de sintonia global com a eternidade. Aqueles ecos longínquos que antes surgiam tal qual uma predisposição para buscar uma felicidade mal definida e nunca alcançada evidenciam-se como um reconhecimento de rumos novos, mas que na realidade não passam de uma capacidade, que se revela, de perceber realidades preexistentes, mas não identificadas até então.

Em virtude da ausência de diretriz segura no início dos esforços evolutivos, ocasionar o acúmulo de dificuldades que precisarão ser superadas à proporção que o despertamento se efetue, justifica-se o uso do termo "recuperação" para expressar o que na realidade representa despertamento interno por simples amadurecimento espiritual. Trata-se de recuperar ou assumir conscientemente um sentido direcional preexistente, mas não conscientizado, aparentemente perdido com o mergulho na matéria, mas que jamais deixou de existir impresso na sensibilidade ou contextura inexprimível da própria essência do ser. Seria como acordar ecos de uma realidade interna ignorada até então.

197 - Sendo assim, o *trabalho* a que vos referis não seria a *atividade externa* do homem, mas a *tarefa mais profunda do espírito*, não é assim?

RAMATIS - Quem poderia separar os dois aspectos?

198 - Entretanto, na vida humana, observamos completa desvinculação entre esses objetivos. Que dizeis?

RAMATIS - A desvinculação é aparente. *Toda uma dinâmica interna se mobiliza quando o homem se 'afoga' no trabalho do plano material, sem perceber a repercussão espiritual do mesmo.*

199 - Que valor existiria para ser atingido o objetivo de harmonização, nesse trabalho assim tão desligado de objetivos de crescimento espiritual?

RAMATIS - Para haver desvinculação seria necessário que existissem fronteiras entre o espírito e a matéria, o que não ocorre. A vida provoca situações que funcionam como autênticas explanações ou aberturas de visão panorâmica ao espírito, embora esse não consiga classificá-las por normas acadêmicas da religiosidade vigente no Planeta. Chorar, sentir, viver são os instrumentos hábeis para a abertura dos canais espiritualizantes nas almas em nível mais baixo de evolução. Não importa que elas não tenham programado deliberadamente as lições dessa situação, se elas as colhem por dentro, sem meios de se lhe escaparem em aprendizado vivencial.

As religiões, filosofias e mesmo os toscos projetos de renovação espiritual, concebidos pelo homem em seu aprendizado menor, não são necessários à consecução dos propósitos divinos. Todas essas concepções humanas funcionam como elementos em que o homem encarnado se apoia para se orientar satisfatoriamente dentro de um fluxo de acontecimentos que, em sua maior parte, lhe escapa à percepção. Forças cósmicas atuam em todas as dimensões sobre o Universo, e o homem é um elo dessa cadeia, com liberdade condicional para atuar segundo as leis do conjunto e em uma margem de tolerância dentro da qual seus desvios são permitidos. Como sua percepção não alcança além dessa estreita margem de tolerância, percebe-se livre para atuar, o que lhe é oferecido sob a forma de estímulo ao crescimento constante. A partir do momento em que toma contato com essas leis gerais, no entanto, é que realmente passa a ser livre para ele o trânsito em todas as dimensões, porque será capaz de se deslocar amplamente, sem produzir colisões e sem se sentir tolhido porque já sabe e sente a Vida Maior em toda a sua grandiosidade e esplendor.

Até então, poderia ser descrito como um servo de sua natureza pouco evoluída que, a partir de determinado momento, "recuperou" seu sentido direcional latente e começou a ser um livre batalhador em prol do crescimento de suas potencialidades espirituais.

200 - Como podemos compreender a afirmação de que a certa altura do processo evolutivo o trânsito torna-se livre em todas as dimensões para o homem?

RAMATIS - As portas que se abrem diante do espírito imortal, através das sucessivas escalas da evolução, funcionam automaticamente à proporção que ele se aproxima do crescimento interno correspondente. Não nos referimos aqui à ânsia de poder que acomete os seres pretensamente espiritualizados, tornando-os capazes de impressionar pela força de seu pensamento ou pela posse de conhecimentos interditados ao vulgo. O conceito de evolução não coincide com o de acesso a poderes chamados ocultos ou mágicos, do mesmo modo que o homem culto nem sempre é o mais inteligente. Aqueles que impressionam pela aquisição de poderes ocultos são como os vendilhões do templo, aos quais Jesus invectivou pelo descrédito a que submetiam as altas transações do espírito imortal. Nada existe oculto ao espírito evoluído, pois, naturalmente, ao se aproximar de novas "portas" que vedam os caminhos mais amplos, essas se abrem espontaneamente ao ser que, pelo seu crescimento interior, faz jus à nova etapa evolutiva e tornou-se digno de acesso às mais sagradas e preciosas realidades da Vida Superior.

Compreendendo que não seria justo divulgá-las, esses que cresceram por evolução natural sabem que a cada qual a Vida oferece segundo o próprio grau de amadurecimento, e não se preocupam em deslumbrar o próximo com a notícia de suas aquisições pessoais. Essa atitude de pretensa superioridade somente poderia causar transtornos, pela sugestão de que haveria diferenças entre os seres criados, pois os menos evoluídos tendem sempre a julgar inacessível o plano em que os seres mais esclarecidos permanecem.

Deslumbrar não é a forma de fazer crescer e somente a extrema capacidade de amar, testemunhada por um Mestre da categoria de Jesus, justificava que trouxesse à luz os grandes feitos que o incluíam entre os seres mais graduados da hierarquia espiritual. Mesmo assim houve quem o julgasse o próprio Deus, e muitas disputas se prolongaram pelos séculos em torno de sua figura mansa e humilde, na mais pura acepção desses termos.

O espírito que desperta para o crescimento interno sente-se reverente em excesso para poluir a atmosfera de paz criada no templo interno de sua alma, e esse fato o livra da tentação, que vulgarmente acomete os homens, quando alcançam alguma vitória humana, induzindo-os a expandir divulgação prematura dos bens alcançados. Compreendendo em profundidade os mecanismos poderosos que regem a Vida, o verdadeiro iniciado sabe que seus irmãos serão introduzidos oportunamente às mesmas experiências profundas, no tempo adequado do seu amadurecimento interno, e não se aventura a quebrar o ritmo natural do crescimento espiritual de seus irmãos. Essa atitude imatura não seria digna de um ser que "penetrou" o mecanismo da Vida, que o conhece por dentro e sabe reconhecer a adequação do gradual amadurecimento exigido pelo Grande Cronômetro da Vida, para a eclosão parcelada da vitalidade que é ritmo, harmonia, crescimento e sabedoria.

Desse fato decorre que os grandes espíritos limitam-se a amar a Humanidade, oferecendo "clima" mais favorável à exteriorização gradativa das potencialidades de cada qual. Eis por que Jesus vos afirmou que o maior entre vós seria o que se tornasse o servo de todos os outros.

Apenas os insensatos tentam forçar as portas do conhecimento maior, sem haverem adquirido equilíbrio suficiente no campo do sentimento, pois esta última conquista representa o atestado do verdadeiro crescimento interno, o senso direcional, capaz de impulsionar as realizações no sentido da real evolução do espírito. Aqueles que procuram manipular as forças espirituais, sem adequada e correspondente preparação perante a Lei do Amor, agem feito curiosos que, inadvertidamente, penetrassem um laboratório de complexas operações científicas e tentassem, por imitação, reproduzir as atividades dos cientistas, cujos atos se baseiam no conhecimento profundo das leis que regem a Natureza. Poderão adquirir experiência na manipulação empírica dos recursos disponíveis, porém, em virtude de sua inadequação para o papel de mentores dos bens da Vida, a qualquer momento poderão ferir-se e prejudicar também o crescimento natural de seus irmãos por inabilidade no trato com as forças superiores.

O livre trânsito a que nos referimos corresponde, pois, a um desabrochar de potencialidades latentes, cuja eclosão, embora bastante natural ao longo da escalada evolutiva, ainda mesmo assim, é capaz de tornar perplexo o espírito que a sofre, pela beleza inusitada dos fenômenos internos de crescimento que se desenrolam sucessivamente aos olhos maravilhados daquele que sente desabrochar em si sua condição de ser com a Vida, de senti-la como sua aliada generosa e pródiga, em recursos de enriquecimento espiritual crescente. Essa condição evolui para o êxtase de viver em perene comunhão com o fluxo da Criação, e a liberdade, então, desfrutada proporciona ao espírito a sensação de ser o filho pródigo que retorna aos vastos domínios de seu Pai, onde, com surpresa, identifica que nenhuma restrição lhe é feita à capacidade de evoluir indefinidamente.

As incursões espirituais desse teor expandem-se além das dimensões comuns dos sentidos humanos. Fazem parte do êxtase dosado do crescimento além das fronteiras da matéria e trazem o espírito em sublime inquietação, intraduzível em palavras humanas. A única fórmula capaz de ser mais próxima para traduzir tais eventos internos é aquela em que todos os grandes espíritos colocaram a ênfase de suas pregações: o Amor, expressão máxima silenciosa e eloquente, capaz de permitir que se filtre até as paragens mais rudes da vida o suave perfume da mais pura espiritualidade, que nada exige, e como um doce bálsamo atenua o eco do sofrimento nas escalas menores da evolução. Como produto de altas dimensões da Criação, o Amor é inexprimível, embora, em sua impossibilidade de definição, seja a mais eloquente das mensagens a todo e qualquer espírito, pois, sendo a essência da Vida, repercute irresistivelmente, mesmo nas mais rudes condições da existência, de cuja essência participa, ainda quando o espectro da dor e das mais violentas distorções tentem mascarar ao ser vivente sua sublime condição de parcela viva do Todo grandioso universal!

201 - Se o binômio "trabalho e recuperação" resume a fórmula do despertamento espiritual em suas diversas gradações e esse despertamento conduz à eclosão do Amor latente na Centelha espiritual do homem, poderíamos afirmar que trabalho é Amor?

RAMATIS - Se encararmos o Amor como uma energia capaz de ser aproveitada em graus diversos de sofisticação ou de aprimoramento, segundo a evolução do espírito, essa definição seria correta.

202 - E que dizer daqueles que se empenham em atividades contrárias à evolução espiritual?

RAMATIS - Poder-se-ia compreender que mesmo assim encontram-se envolvidos pelo manto do Amor, que lhes permite a atividade negativa em nome de uma experiência necessária à sua correção futura. O simples ato de atuar mantém o espírito em despertamento consciencial gradativo, seja pela dor, seja pela alegria. O espírito que se imanta às baixas camadas existenciais desenvolve uma forma rudimentar de Amor, e o mesmo mecanismo que o atrai para esse labor insano servirá para despertar-lhe a necessidade contrária de resistência ao erro, no momento em que sua compreensão despertar e perceber a necessidade de se esforçar em sentido oposto. A luta que, então, será travada entre suas tendências criadas em nome do Amor obriga-lo-á ao esforço salutar e, como o atleta se mantém em forma executando exercícios que o habilitem a superar forças opostas, os hábitos contrários ao progresso, no espírito que desperta, representam o desafio correspondente à força da gravidade, que tenta reter o atleta, impedindo-o de se lançar em saltos de maior envergadura. Não se poderia considerar a gravidade como inimiga, porque retém os seres agregados à crosta terrestre, pois se sabe que esse é o Plano: construir panoramas que acolhem e retêm enquanto a ave é implume, deixando no entanto que o sublime atavismo espiritual do desejo de "criar asas", a seu tempo, cumpra a tarefa de impulsionar para reações de libertação cada vez mais ampla!

Trabalho, portanto, é Vida e Vida é Amor. Diz a tradição espiritual que quando os espíritos trevosos não conseguem deter o fiel aprendiz pelas mais rudes provações, inoculam-lhe o veneno do desânimo, como último recurso e, quase sempre, por esse modo, atingem temporariamente seus objetivos nefastos, reacendendo a chama do orgulho que se mascara de incompreensão recebida e aparentemente insuperável.

Nas palavras sábias do Apóstolo Paulo, já foi dito que aquele que não se encontra "experimentado na palavra da justiça" ainda é "menino" e se alimenta de leite".[19]

E quem ousaria afirmar que o "leite", ou seja, os valores compatíveis com o bem-estar nas camadas menores da Vida não prepariam o terreno para o crescimento necessário e à maturidade oportuna?

---
[19] - Paulo, Hebreus 5:13.

Daí decorrem os "olhos santos e iluminados" dos seres amoráveis capazes de ver em tudo e em toda parte a "mão de Deus" a apontar os caminhos verdadeiros pelos meios mais diversos. Desde então, o Universo se expressa como uma explosão de luz em que as almas mais rudes se encontram tocadas pelos reflexos longínquos do Esplendor Divino, pelo simples ato de existirem e, em sua existência, serem uma resposta ao impulso do crescimento latente na mais profunda intimidade de seu ser.

E o Santo, o Iluminado, o Ser afinado com a Vida, distingue nuances da mais pura espiritualidade nos brutos seres das escalas menores da Vida, pois o som inaudível das esferas superiores repercute na mais negra caverna dos abismos infernais, onde a Luz parece não ter acesso. O olhar arguto do Iluminado, no entanto, pode captar a Força Criadora como contraparte desses abismos infernais, e nas crateras peçonhentas dos vícios mais daninhos ele antevê o cansaço que em breve se apossará daquela Centelha destinada ao progresso, e que se renderá, por não conseguir mais resistir à sua vocação inevitável de crescer para a Luz!

A Lei é Amor. Nada nem ninguém consegue a ela escapar. Onde identificardes a dor, buscai compreender que ela é a sombra, que existe por consequência dos anteparos colocados diante da Luz, mas que o simples fato de o contraste sombrio se manifestar comprova que, do lado oposto, a Luz é a Causa Suprema de tudo, a vibrar no Universo e para onde tudo flui inevitavelmente, tal qual um manso e caudaloso rio, cuja superfície parece imóvel, possuindo, no entanto, correnteza segura e permanente em direção ao oceano infinito!

Buscai e achareis, pedi e obtereis, batei e abrir-se-vos-á. Nessas palavras o Mestre sintetizou o processo a que nos referimos. Em sua excepcional capacidade de traduzir em termos singelos o conteúdo grandioso das Leis do Amor, legou, nos textos evangélicos, princípios eternos de renovação espiritual, capazes de apoiar o ignorante e o erudito, desde que em ambos a "voz sem som" da consciência desperta receba a devida atenção por parte do interessado. Se o ignorante não se deixar abater pela rudeza de sua batalha com as forças involuídas e não se enredar pelos chamamentos da matéria; se o erudito não se envaidecer com as "parcelas de verdade" esparsas nos ensinamentos acadêmicos e prevenir-se contra o absolutismo da razão deformada ao sabor das épocas, ambos poderão, igualmente, imprimir ao seu processo de amadurecimento espiritual o impulsionamento seguro dos que adquiriram "olhos de ver e ouvidos de ouvir."

A exemplificação do Mestre constitui o atestado vivo da validade indiscutível de Seus ensinamentos. Aos que O consideram uma figura lendária, certamente suas palavras soarão como mais um acervo de ideias generosas, mas desprovidas de lastro no ambiente conturbado da Terra. Porém, para aqueles dotados de sensibilidade maior, cuja natureza já desperta para a necessidade de crer na Força Criadora da Vida, inefável alegria transborda de seus espíritos ao perceber que o cenário espiritual sombrio do Planeta teve o privilégio de hospedar a excelsa figura de um Peregrino, cuja estatura espiritual marcou indelevelmente o panorama circundante.

Quando a alma encarnada na Terra atinge o refinamento espiritual adequado, encontra na tradição secular o relato de todos os iluminados que deixaram, atrás de si, o rastro da beleza paradisíaca de seus atos de Amor. E como o peregrino que se dispõe a conhecer os "lugares santos", passa em revista as notícias deixadas por todos eles, pasmando-se diante da "obra-prima" constituída pela Boa-Nova, onde o Amor se apresenta feito mescla inigualável de ternura e virilidade, de sabedoria e plena entrega aos ditames da Luz. Em todos os outros grandes servos da Verdade encontra nuances da mesma Realidade pregada na Boa-Nova. Entretanto, o relato da passagem do Mestre Jesus no Planeta preenche todas as nuances da exemplificação condensada de Verdades antes apregoadas parceladamente por seus antecessores. Conhecendo integralmente as manifestações gradativas das Leis Espirituais, assim como soube reduzir seu próprio potencial a ponto de encarnar e conviver com os seres de escala tão distanciada no grau evolutivo, da mesma forma conseguia *dizer o indizível*, isto é, falar de coisas corriqueiras em palavras que possuíam a chave das grandes leis universais, o próprio segredo da Vida!

Ao reduzir Sua expansão espiritual e colocá-la em holocausto à redenção da Humanidade, grande ato de magia repercutiu entre os humanos: um ser inverteu o fluxo da Vida para tocar o âmago da sensibilidade coletiva do orbe terráqueo. Ao fazê-lo, demonstrou a existência da escala hierárquica, da qual participava e que afirmava ser a mesma a que todos pertenciam. Inverteu a ordem da Vida para comprovar que o Amor é força que transita livremente entre o grande e o pequeno. Desse modo, procurou dar conhecimento ao homem cego na matéria, de que ele também possuía um trabalho a realizar.

Assim como o Mestre viera resgatar da ignorância os seres pequeninos da Terra, cada qual possui um resgate semelhante a fazer: despertar em si mesmo, pela estrada penosa do esforço próprio, a luz que ainda se encontra velada e precisa ser posta em situação de clarear os caminhos internos. Veio até o homem para convidá-lo a ir até Ele. Os extremos se tocaram, o equilíbrio já pode ser encontrado, o trabalho de recuperação passou por uma reformulação decisiva, pois daí em diante cada ser vivente na Terra pôde ter a certeza de que o Mestre viverá com ele pelos séculos afora, servindo de exemplo e de arrimo para a eclosão do abençoado momento evolutivo em que a alma possa tomar em suas mãos as rédeas de seu próprio destino eterno!

11
UM CÍRCULO QUE SE FECHA

203 - A que círculo se refere o título deste capítulo?

RAMATIS - Ao espaço compreendido no interior da circunferência descrita pelo espírito em sua evolução.

204 - Parece-nos bastante hermética essa explicação, com simbolismo tão profundo que não será facilmente compreendido por todos os leitores.

RAMATIS - Embora nossas mensagens sejam endereçadas a todos os homens, certamente exigem esforço, somente realizado por aqueles que estejam prontos a dar o valor devido ao aprendizado espiritual. Quando alguém se dispõe a "melhorar na vida", intensifica suas atividades, como podereis verificar facilmente: matriculam-se em massa os seres humanos nos cursos de aperfeiçoamento de todas as espécies, o que já levara os espíritos que se comunicaram nas mensagens contidas na obra kardequiana a afirmar que a virtude de vosso tempo era a procura do esclarecimento intelectual. Entretanto, isso não se faz suficiente, quando relacionado exclusivamente à melhoria do conhecimento relativo ao aperfeiçoamento da vida material no Planeta.

Essa "virtude", a qual os espíritos há um século se referiam, hoje precisa concentrar-se sobre o conhecimento espiritualizante. O instrumento mental de que o homem se tem utilizado com tanta avidez para consumir os frutos da vida perecível necessita agora ser usado, maciçamente, para orientá-lo relativamente à vida imortal.

Entretanto, para aqueles que ainda se comprazem na procura do bem-estar físico, esforço de procura árdua das percepções espirituais parece preço demasiadamente alto para ser pago em troca de valores que não reconhecem como válidos.

Embora as mensagens consoladoras e de advertência facilmente assimilável tenham mais larga aceitação, cedo ou tarde o espírito em evolução precisará aprofundar-se nos simbolismos mais significativos da vida, tal qual o homem que se alfabetiza, ao usufruir os benefícios da leitura cursiva e chega, inevitavelmente, à conclusão de que o que se sabe é pouco e um mundo novo se abrirá diante de seus olhos, se desejar desbravá-lo através de novos e intensificados esforços.

205 - Desse modo, vossas mensagens dirigem-se, de preferência, a certa faixa de leitores mais espiritualizados?

RAMATIS - Precisamos compreender que existe diferença bem marcante entre ser espiritualizado e ser intelectualmente capaz de absorver mensagens pautadas pelo simbolismo hermético ou qualquer sistema abstrato de representação intelectual.

Os espíritos que, por amadurecimento anterior, adquiriram condições de amar as verdades eternas, abriram suas potencialidades, como a flor sob o efeito da claridade de novo dia. Cultos ou não, onde encarnarem "verão com olhos de ver" as verdades eternas e a elas dedicarão suas melhores energias, sob a forma de estudo e de realização interna, com repercussões inevitáveis, autênticos transbordamentos de seu aprimoramento vivencial profundo. Para eles não haverá esforço que se apresente demasiadamente intenso na ânsia de buscar os ecos das verdades internamente pressentidas. Haja ou não recebido, na presente encarnação, a cultura oficial, subirão gradativamente à colina íngreme do aprendizado espiritual e, na leitura dos mais singelos textos de origem espiritualizante reconhecerão a Verdade que se reflete, mesmo que tenuamente, em seus raios fertilizantes. São reconhecidos pelo intenso desejo de aperfeiçoamento, seja na ação, seja na pesquisa incansável de novos rumos de realização benfeitora. Adquiriram aquela percepção íntima que os faz invencíveis diante dos obstáculos, sejam de que espécie forem. Para eles a própria ânsia de respostas mais adequadas à sua necessidade de mais luz os levará, como consequência, a superar os obstáculos de sua cultura incipiente, se esse for o caso. Estudarão arduamente todos os ângulos da vida que lhes favorece o crescimento, tornado para eles a forma pela qual a vida maior se expressa irresistivelmente em suas almas.

Entretanto, aos espíritos pouco afeitos à procura da vida superior, faz-se satisfatório o noticiário referente aos assuntos do plano material. Para esses, mesmo quando ligados às atividades de cunho religioso, inércia psíquica ainda impede os exercícios maiores, que se tornam exaustivos, não porque esses espíritos possuam pouca cultura ou inteligência limitada, mas porque seu amadurecimento espiritual ainda não lhes proporciona o impulso interno, naquela divina ânsia de superar degraus evolutivos. Encontram atrativo maior na variedade de gamas em que a especulação dos planos densos se manifesta à curiosidade natural do ser que ainda se afina com as expressões ocasionais e ilusórias das escalas menores da Criação.

Para esses há elementos justos e adequados de evolução nos cursos que abrem novos caminhos à inteligência concreta. Podem até ser luminares em seus setores de ação, mas jamais se decidirão a despender esforços para explorar uma área que para eles se apresenta insípida e árida.

Nossas mensagens não se destinam, pois, aos seres mais intelectualizados da Terra, porque os que se sobressaem nas realizações do plano físico raramente conseguem conjugar seus esforços equilibradamente a ambos os aspectos da vida, pois a harmonia entre os opostos ainda não é uma constante entre os seres encarnados.

Dirigem-se, sim, aos que, no dizer de Jesus, já conseguem possuir "olhos de ver e ouvidos de ouvir", embora para isso seja exigida, como é natural, abertura mental e emocional de caráter renovador, pautada por um esforço constante em cruzar a "porta estreita."

206 - Poderíamos concluir que não se trataria, de modo nenhum, de uma dificuldade de origem intelectual e que, desde que se saiba ler, seria possível compreender perfeitamente vossas mensagens?

RAMATIS - Sim, desde que se tenha adquirido o hábito de meditar sobre o que é lido, mas não se pretenda fazer da leitura uma simples recreação. Quando pretendeis vencer a barreira de um vestibular, dedicais horas, dias, meses, talvez até anos, para adquirir habilidades mentais e intelectuais que vos graduem ao nível exigido pela universidade terrena ou até mesmo pela simples conquista de um diploma de alfabetização. Por vos terdes acostumado a contar com a "graça divina", talvez por isso, os aspectos de evolução do espírito vos surjam como conquistas "mágicas", exigindo pouco esforço na área do intelecto. Entretanto, sendo esse o vestibular da Mente, se não souberdes cruzá-lo, baseando vossa fé na razão iluminada e orientada pela confiança na Vida Maior, jamais conseguireis penetrar as áreas esplendorosas dos verdadeiros fenômenos espiritualizantes, cujos degraus são alcançados após serem usados todos os recursos de uma razão tão plenamente esclarecida que seja capaz de sustentar o espírito em sua busca de níveis em que os voos da alma lhe permitam roçar, com suas asas desenvolvidas, atmosferas inacessíveis à razão humana comum. A sublime arracionalidade do divino, o misticismo verdadeiro e legítimo não representa um salto cego entre a emoção hipertrofiada e o desconhecido. A ultrapassagem encorajadora para os altos voos do espírito tem seu início no impulso dado pela plataforma da razão solidamente construída sobre os alicerces da vida em seu nível intelectual, mas não obrigatoriamente cultural.

  Esgotados os recursos desse plano, então a Mente, saturada dos conceitos menores, consegue possuir estrutura suficientemente sólida para suportar os impactos de sua penetração na área do real encontro com a Vida Maior, ou seja, o despertar das reservas legitimamente denominadas de conteúdos de vivência "mística" em todo o sentido profundo e real que essa palavra assume, quando expressa as reações do laboratório iniciático da alma desperta para sua real condição eterna.

  Os grandes místicos jamais dependeram das classificações acadêmicas elaboradas pelos especialistas das áreas do respeitável conhecimento humano. Firmaram-se, ao contrário, no puro senso direcional adquirido por vivências anteriores que os qualificavam para um esforço chamado de "sobre-humano", tal como se, possuindo as *asas do Amor e do Conhecimento*, pela primeira vez se aventurassem ao esforço de se lançar nos espaços, sabendo que, para seus irmãos, esse seria um comportamento estranho, que os situaria fora de sua espécie de origem. Para quem ainda não possui o desenvolvimento de tais "asas", o voo do místico representa a transição para outra condição de vida. Ao lançar-se nesse feito, tão raro e perigoso para os mortais, passa o místico a viver tal qual um ser estranho em sua casa, mais filho do Céu do que da Terra. E ninguém poderá afirmar que não viverá mais satisfatoriamente, embora também jamais se possa vincular tal crescimento interno ao condicionamento da cultura humana, mas sim aos que são estruturados como produto de vivências anteriores.

  207 - Como compreender que, em uma obra de caráter evangélico, em que Jesus é a figura central, para esclarecimento dos problemas humanos seja necessário recorrer ao simbolismo hermético?

RAMATIS - Quando o Mestre passou pela Terra, seus pés se movimentaram sob o influxo das leis fundamentais que regeram a vida no Planeta em todas as épocas. Suas palavras assim nos autorizam a concluir, pois afirmam: *Não vim destruir a lei, mas cumpri-la.* E não se pode compreender que tenha vindo cumprir uma lei que fosse desconhecida dos homens, pois se referia à Lei de Deus, cujos rudimentos foram disseminados em todas as épocas sobre as coletividades terrestres, através do sublime intercâmbio que os profetas, pitonisas e inspirados de todos os matizes sempre mobilizaram quando abriram suas almas a Deus. Em nenhum momento de sua evolução a Humanidade esteve desamparada ou impedida de captar as "verdades do céu."

A Verdade ou a Luz que o Mestre personificou de forma esplendorosa foi por ele traduzida em singelas palavras de memorização fácil, em procedimento análogo ao do escriba interessado em utilizar o instrumento capaz de gravar, indelevelmente, sua mensagem para a posteridade, na esperança de que esta seja capaz de decifrá-la e aprofundá-la oportunamente.

Porém, antes desse jorro salutar de claridades sidéreas varrer, com sua força inigualável, a aura conturbada da humanidade terrestre, intensos focos da mesma Luz Crística visitaram ininterruptamente os ambientes dos santuários do passado, onde o Mestre falava ao Discípulo no mesmo tom suave e fraterno utilizado por Jesus ao relatar as belezas de Seu reino, que não é deste mundo. Ele veio espalhar as sementes aos quatro ventos, sabendo que muitas cairiam no terreno árido e outras seriam levadas pelas aves do céu. Mas, chegara a hora de transplantar dos "canteiros" experimentais em que as ordens iniciáticas se constituíam, as "amostras" das Verdades Eternas, para implantar a era na qual a tentativa das grandes searas fosse iniciada, objetivando tornar repletos os celeiros do futuro, para quando a Humanidade se transformasse em "um só rebanho para um só Pastor."

Não poderia o Mestre iniciar a vulgarização das Verdades Eternas dirigindo-se ao povo inculto nos termos em que os ensinamentos chamados esotéricos eram expressos nos templos reservados ao intercâmbio com os puros espíritos, em atmosferas rarefeitas, para as quais o discípulo era preparado com esmero, severidade e contrição por longos e exaustivos exercícios espirituais.

Quando o objetivo é alfabetizar, não se pode utilizar um tratado de álgebra. Isso, porém, não significa que o professor despreze ou desconheça a álgebra ou demais conhecimentos mais profundos, por se dedicar a desfazer a ignorância do aprendiz bisonho.

208 - Porém, o que nos parece existir entre os nossos irmãos que veneram a figura do Mestre é, justamente, uma convicção de serem supérfluos os artifícios intelectuais para se apreender a mensagem do Evangelho. Qual seria a vossa opinião?

RAMATIS - Ao se sentirem felicitados pelos benefícios do ensinamento aparentemente singelo do suave Rabi da Galileia, os homens permaneceram tocados pelo seu sublime encantamento, como quem recebe dádiva preciosa e pretende conservá-la tal qual lhe foi confiada, pois, para eles, seu surgimento é tão precioso que merece a contemplação, o deslumbramento, a veneração. E o Amor condensado na pura exemplificação do Mestre permanece como algo intangível, mas poucas vezes percebido em seu significado profundo. Por não conseguirem analisá-lo adequadamente, não conseguem vivenciá-lo, e essa admiração tem sido comprovadamente improdutiva e até prejudicial através das eras.

Realmente, uma grande arte foi exigida do espírito iluminado de Jesus para reduzir a simples expressões da vida diária os mais profundos conceitos evolutivos. Entretanto, Ele mesmo afirmou que não pudera dizer tudo, advertindo quanto à necessidade de conquistar os "olhos de ver" e os "ouvidos de ouvir."

O Mestre, como representante das mais Altas Esferas espirituais, não poderia ser interpretado como um defensor do obscurantismo. Muitas de Suas palavras estão envoltas em sentido dúbio para o homem comum, que as despreza muitas vezes julgando-as confusas e até absurdas.

Os ensinamentos chamados herméticos visavam preparar um número mínimo indispensável de almas na Terra, qualificando-as para a interpretação adequada das leis da Vida Maior. O mesmo trabalho que Jesus veio realizar em larga escala, em nível adaptado à evolução coletiva, os Mestres do passado sempre procuraram desenvolver em nível individual e em maior profundidade, por serem os aprendizes submetidos a disciplinas que a massa humana até hoje não suporta. O caminho individual é árduo e consciente. Por isso, um Mestre hábil e experimentado é suficiente, pois a sinceridade e a dedicação do aprendiz torna-se o ponto decisivo, exigindo mesmo a possibilidade e até a necessidade de o discípulo passar à mão de um Mestre mais categorizado, logo que uma etapa esteja completa.

No caso do aprendizado coletivo da Humanidade, porém, preciso impacto de alto potencial vibratório fazia-se necessário para ser gravado como modelo incompreendido, mas possuidor de todos os requisitos exigidos para o aprendizado de muitos séculos e capaz de atingir todas as gamas evolutivas dos seres encarnados e a se encarnarem no Planeta. Resumir na passagem de trinta e três anos na Terra, por meio da exemplificação de um único ser, toda a potencialidade dos ensinamentos necessários ao processo de evolução do homem comum na Terra, constitui o portentoso feito do Mestre que, por isso, ressalta de todos os outros. Porém, somente quando o ser humano reconhece Nele algo a mais do que o Mestre coletivo, consegue entrever-Lhe a beleza singular dos exemplos deixados. Quando, da adoração estéril, passa à investigação profunda dos porquês espirituais da Sua exemplificação, o círculo hermético começa a se fechar, e o Mestre realmente ressurge das cinzas da incompreensão humana, passando a mostrar-se em toda a sua singularidade excelsa. Nesse momento, nova linguagem torna-se necessária para expandir os conceitos da Verdadeira Vida, e o aprendiz passa a percebê-lo "de boca a ouvido", não desprezando mais nenhum dos meios de que Ele, o Pastor, possa utilizar-se para entrar na doce comunhão da alma que recebe o suave enlevo de Sua presença inefável.

Daí em diante não importará mais qual o simbolismo, a forma ou a cor local familiar ao aprendiz. Sua capacidade de "sentir" o Mestre conseguirá selecionar os meios, pois o fim único é a união com o Pai, que o próprio Jesus exemplificou de forma inigualável na Terra.

Não haverá mais tempo nem disponibilidade para discussões estéreis em torno da forma de expressar os ensinamentos espirituais. E as parábolas de Jesus serão perfeitamente compreendidas como variantes dos simbolismos utilizados por todos os iniciadores amoráveis da espécie humana em diferentes épocas.

209 - Haveria, então, correspondência entre os ensinamentos de Jesus e os ensinamentos ocultos do passado?

RAMATIS - Aqueles ensinamentos somente foram ocultos para os que não tinham olhos de ver; esses não chegaram também a perceber Jesus em toda a sua majestosa beleza e simplicidade. Ao contrário, criaram em torno da portentosa singeleza e coerência de Seus exemplos uma trama de rituais, dogmas e preceitos capazes de apresentar o Mestre aos olhos humanos como um burocrata da Espiritualidade, empenhado em medir oferendas financeiras e oferecer vantagens sociais a grupos de Sua predileção.

Jesus continua a ser o Grande Desconhecido para a maioria dos seres humanos, e o véu de liturgia e obscurantismo que ainda veda os caminhos para a Sua presença é hoje mais hermético do que no passado, pois os homens de boa-vontade lutam ainda com dificuldades terríveis para terem acesso ao

Mestre em toda a Sua cristalina beleza iniciática, sendo acusados de hereges, destruidores das tradições cristãs ou apóstatas, desde que a mensagem do Cristo passou a ser considerada propriedade de grupos religiosos estreitos e possessivos.

No passado, bastava a decisão firme e a pureza de intenções para qualificarem o espírito e permitir sua ascensão através dos degraus da iniciação que era livremente praticada no recesso tranquilo dos templos. Hoje, depois que a maior Luz do Mundo se derramou sobre a Terra e se deixou consumir por Amor aos homens, a ignorância da massa prevaleceu sobre a acuidade espiritual da minoria que sempre possuiu "olhos de ver" e ouvidos espirituais atentos, e, uma forma involuída de preservar os bens espirituais, praticada há longos séculos, deformou a beleza do encontro, no templo da alma, com o Pastor; e os poucos cristãos que se entregaram ao intercâmbio amorável com o Amigo Sublime ou foram consumidos pela tortura material e moral até suas últimas resistências ou sofreram outra forma de incompreensão socialmente aprovada: transformaram-se em "santos", significando seres de exceção, o que retira a todos os outros o direito democrático de evoluir em igualdade de condições.

Hoje, os ensinos de Jesus começam a ser "retirados de sob o alqueire" e o Espiritismo representa a alavanca propulsora desse movimento renovador para clarear os caminhos dos homens de boa-vontade, quando o círculo hermético do final dos tempos se fecha. Até então, repetimos, os ensinamentos chamados "ocultos" propiciavam mais livre acesso a Ele do que as religiões que se declaravam divulgadoras de Seus ensinos, desfigurando-os e interditando o acesso à pureza e simplicidade do Evangelho do Mestre, vivido por Ele "em espírito e verdade" em troca direta com Deus e com os homens, concitando-os a simplesmente tentarem consolidar as ligações naturais com a Vida Maior, a que todos se encontram destinados, sem precisarem de favores ou intercessões de seus irmãos de luta e de prova, por mais gabaritados que esses fossem.

210 - Poderíamos concluir, por essas palavras, que deve ser dispensada a colaboração entre os homens mais esclarecidos e os que se encontram nas faixas menores do crescimento espiritual?

RAMATIS - Colaboração representa a antítese da imposição. Ela é vazada em Amor, compreensão e tolerância esclarecida pela firmeza da visão espiritual. Como bem sabeis, tais ornamentos espirituais não são comuns entre os que se arvoram em mentores da herança divina na Terra. Os verdadeiros mordomos do patrimônio espiritual sempre se colocaram na condição de servos e jamais se impuseram à aceitação do próximo, seja velada, seja declaradamente. Todas as vezes que alguém fala em nome de Deus em termos de violência, intolerância e separativismo, utiliza-se de uma mescla de verdades eternas com imposições pessoais, o que já não pode ser considerada forma pura de mordomia do sagrado.

211 - Como podemos compreender o *simbolismo do círculo que se fecha* dentro do contexto da presente obra?

RAMATIS - *O círculo é o símbolo da unidade e o Cristo Jesus afirma-se uno com o Pai*. Nessas palavras, oferecia a chave esotérica para o programa de cristianização da Humanidade, e a Boa-Nova por Ele trazida está representada na afirmação de que *todos, sendo filhos do mesmo Pai, encontram-se em condições de fechar sobre si mesmos o círculo da evolução*, onde o hermetismo do convívio com o Pai propicia a expansão plena das potencialidades latentes.

212 - Como compreender melhor *o que representa esse círculo*?

RAMATIS - Seria impossível à mente limitada do homem encarnado conceber os fenômenos que ocorrem em uma dimensão da qual ele não possui consciência e, portanto, não apresenta termos de comparação para a formação de uma linguagem significativa. Reduzir esses fenômenos dos graus maiores da evolução a analogias com os fatos que ocorrem ao nível humano representa o recurso didático de que a Espiritualidade sempre lançou mão através dos milênios, para respingar conceitos espiritualizantes ao longo da evolução do Planeta e assim marcar o caminho para os que desabrochassem em termos de percepção do divino.

Como o *Universo é harmonia*, foram escolhidas as formas geométricas capazes de bem representar na mente concreta humana a beleza, simplicidade e a funcionalidade dos princípios que regem a Vida. A geometria, como "medida da Terra", constitui um ponto de partida para a concepção de espaço, das três dimensões e da dinâmica responsável pelo girar dos corpos no espaço. Fala inspiradamente em "retas que se encontram no infinito" e representa um verdadeiro tratado de equilíbrio das formas, que permite, pela lei espiritual da correspondência, uma série infindável de análises das relações entre a dinâmica dos corpos e figuras materiais e a esplendorosa lei da evolução dos espíritos na dimensão da Verdade, que escapa ao espírito humano quando ainda em suas etapas menores de crescimento.

Nesse processo didático de analogia, produto do princípio hermético da correspondência, o "indizível" pode ser esboçado em termos simbólicos e o espírito, fechado no *círculo hermético de seu processo evolutivo*, começa a perceber o sentido de assim estar preso a leis, cujo significado então começará a ser percebido, em aproximação gradual da *unidade com o Todo e de sua filiação ao Ponto Central do círculo mágico de sua redenção*.

213 - Como podemos compreender que o espírito possa *fechar o círculo hermético sobre si mesmo* se ele já se encontra preso no *círculo hermético de seu processo evolutivo*? Parece haver uma contradição entre essas vossas afirmações.

RAMATIS - O círculo no qual ele se encontra, inserido de forma inconsciente, representaria uma área delimitada por uma *circunferência de linha interrompida*. Ao assumir a *consciência do processo* ele *fecha ou completa essa linha* e, assim, torna-se *senhor de sua própria fórmula vivencial*, já não mais penetrável por forças ignoradas, como ocorre nas fases menores da evolução.

Ao confirmar as palavras do Antigo Testamento: "vós sois deuses", Jesus reafirmou a existência da Centelha Divina no ser humano, podendo-se perceber claramente que do mesmo modo que há um plano para a evolução do Universo, a Mente Divina elaborou o esboço da evolução humana, que se pode simbolizar no círculo de linha interrompida, representativo daquela intuição ou premonição, capaz de manter o ser vivente imantado a um esboço de crescimento que vai, aos poucos, se manifestando, por graus sucessivos de amadurecimento, exatamente de modo a obedecer a um planejamento inevitavelmente fadado a se cumprir, a curto ou a longo prazo. À proporção que o espírito consegue fechar as interrupções da linha da circunferência, nova capacidade surge de se tornar invulnerável ao assédio das trevas, e a luz interior torna-se mais intensa porque mais preservada.

E todos os seres em evolução crescem da mesma forma. Embora apresentando diferenças superficiais ou periféricas, o cerne espiritual, como o caule do vegetal, flui e desenvolve-se em seiva vivificadora, cujas características básicas conservam os padrões da espécie.

O molde que "está na Mente Divina" garante a fluidez do processo através dos mesmos canais de expansão interna, comuns a todos os seres em evolução.

E, então, o círculo se fecha gradualmente, não apenas em termos de evolução individual, mas também coletiva.

214 - Como compreender essa última afirmação? Teria alguma relação com a nossa "Jerusalém" a ser renovada?

RAMATIS - Cidade de Deus, Utopia, Jerusalém e muitos outros termos foram usados pelas mentes evoluídas dos grandes espíritos que baixaram à Terra para designar o processo criador em que as forças de um conjunto de seres se organizariam para a busca do sagrado destino de crescer dentro do Universo.[20] Forças que interagem em expansão constante, como uma célula viva, cujo dinamismo se organiza em torno de um núcleo de energias coordenadoras.

Tendo em vista a riqueza do processo mental de tais espíritos, suas palavras obedeciam à escala de manifestação em que o sagrado, o verdadeiro ou o justo revestem-se de um colorido simbólico, capaz de se ajustar adequadamente tanto ao processo coletivo quanto ao processo individual, sem que isso represente reducionismo, mas sim a expressão do bem ajustado plano através do qual os desígnios superiores refletem-se nos planos menos evoluídos da Vida.

Um homem ou um espírito, encarnado ou não, uma cidade ou uma coletividade planetária possuem em comum o estro da rebelião contra o que é estável e definitivo, pois é da Lei que tudo se desloque em direção ao Maior, e a sublime poética de existir precisa extravasar dos recônditos fulcros de onde a Vida se origina, em todos os níveis da Criação. O poeta tortura-se para exprimir seu estado visionário da Beleza sensível em planos abstratos; o cientista angustia-se por traduzir ao nível do intelecto humano as divinas intuições de seu cadastro de conhecimentos pré-encarnatórios; o predestinado místico desdobra-se para colocar ao alcance de seus irmãos as experiências inenarráveis do encontro com a dimensão de eternidade. Todos, entretanto, laboram em mesma faixa vibratória de apreensão de uma Realidade imanente no Universo, que lhes ecoa na consciência hipersensibilizada para que deem o depoimento do que

---
[20] - Ver Santo Agostinho e Platão - Nota do médium.

"conhecem" e paguem o tributo de uma renovação interna capaz de lhes garantir a cidadania de existir. Paralelos são utilizados, palavras simbólicas e parábolas ricas de conteúdo vivencial eloquente e os eternos insatisfeitos do porvir, profetas de etapas poderosas e avançadas do crescimento humano exaurem seus recursos e sentem-se impotentes para descrever adequadamente a Lei que é no Cosmos, através dos espaços siderais.

E na Jerusalém simbólica da alma, a batalha se desdobra no ato de existir para buscar energias com as quais a escalar os fulcros dinâmicos do ser individual com as abençoadas ressonâncias de que os planos vibratórios da Criação encontram-se impregnados.

Se existir, crescer, expandir-se representa a Lei, cujo conteúdo se revela harmônico para o micro e o macrocosmo, as batalhas simbólicas a que todos os grandes instrutores místicos se têm referido, as cidades sitiadas, as extraordinárias façanhas dos heróis lendários dão vida, perceptível aos sentidos humanos, para relatos que de outra forma permaneceriam no silêncio sagrado da alma em transe. Ruas, cidades, jardins, terrenos floridos ou cultivados, campos de batalha, colheitas, fartura e miséria, tudo isso se encontra nas cidades e nos campos, mas também nos reflexos inconscientes da alma que cresce em direção à Luz.

Trevas, desamor, ruína, tempestade, luz e dor representam impactos de terríveis consequências para as almas perplexas dos homens, na dimensão individual ou coletiva de suas expressões.

O Senhor, que é o Pastor do rebanho terreno, falou em termos simbólicos para quem tivesse "olhos" e "ouvidos" preparados. Que importam os nomes, os detalhes, as discussões estéreis da casuística intelectual perante a sublime e larga correnteza que flui através da alma inspirada no transe de abraçar a Vida?

Nesse fenômeno inigualável de penetrar os escaninhos

das percepções do Universo, baseia-se a força mística do Amor, que se derrama sobre os seres em crescimento para o *Grande Encontro consigo mesmo*. Uma vez revelada a dinâmica inteira do impacto produzido pelo fluir pleno de um único momento criador em escala espiritual, as duas "cidades", a eterna Luz da Vida Maior e a centelha individualizada do ser em evolução produzem o sublime acasalamento no qual um único Foco passa a emitir perene estado de certeza íntima, através do qual, desde então, um fio de comunicação interna produz os mais ricos estados interiores de comunicações intraduzíveis senão em termos de realizações imprevisíveis, porque portadoras de júbilo inigualável: o de afinal ter sido estabelecida a linguagem comum e consciente entre o criado e o Criador, na sublime intimidade que comunica as duas "cidades."

Desde então, a "Jerusalém" permanece tal qual um receptáculo dos bens da Vida Maior, e o servo encontra-se na abençoada intimidade do seu Senhor.

Seja esse em breve o fruto abençoado das dores renovadoras de vossa vida planetária, como exteriorização das grandes vitórias do Espírito, alcançadas na intimidade de cada habitante do orbe terráqueo, candidato a luzir entre os planetas regeneradores do Universo.

Exaustas as energias deletérias das fases involutivas, a Terra circulará como a grande "Jerusalém", pronta para acolher em seu seio todos os espíritos ansiosos por darem continuidade à grande viagem para a eterna bem-aventurança dos "chamados" que se fizeram "escolhidos."

12
HISTÓRIAS DE OUTRAS ERAS

215 - Nesta obra, dedicada a situar o homem de hoje em relação aos extraordinários exemplos de Jesus, o Mestre da Galileia, qual o significado de analisarmos fatos ocorridos em outros tempos?

RAMATIS - O relato de fatos ocorridos ou a tentativa de análise dos que poderão ocorrer representaram sempre uma forma de preparação psicológica para a obtenção de reações mais coadunadas com o objetivo de aprender a viver com proveito os desafios da existência diária. Os povos primitivos reuniam-se e reúnem-se ainda em torno da fogueira, à noite, para ouvir aqueles que funcionam para o seu povo como os livros de história para vós. Vossos periódicos são lidos religiosamente com o interesse sempre renovado em torno das notícias que vos situem em relação ao que ocorre no ambiente próximo ou remoto. Desde que o homem aprendeu a utilizar o simbolismo da palavra falada ou escrita, uma comunicação mais perfeita foi possível entre ele e o ambiente.

Levando-se em consideração a força vibratória que o pensamento associado à palavra desencadeia, autêntica prática mágica se executa quando os seres humanos se reúnem para emitir os sons simbólicos do que sentem e pensam, contagiando seus ouvintes com o substrato vibratório das ocorrências relatadas.

Por esse motivo, ouvir e contar histórias representou sempre uma prática de alto teor educativo para o espírito, capaz também de, quando deturpada, desviar de seu rumo adequado as mais bem-dotadas cerebrações.

216 - Uma pessoa bem-dotada não seria capaz de discernir o que convém ao seu bem-estar, isolando-se dos efeitos deletérios dos relatos nocivos?

RAMATIS - O cérebro está condicionado às informações dos sentidos, mas nem sempre suficientes para o discernimento das ocorrências.

217 - Essa afirmação produz sensação de desamparo e impotência. Se nós temos necessidade de discernir adequadamente, por que receberíamos um instrumento de avaliação limitado como dizeis?

RAMATIS - O cérebro não constitui o único instrumento de avaliação que possuis.

218 - Quais seriam os outros?

RAMATIS - Vossa sensibilidade global, que ocorre por canais não identificados pela maioria, para a aferição de ocorrências pressentidas ou percebidas extrassensorialmente.

219 - Existindo esses outros canais de percepção, por que as "grandes cerebrações" a que vos referistes não conseguiriam distinguir nos relatos prejudiciais suas características pouco recomendáveis?

RAMATIS - Por se limitarem, voluntariamente, às aferições do que consideram consagrados pelos conceitos culturais, impedindo-se a si mesmos de ultrapassarem o véu da ilusão dos sentidos.

O roteiro da Paz pode apenas ser alcançado pelos que se dedicam à busca do significado de uma Vida Maior. O sexto sentido então se aguça, tenha ou não um conceito firmado sobre os aspectos não sensoriais da Vida, pois seu senso direcional começa a esmerar-se e se desenvolver diante do panorama do conjunto universal a que pertence.

Cumpre-se, então, a proposta de Jesus e os "ouvidos" e "olhos" do espírito iniciam a captação da realidade, que não se condiciona ao âmbito limitado da vida material.

220 - Consideramos que tal percepção geralmente é tão vaga que não seria de estranhar que não fosse levada em consideração real pelas pessoas habituadas a exigir maior precisão nos processos de informação que recebem da vida em geral. Um grau de exigência maior na seleção dos elementos de julgamento não seria uma atitude apropriada? Se as intuições são frequentemente sentidas muito vagamente, poderíamos reprovar alguém por não as levar em consideração?

RAMATIS - Exatidão não é qualidade inerente aos sentidos físicos. Dependendo da área de ação, a exatidão poderá ser alcançada por meios não sensoriais. As maiores conquistas da física matemática foram obtidas pela exatidão dos cálculos abstratos sobre partículas imperceptíveis aos sentidos físicos, e cuja existência somente era comprovada pelos efeitos indiretos de experiências, como a desintegração do átomo. O Universo não se torna mais real porque seja captado pelos sentidos, mas, ao contrário, quando suas leis são descobertas e respeitadas pelos homens voluntariamente. Novas portas de realização se abrem para aquele que busca a precisão sem delimitá-la a certa dimensão física concreta e palpável.

221 - Poderíamos considerar que o relato dos fatos ocorridos já representaria uma preparação para os que virão a ocorrer?

RAMATIS - Quando o espírito se defronta com os fatos ocorridos e os analisa, prepara-se para novas ocorrências similares, pois elabora inconscientemente seus sentimentos perante as novas circunstâncias observadas. Porém, essa atitude não significa real preparação em termos evolutivos ou de crescimento na linha ascensional do espírito.

222 - Como compreender uma elaboração diante dos problemas que não representam conquista para o espírito?

RAMATIS - Uma elaboração emocional e mental sempre representa conquista, porém, essa nem sempre se encontra revestida de elementos favoráveis à renovação espiritual de caráter crístico.

223 - Podemos, então, crescer em sentido inverso ao Amor Crístico?

RAMATIS - Nesse caso, não diríamos "crescer", porém "inchar", segundo as palavras de Paulo em sua epístola.

224 - Como poderíamos compreender essa observação?

RAMATIS - Quem cresce, desenvolve-se em termos de harmonia e funcionalidade. O ato de inchar representa entrave à funcionalidade e ao desenvolvimento pela hipertrofia anormal das células, cuja vitalidade se encontra prejudicada.

225 - Em termos práticos e relativamente à aprendizagem dos homens diante da extraordinária vivência do Evangelho do Cristo, como compreender essa deturpação?

RAMATIS - O Evangelho representa a Luz Crística filtrada por uma elevadíssima entidade da Hierarquia mais apropriada a esse tipo de exemplificação. Jesus, o Nazareno, transbordou todo o cálice da amargura sem que o fel e o azedume dos conceitos involutivos humanos o atingissem de leve na excepcional qualidade de Sua pureza singular. Cada espinho que O feria no contato com os homens permitia nova exemplificação de Amor sem par. A reação extraordinariamente saudável de Seu Espírito metabolizava adequadamente os venenos da incompreensão humana, surgindo aos olhos estupefatos de seus contemporâneos com as respostas vivas do Amor inigualável que de Seu ser se exalava para a edificação do monumento evangélico na Terra. E o Senhor comungava com o Pai diante dos olhos, saudavelmente, escandalizados dos seres humanos preconceituosos e acanhados em seu modo particularista de perceber a Vida. Trocas de inefável beleza se realizavam entre o Espírito do Mestre, a Força Criadora e os atribulados irmãos que na Terra conheciam unicamente o dia a dia constrangedor da matéria. Sucedia como se ao penetrar um espinho envenenado na carne do ser vivo, todas as defesas orgânicas mobilizadas produzissem os anticorpos capazes de neutralizar o mal e cicatrizar a ferida. Em termos de vivência moral e espiritual, jamais tão esplendorosa ocorrência havia sido perceptível ao homem terreno, o que fez de Jesus o protótipo da realização plena para os espíritos que se encarnariam pelos séculos no Planeta.

    Ao contrário, o homem comum é portador de um metabolismo pouco saudável diante das angústias que testam a vitalidade de seu modo de perceber e reagir diante da vida. Os espinhos ou amarguras da luta diária produzem feridas supuradas, infectadas e excessivamente dolorosas, dificultando a recuperação. Quando mais sofisticado, ao invés de sucumbir declaradamente, por falência, consegue uma aparência de crescimento e saúde, pela assimilação defeituosa representada pelo preconceito e pela vaidade que o torna "inchado" ou crescido artificialmente, sem a legítima condição de metabolismo saudável, em que a assimilação e a excreção se realizam harmonicamente, eliminando-se resíduos indesejáveis, provocadores de possíveis intoxicações.

É quando o homem, vaidoso de seus próprios cabedais intelectuais e culturais, afasta-se deliberadamente da simplicidade da Vida e cria um mundo de percepções egocêntricas, desvinculadas do Amor do Cristo, para tentar fazer seus irmãos orbitarem em torno de suas concepções pessoais e acanhadas sobre o que convém realizar diante da Vida. Sistemas, determinações, normas de vida pululam no quadro caótico da vaidade humana e, uns após outros se desfazem os castelos de areia das pretensões antifraternas. E a cada nova queda ouve-se o eco das palavras do Mestre: *Jerusalém, Jerusalém, ai de ti porque me esqueceste!!* Sendo Ele o Caminho e a Verdadeira Vida, por ser o representante máximo e legítimo do Amor no esplendor total de sua grandeza, doou-se, imolou-se, amou, nada pedindo em troca, a não ser que amássemos como nos amou, comprovou por atos a origem divina de Sua atuação plena de Luz e pôde ser chamado o Mestre dos Mestres, uma vez que a característica indiscutível do Amor é exatamente a doação plena sem sombra de reserva ou de deturpação pessoal.

O homem "incha" em lugar de crescer sempre que se isola em sistemas personalistas com intuito claro ou velado de aparecer diante de seus companheiros de existência na Terra. Ao recomendar que brilhasse a nossa Luz, o Meigo Pastor da Galileia falava ainda da Luz que somente seria nossa enquanto filtrada pelo espírito empenhado em que ela não perdesse sua característica de doação plena, que lhe imprime a Origem Divina de onde parte. Essa Luz, que faz crescer o espírito, rompe as barreiras do intelecto envaidecido e deturpado do homem egocêntrico que, mesmo quando imbuído do desejo de realização, não consegue deixar de se colocar como o centro do Universo. Por isso, ela não cabe na compreensão acanhada dos brilhantes sistemas humanos, em que a Força Crística do Amor é evitada por significar ameaça à percepção estreita da vaidade humana.

Essa energia poderosa, quando filtrada pelo espírito iluminado no Amor, desintegra potencialmente os sistemas artificiais de viver. Suportar-lhe o influxo renovador é tarefa excessivamente árdua para os espíritos pouco evoluídos. Para esses basta "inchar" com os preconceitos humanos.

226 - Tendo em vista essas considerações, poderíamos concluir pela inoperância dos bons relatos, pois as reações de cada qual diante deles é que seriam de importância decisiva, não é assim?

RAMATIS - Porque haja noite, não se desiste de esperar a luz do dia. O fluxo permanente da luz, embora não percebido durante as vinte e quatro horas do dia, representa a segurança do sistema, que atua mesmo quando não reconhecida pelos limitados sentidos humanos.

Uma cortina de proteção invisível paira sobre os seres viventes. Como a criança inconsciente cuidada e amparada pelos pais, eles são incentivados a prosseguir no seu aprendizado, porque adiante as decepções e quedas lhes provarão a necessidade ingente de remodelação dos padrões vivenciais, e, quando isso ocorrer, a memória dos relatos saudáveis, espiritualmente falando, lhes surgirá como alternativa possível para os momentos de queda ou de omissão.

227 - Nos Evangelhos e igualmente em outras escrituras sagradas, encontramos relatos que visam instruir o homem quanto ao modo adequado de proceder. Entretanto, por terem sido escritos em épocas tão remotas, seu conteúdo já não se encontraria desatualizado?

RAMATIS - Tais relatos, com suas sugestões benéficas, dirigem-se ao espírito imortal, cujas necessidades fundamentais não variam de época para época.

228 - Perdoe-nos a insistência, porém os fatos têm demonstrado que as doutrinas religiosas e filosóficas têm sofrido constante renovação com o crescimento espiritual da Humanidade, e essa atualização tem sido somente benéfica pelas revisões que provoca, obrigando o homem a se reajustar em diferentes níveis de progresso. As escrituras sagradas teriam condição especial que as dispensaria desse reajuste?

RAMATIS - Por elas serem sagradas, sua origem não é semelhante às outras fontes de informações disponíveis para o progresso humano. Um "quantum" de energia psíquica humana foi utilizado para permitir a filtragem dos ensinamentos fundamentais para a orientação espiritual da Humanidade e, mesmo quando, como era natural, apenas uma parcela reduzida da Verdade cristalina representada pela Lei do Amor conseguiu passar a barreira da inércia espiritual humana que a recolheu. Inegáveis parcelas dessa luz radiosa da Vida Superior permaneceram como roteiro precioso, capaz de orientar a alma encarnada que se dispuser a servir e a amar em consonância com a Lei.

229 - Tendo em vista que a Lei é Amor, todos os homens de boa-vontade encontraram-se sob o efeito da inspiração superior. Sendo assim, as escrituras humanas em geral, no campo filosófico e religioso, não se encontrariam em condições de igualdade, em última análise, em relação aos textos sagrados?

RAMATIS - Nos textos sagrados o amor a Deus sobrepõe-se ao amor aos homens e essa nuance aparentemente sutil renova todo o panorama, em autêntica revolução copérnica do processo de existir.

230 - Como compreender essa transformação tão radical se em todos esses textos revela-se a preocupação de ajustamento do homem a formas mais proveitosas de encarar a vida?

RAMATIS - Para compreender a diferença basta comparar a situação do ser humano que descrevesse o pôr do Sol de um recanto bucólico da Terra, engolfado no esplendor dos efeitos policromos projetados no espaço visível e a situação de outro que de uma nave espacial contemplasse o Planeta no mesmo momento. O ângulo visual comportaria toda a diferença fundamental nas percepções de cada qual, embora em ambos os casos o esplendor da Vida estivesse repercutindo em grande profundidade. Os relatos seriam fidedignos à intenção de exaltar o panorama observado com ardor, e a intenção seria inquestionavelmente a mesma, de fazer repercutir na alma dos possíveis ouvintes ou leitores apreciação mais acurada do fenômeno da Vida.

Aqueles que se libertam dos condicionamentos da vida material, por alguns momentos, nos quais seja possível apreender o significado espiritual do panorama circundante de forma inabitual, dilatam o campo perceptivo e, se isso ocorre frequentemente, com o passar do tempo formam-se à sua volta correntes mentais próprias a novo tipo de comunicação, pronta a desencadear efeitos extraterrenos na forma de sentir a vida. Geralmente, isso ocorre a almas que se comprometeram a se desincumbir de tarefas amoráveis quando se ligassem aos laços materiais da vida. Dessa forma, novo fator entra na composição do quadro inabitual das escrituras sagradas, representado pelo fato de, além desses seres humanos se dedicarem sem descanso a um modo de viver, na Terra, predisponente às comunicações com o plano espiritual, trazem consigo bagagem própria anterior que lhes permite, mesmo através da linguagem rude de uma época pouco esclarecida, traduzir com palavras acessíveis ao entendimento comum os conceitos espirituais aparentemente mais distanciados da realidade de uma humanidade pouco evoluída. Suas almas funcionam como a cera moldável, por uma predisposição interior em que os conceitos de Vida Maior deixam suas nuances indeléveis, mesmo que momentaneamente ininteligíveis à maioria.

231 - Porém, como se conseguir que os relatos desatualizados culturalmente possam impressionar as almas dos homens se são considerados "fora de época"?

RAMATIS - Aqueles que desejarem permanecer fiéis à sua época não estão prontos para assimilar verdades que não são condicionadas ao tempo cronológico humano.

232 - Teríamos, então, de desprezar nossa herança cultural?

RAMATIS - Enquanto ela possa colidir com os interesses do espírito, sim.

233 - Como fazer essa distinção?

RAMATIS - Trata-se de sentir ou não o que é mais valioso em termos de crescimento interno, para efeito de espiritualização.

234 - Ao considerarmos os *relatos trazidos* pela tradição oral ou escrita, percebemos *três fontes* que nos despertam atenção: os *textos sagrados* em geral, os *Evangelhos* e a *literatura comum de cada povo*. Que considerações poderíeis tecer em torno de tais relatos?

RAMATIS - Em todos eles, como através de toda vida, o homem é convidado a desenvolver seu grau interior de discernimento.

235 - Não haveria divergência básica nas mensagens subjacentes de cada qual, tendo em vista a diversidade do conteúdo que expressam?

RAMATIS - O panorama espiritual humano é necessariamente diversificado, como fonte de enriquecimento educacional. Em todas as formas de mensagem, o espírito humano pode obter elementos para o seu crescimento.

236 - Porém, o conteúdo pouco esclarecido espiritualmente, que se filtra através dos relatos comuns, não contribuiria para uma distorção dos rumos a seguir?

RAMATIS - O que decide as diretrizes adotadas pelo ser vivente é sua tendência, expressa em cada momento evolutivo pelo tônus geral de seu espírito.

237 - Chegaríamos assim à conclusão de que tanto faz nos utilizarmos de uma forma apurada de ensinamentos, obtidos nas expressões culturais orais ou escritas, como nos impregnarmos do que se costuma designar de subliteratura?

RAMATIS - "Onde está o vosso coração aí se encontra o vosso tesouro". A bússola norteadora do progresso é o interesse ou o campo afetivo, na escala em que se encontra a humanidade terrena. O espírito assimilará o que se afinar com sua contextura espiritual do momento. Não são as informações recebidas que decidirão de sua escolha, embora essa, aparentemente, se baseie no que lhe é oferecido. Daí a premência de existir diversidade de formas ou veículos de expressão para os conhecimentos das diversas origens. Convém que os textos ricos e diferenciados da cultura de todas as épocas possuam conteúdo capaz de interessar a todos os graus de amadurecimento de definição interna para cada qual.

238 - Parece-nos, então, existir a necessidade de expressão plena de todas as formas de sentir e pensar, sem necessidade de seleção ou censura.

RAMATIS - Para a alma que assume a sua autodiretiva, a censura encontra-se naturalmente internalizada pelo aprumo espiritual obtido.

239 - Entretanto, esse não é o caso geral da humanidade terrena. Sendo assim, não haveria prejuízo na divulgação, em larga escala, de ideias contrárias ao progresso do espírito?

RAMATIS - As ideias não atingirão senão os seus afins.

240 - Poderíamos considerar inócuas e não tendenciosas as publicações fesceninas e de caráter subversivo para a ordem social e moral vigente?

RAMATIS - Na realidade, o grau de embotamento moral e espiritual do homem é que dá origem a tais publicações de caráter deletério. A iniciativa e a aceitação revelam a sintonia psíquica dos leitores e dos editores. Constituem um depoimento mais do que um convite. Representando uma situação de fato, já em si revelam toda elaboração anterior que é a origem de tudo. A ânsia pelos lucros, que impermeabiliza o editor desonesto, capaz de publicar, com maior grau de insensibilidade moral, ideias que ele mesmo reconhece como nefastas, relegando ao leitor a tarefa de se intoxicar ou não com o conteúdo de uma avalanche de critérios distorcidos, não o imuniza contra o envolvimento vibratório dos trabalhos produzidos em sua oficina impressora. Por sua vez, o leitor pouco desenvolvido cultural e espiritualmente encontra em uma mesma livraria ou banca de jornal material deletério emparelhado com a *Bíblia*, o *Novo Testamento* e uma série de obras de conteúdo oposto às publicações de moral deteriorada. Desse modo, continua a prevalecer o sentido ou direção que o espírito imprime à sua mais profunda colocação interior, no ato de selecionar o alimento espiritual, com o qual se nutrirá para a escalada espiritual, seja encarnado, seja nos caminhos libertos da matéria.

241 - Ao considerarmos que a Humanidade ainda se encontra em fase de pouco discernimento, não seria justificada a possibilidade de reprimir ou proibir a divulgação indiscriminada de publicações e outras formas de disseminação de ideias e conceitos considerados nocivos ao progresso do espírito encarnado?

RAMATIS - Somente os próprios espíritos encarnados podem tomar essa decisão, se assim julgarem útil. E nesse fato, ainda, estaria incluída a necessidade do discernimento individual, capaz de produzir a predileção do conjunto. Se a maioria apoiasse tais medidas teríamos uma tomada de posição que expressaria a forma peculiar da coletividade se defrontar com o problema. Isso poderia influir na opinião pública e na formação educacional do povo. Tal deliberação, no entanto, define simultaneamente o grau de inadequação do discernimento geral, que precisaria de medidas fortes para enveredar pelos caminhos considerados produtivos.

242 - Como retirar dos caminhos humanos a necessidade de tais "medidas-fortes" e atender simultaneamente aos interesses da evolução dos espíritos encarnados, tendo em vista que a Terra é considerada uma escola de grau evolutivo incipiente?

RAMATIS - Ondas de Paz e Amor descem sobre essa "escola de grau evolutivo incipiente", de modo ininterrupto. Toda alma deliberadamente voltada para a busca de acertar encontra em seu mundo interior a resposta da Paz que a pode tornar afinada gradualmente com a Lei do Amor. As vias por excelência para a absorção da luz são os caminhos interiores, inacessíveis à palavra ou aos sentidos físicos. Por esse motivo, *o homem frequentemente encontra a Paz através da dor*, porque somente quando visitado pela provação árdua concede a atenção necessária aos temas profundos do seu existir.

O Plano de Evolução, traçado na Mente Divina, já prevê todos os recursos indispensáveis à renovação dos seres viventes. Se assim não fosse, como se processariam as transformações espirituais necessárias nos graus evolutivos, quando o ser humano ainda não despertou para a autoconsciência? Tanto o primitivo quanto a criança vivem amparados por uma lei de coordenação interior, fruto de ação inconsciente da energia psíquica de uma Centelha Espiritual, responsável pela ordenação geral do processo evolutivo. Seja qual for a nomenclatura que utilizeis para designar essa energia que se manifesta em todo o ambiente da ação do ser vivente, é a ela que pertence a tarefa de imprimir, mais ou menos adequadamente, de acordo com o aprimoramento já alcançado pelo espírito, o rumo sentido como o melhor a cada instante do crescimento para a Luz.

Daí decorre que as sanções, proibições, leis e outras formas de orientar a conduta humana e a própria educação tradicional ou moderna repercutem somente nas áreas sensibilizadas do ser humano. Desse modo, é frequente que o ambiente de hostilidade, criado com objetivos de cercear os procedimentos considerados inadequados para a educação das coletividades, gere ressentimentos e seja percebido como tentativas injustificáveis de "repressão."

Ao mesmo tempo em que aos espíritos mais esclarecidos tais providências são dispensáveis, porque seu comportamento não exige mais tais medidas de contenção, para indivíduos ainda torturados por necessidades conflitantes com o bem-estar próprio e geral, as providências enérgicas surgem mediante imposições descabidas que lhe cerceiam a liberdade de ação, provocando recrudescimento da atividade deletéria.

243 - Poderíamos compreender, então, que a *plena liberdade de expressão* seria recomendável como forma de evitar esse "recrudescimento da atividade deletéria?"

RAMATIS - Toda ação provoca uma reação, e o equilíbrio do existir em todos os planos exige que se restaure a posição de dar livre curso ao processo do crescimento da vida. Atritos em larga escala constituem a característica da evolução em seus graus menores de expressão, e cada ação recebe da Vida a resposta que lhe corresponde. Existindo a Lei, que é Amor e equilíbrio, esse fato confere a cada ser os graus de liberdade suficientes para que ele cresça, oscilando entre o sim e o não, num limite natural, sem perder a direção adequada ao cumprimento de seu plano individual inserido no panorama geral.

Entretanto, ao exorbitar, com o risco de se perder ou de preterir o direito de outros ao crescimento, ele fatalmente se chocará com a reação natural da vida para preservar o bem do conjunto.

Se o homem encontra-se ao nível evolutivo em que ainda lhe parece natural burlar o direito da comunidade a crescer e a viver harmoniosamente, ferindo com seu comportamento desavisado a paz do ambiente e criando clima desarmônico, fatalmente encontrará quem esteja pronto a lhe cercear a ação deletéria, com tanta energia ou agressividade quanto seja intensa sua própria atitude inicial agressiva.

Geralmente, as medidas restritivas sociais começam a surgir quando as coletividades deixam de ser pacíficas e amoráveis. E fecha-se o círculo vicioso – espíritos endurecidos, propensos à violência e ao egocentrismo, por uma posição de evolução incipiente, queixam-se de viver em comunidades "repressoras". Por sua vez, os agrupamentos humanos sentem-se obrigados a tomar providências drásticas diante do problema que representa o comportamento desregrado do ser humano.

De nossa parte, consideramos que, nem um nem outro deixa de expressar motivos razoáveis em suas alegações, e consideramos útil para ambas as partes a situação incômoda capaz de alertar contra a desarmonia do comportamento involutivo que conduz cada qual a usar as energias espirituais que lhe pertencem de forma pouco amorável. Do atrito surge a insatisfação. Dessa poderá decorrer uma capacidade maior de sensibilização para a necessidade de aprender e levar em consideração a necessidade de bem viver, não mais como um direito exclusivo para uso próprio, mas dentro de novo enfoque, mais ajustado ao bem comum.

244 - Neste capítulo, ao vos referirdes à história de outras eras, haveria intenção de focalizar, também, as eras futuras?

RAMATIS - Tendo em vista que os panoramas passado e presente são determinantes, em certo grau, do que se delineia no futuro, quanto mais apurada for a sensibilidade do ser vivente, mais ele poderá sentir, nas entrelinhas dos fatos conhecidos, uma forma de previsão para o futuro. A utilidade desse procedimento será representada pela maior capacidade autodiretiva que então surgirá. O alargamento das potencialidades da consciência de vigília proporciona possibilidade crescente de corrigir a rota enquanto o andamento da mesma está sendo desenvolvido. Futuro é função de presente e passado, mas quando o vórtice consciencial se intensifica, o centro de gravidade do mesmo passa a ser autoconsciente e determinante por excelência da direção impressa ao conjunto.

Ao observarmos o panorama atual da Humanidade, podemos perceber que ela toma nas mãos as rédeas de seu destino. Os conflitos se intensificam, mas a abertura consciencial torna-se perceptivelmente ampliada. Discute-se, debate-se, refuta-se com maior ou menor agressividade as soluções consideradas inadequadas e, mesmo quando impotente diante de desafios milenares e desajustados diante da desagregação dos valores, o homem de hoje procura situar-se sem ilusões em relação ao panorama espiritual e material de que participa.

Não havendo condições de encontrar respostas imediatas para os problemas excessivamente complexos, no entanto, pensa, esforça-se, sofre, reage como pode, tentando novas saídas para suas angústias.

Nesse procedimento repousa toda tentativa de reconstruir o futuro em bases novas. O panorama aparentemente caótico, visto pelos pessimistas ou moralistas rígidos tal qual uma situação destrutiva, significa despertar da consciência coletiva para a noção de suas próprias dificuldades, como se a

Humanidade tivesse um encontro marcado consigo mesma. A ânsia por debates, encontros, simpósios, seminários, discussões em grupo, congressos e assembleias permanece como um grito de alarma, uma chamada geral à prestação de contas diante de si mesmo, na hora do reajuste final de uma fase de crescimento.

Os meios de comunicação, em geral, multiplicados ao infinito, representam tomada de consciência geral e, mesmo quando o homem se comunica para se anestesiar interiormente, evitando o encontro consigo mesmo, termina por perceber, no semelhante, o mesmo tédio e a mesma fuga em que se encontra empenhado. Tal "coincidência" o faz parar e pensar, mesmo a contragosto.

Empenhado em buscar fora as soluções, esgotadas as esperanças de que isso ocorra, precisará voltar-se para si e daí por diante começará a "ouvir" as histórias de eras futuras, que se esboçarão em seu campo psíquico através das potencialidades latentes projetadas de forma irreversível para a plena atualização ansiosamente esperada. Um "hóspede" novo passará a viver com a alma desperta, porque o Filho Pródigo estará regressando à Casa Paterna.

245 - Haveria a possibilidade de nos falardes sobre as histórias dessa nova era?

RAMATIS - As histórias de uma nova era a surgir serão escritas pela palpitante condição nova que surgirá no espírito humano liberado da ferocidade dos antigos instintos predadores. Almas orientadas cristicamente não serão seres angélicos de imediato somente porque hajam reconhecido a necessidade de orientar o curso de sua evolução em direção à Luz. Haverá, tal qual uma parada, produto da expectativa geral. De um lado estarão aqueles cuja posição será a de almas que acordam para nova compreensão, sem nenhuma noção de como utilizá-la. Serão como espíritos recém-nascidos para uma vida antes totalmente ignorada, em que os padrões involuídos do desamor não poderão mais vigorar, por ter surgido nova capacidade de perceber a vida. Simultaneamente, existirão aqueles, mais conscientes, espiritualmente falando, que há longo tempo ansiavam pela renovação do conjunto, mas cuja posição interior será, também, de perplexidade diante da nova situação que a fase de recuperação da Humanidade representará para todos.

246 - Desse modo, podemos concluir que todos se encontrarão desajustados, e não haverá mais quem se oponha a um rumo crístico para os destinos humanos?

RAMATIS - O desajustamento que, então, se revelará será de caráter benéfico. Homens, mulheres e crianças sentirão, por captação intuitiva, a hora que soou no plano da espiritualidade, de tal caráter crístico que surgirá como um "silêncio" reverente para que, afinal, a rebeldia milenar humana se desfaça desintegrada pela dor superlativa vivenciada pela coletividade terrestre.

247 - Sempre que essas afirmações ressurgem, temos certa impressão negativa em relação aos recursos extremos que serão utilizados para esse despertar. A Direção Espiritual do Planeta não poderia atenuar tal crise e, por força de uma técnica aprimorada de orientação espiritual, proporcionar à coletividade terrestre um despertar menos baseado na dor?

RAMATIS - Não tem sido outra a tentativa do Plano Espiritual, desde os primórdios da evolução planetária. Se vos dedicardes a colecionar normas e fatos que a história registra, podereis, mesmo desconhecendo a decisiva atuação dos planos invisíveis, perceber quantas têm sido as valiosas oportunidades abandonadas ou rejeitadas violentamente pelos homens para usufruírem dos ensinamentos de Paz e Amor, derramados sobre a Terra, nas mais diversas épocas e locais. Grandes instrutores desceram em épocas favoráveis e deram a sua exemplificação.

Que foi feito de seus ensinamentos? Rejeitados, destruídos e sufocados, permaneceram com uma tradição exótica, criada por almas "fora do comum", sonhadoras e utópicas, às quais a coletividade terrestre, na melhor das hipóteses, rende culto e respeito, tal qual seres excêntricos e impossíveis de ser levados a sério como autênticos instrutores para a vivência diária.

De que forma impedir o tributo da dor a ser pago pelas conquistas antes desprezadas? O progresso exige reajuste. Se eles não são efetuados pelos meios amoráveis, a própria vivência desarmônica desemboca inevitavelmente na dor, encurralada pela ausência de critérios adequados ao progresso do espírito.

A Espiritualidade Superior não pode se transformar em reforço conivente com a treva. Respeitando o livre-arbítrio, vela pelo bem geral, sem acobertar as almas invigilantes contra as consequências nefastas de seus atos contrários à Lei do Amor. Se assim não fosse, como seriam alertados os espíritos recalcitrantes, a não ser pela liberdade de também assumirem as consequências de seus atos antifraternos?

No entanto, o Amor vela por eles, e serão amparados adequadamente para o reajuste que, obrigatoriamente, terão que assumir em curto ou longo prazo.

248 - Qual será o papel representado por Jesus nessa nova "Jerusalém"?

RAMATIS - O mesmo que representou sempre para toda a coletividade terrestre.

249 - Como compreender essa afirmação se para muitos homens Ele jamais existiu?

RAMATIS - A coletividade terrestre compreende um conjunto de seres viventes mergulhados na faixa vibratória das falanges renovadoras, capazes de sustentar a harmonia do conjunto. Estas são representadas por entidades esclarecidas e operosas, incumbidas de orientar o progresso do Planeta. Existem, semelhantes a uma comunhão de âmbito milenar sobre a aura do globo, onde os "santos" e os "anjos" se fazem participantes do banquete do Amor que a Vida representa para os que possuem "olhos de ver e ouvidos de ouvir". Esses, que já atenderam ao convite do "Pai de família", reconhecem no Mestre Galileu o Líder Espiritual do Planeta e o seguem amoravelmente, inscrevendo nos registros astrais do orbe terráqueo a epopeia ininterrupta do Amor Crístico, como autêntica caravana que se desloca para o ponto ômega da evolução coletiva. Para eles, a passagem de Jesus sobre a Terra consistiu em apenas um episódio de importância decisiva no constante fluxo do Amor com o qual o Mestre agasalha todo o conjunto de seres em evolução na Terra. Em permanente comunhão com Ele, todos os dias são epopeias grandiosas em que a Luz se empenha em neutralizar a treva. Hinos constantes de hosanas fluem das esferas siderais, representados pelas vibrações harmônicas de gratidão à Vida, nas quais esses seres evoluídos e crísticos se congregam em torno do suave Rabi da Galileia, dando a impressão de que os marcantes episódios vivenciados no solo da terra de Israel jamais sofreram a mais leve interrupção na sua fluidez angélica, autêntico concerto de Paz indefinível para o espírito imortal.

 Pelos séculos afora o conjunto de espíritos capazes de vivenciar o Seu Evangelho de Amor é acrescentado por mais almas redimidas no atendimento aos apelos da suave Voz do Pastor. E os "Anjos" cantam na alegria inefável de receber mais algumas almas inebriadas pelo doce aconchego do Meigo Nazareno.

 Enquanto isso, para os "cegos de nascença", que não aprenderam a crer no poder da Luz contra a treva, Ele também continua a ser o mesmo Amigo que espera a adesão benfeitora de cada pequenino aprendiz da Verdade em que cada qual se converterá um dia. E, pacientemente, continua a trilhar as estradas empoeiradas e ressequidas das incompreensões humanas, como Peregrino invisível aos olhos enceguecidos dos que preferem calcinar o solo da Terra com o fogo destruidor de suas paixões destruidoras.

Junto a esses, o Mestre passou um dia, no tempo certo em que o ambiente da Terra poderia ter florido em plena primavera de Luz, deles recebendo escárnio e desprezo. Antes e depois Dele, Seus mensageiros circularam rejeitados e oprimidos entre as fileiras brilhantes dos poderosos do século.

Hoje, da mesma maneira que amanhã, o suave Rabi da Galileia continua sua pregação amorável sem palavras. Almas se levantam todos os dias sob o suave influxo do Seu Amor. Embora o ruído do desespero e da violência pareça abafar irremediavelmente o eco de Suas palavras amoráveis, o Plano Espiritual circundante da Terra recebe, ininterruptamente, os vitoriosos do espírito que, mesmo sob o troar aterrador da metralha do desamor têm e continuarão a ter o amparo integral das Forças Espirituais Superiores, sustentando-os para a continuidade da sublime escalada da Luz entre os seres viventes no orbe terráqueo.

Silenciosamente, porém, em grande profundidade, o crescimento dos espíritos amadurecidos para a Verdade continua, feito caravana imperturbável que se desloca em direção a Ele. E a coorte dos servos de última hora é recebida com a mesma alegria dos que se aproximaram na primeira hora.

Grande júbilo e inexprimíveis alegrias caracterizam cada momento nas esferas circundantes da Terra, para aqueles que ouvem as imorredouras palavras: *Vinde a mim, benditos de meu Pai, porque vossos corações souberam aplacar as dores, com os recursos imorredouros das bem-aventuranças.* E a vibração preciosa das palavras deixadas como herança mágica, autênticos mantrans de luz, ressoarão na mente coletiva do Planeta Terra.

Na Nova Era, quando a "Jerusalém" despertar para a superação do sono letárgico em que tem vivido, um reavivamento completo surgirá na tradição evangélica, pois o Carpinteiro extraordinário e exótico, cuja presença abalou o sinédrio e derrubou o domínio da força no qual Roma se entronizava no passado, será capaz de fazer ressoar novamente o suave murmúrio das ondas do Mar da Galileia, como vibração rítmica afinada com a sonoridade Divina, para aqueles que não tiverem a sensibilidade embotada e, ao contrário, utilizarem a avalanche das dores previstas como instrumento de sensibilização renovadora.

    Desde então, as histórias de outras eras, nas quais o Pastor foi o protagonista central, serão veneradas com o carinho que se dedica ao mais caro dos entes amados, cuja lembrança desencadeia na alma as suaves emoções capazes de permitir a penetração no Reino do Amor, onde Ele permanece soberano em sua tarefa infindável de servir aos que desejarem ingressar na Casa Amorável do Pai.

13
Contrastes

250 - Compreendendo que vivemos hoje uma era de grandes conflitos, quando se decidem os destinos da Humanidade, imaginamos a Nova Era que surgirá dotada de grande tranquilidade para todos. Seria o panorama do futuro isento dos grandes contrastes da atualidade?

RAMATIS - Quanto mais sensível o espírito mais apto a discernir as nuances dos eventos de que participa e, portanto, sujeito a registrar os contrastes que ressaltam em torno de si.

251 - Entretanto, acreditamos que, ao ser obtida uma noção mais clara dos objetivos da Vida no Planeta, os conflitos gerados pelos antagonismos entre a Luz e a sombra estarão atenuados e, portanto, menos laboriosa será a tarefa de encontrar a paz. Que dizeis?

RAMATIS - A paz sempre representa o fruto colhido após a expectativa necessária ao seu amadurecimento. Realmente, a época em que viveis, marcada pela identificação da luta entre os seguidores do Cristo e a sombra que se opõe à Era do Amor, representa a antevéspera do acontecimento mais esperado pela Humanidade, desde que se conscientizou da necessidade de armar-se do espírito mais lúcido em relação aos seus próprios destinos. Entretanto, a paz é o prêmio obtido de forma gradual, cuja validade está determinada por um processo de autoafirmação, e não pela aquisição de habilidades externas para usufruir os benefícios do que ocorrer em termos ambientais.

252 - Como se desenvolverá esse processo na intimidade espiritual do homem submetido às grandes transições no advento da Nova Jerusalém?

RAMATIS - Jesus utilizou uma imagem de grande simplicidade e beleza ao se referir ao seu desejo de reunir os homens sob sua amorável influência "tal como a galinha recolhe sob suas asas os seus pintinhos".[21] Em tentativas infindáveis, as Esferas Superiores derramam sobre a coletividade terrestre o convite ameno da luta pela paz interior, ou seja, pelo descondicionamento da dependência ou sujeição do espírito em relação à matéria. Porém, a resposta habitual do homem é negativista, retirando-se da proximidade dos seres iluminados pela energia dos brandos e pacíficos e preferindo as ásperas experiências do desamor.

Sucede, então, como se a "ninhada" houvesse se dispersado e, quando a noite chega e a tempestade ameaça, o pânico toma de surpresa as almas que, por se desabituarem ao aconchego e ao brando calor proporcionado pela busca da plenitude espiritual, perderam a capacidade de se orientarem e se sentem desarvoradas.

A tarefa de reunir e aconchegar as almas para se sentirem em segurança novamente não representa uma dificuldade insuperável, mas de modo nenhum significa atividade pacífica e tranquila como se poderia crer. Tomar consciência da situação ameaçadora, quando se permaneceu entregue à invigilância, significa doloroso despertamento, que será acompanhado da necessidade de esforços ingentes para a retomada do caminho de recuperação do rumo apropriado.

---

[21] - Nota do médium: Ver Mateus, cap. 23, versículos 37 e 39.

253 - Poderíamos, então, compreender que a Nova Era será marcada por grandes conflitos espirituais na alma humana?

RAMATIS - Bem-aventurança é produto de grandes elaborações interiores. Representa o resultado de constante afinação pelo esforço de crescimento espiritual. Somente a fantasia infantil do ser humano imaturo pode qualificar de paraíso a inatividade satisfeita. O Éden simbólico da *Bíblia* somente pode ser compreendido pelas almas cujo grau de maturidade permite auscultar o conteúdo espiritual dos relatos sagrados. Em uma análise mais atenta poderemos compreender quão incipiente seria a capacidade de percepção espiritual dos "pais" bíblicos da Humanidade a ponto de quebrarem as normas estabelecidas pela Lei que regia os jardins nos quais sua felicidade e paz se encontravam resguardadas. Usufruíam sem compreender, sem participar, incapazes de se empolgar com a grandiosidade do conjunto, ignorantes e ingênuos, no estado da mais pura e crédula virgindade psicológica.

Da análise desse quadro tão sabiamente expressivo, compreenderemos que felicidade representa para o espírito ser capaz de conhecer os frutos do Bem e do Mal, se esse ato de rebeldia aparente, como símbolo da ignorância dos primeiros degraus evolutivos, proporciona oportunidade à alma de perceber o mecanismo poderoso das Leis que regem a Vida e procurar pôr-se em dia com elas.

254 - Poderíamos, então, compreender que todas as almas precisam ser submetidas aos grandes contrastes interiores para aprenderem a se situar diante da Lei do Amor?

RAMATIS - Essa é uma pergunta de importância capital para que seja avaliado o panorama esplendoroso da evolução. Leis representam roteiro, segurança, amparo através da correção justa e necessária. Portanto, a harmonia do conjunto depende de elas serem válidas de forma serena e imparcial. As oscilações são atributo de quem se desloca no arcabouço formado por elas. A

Lei é Amor abrangente. Permite oscilações, retornos, superações infinitas e ora ergue ora sustenta a queda do espírito que, desse modo, ao se deslocar, aprende a avaliá-la e a conhecê-la.

Nem o mais exemplar espírito deixou de passar etapas de crescente iniciação para obter essa intimidade necessária com os atributos da Lei que rege a Vida. Uma experimentação crescente e de caráter absolutamente individual se desenrola na contextura espiritual do ser, porém, a todos o Amor recebe como novos hóspedes do grandioso panorama da Vida em que nos encontramos mergulhados. As alegrias dessa penetração gradual são acompanhadas dos processos renovadores, frequentemente penosos, de deixar para trás os obstáculos, desprendendo-se de hábitos fixados por períodos mais ou menos longos e que se contrapunham ao progresso geral e individual.

Eis, em síntese, a grande batalha a que se referiam Krishna e Arjuna[22] e que torna digno o "guerreiro" capaz de sustentá-la sem esmorecimento. A alegria de ser vitorioso predispõe o espírito para novas crescentes batalhas desse teor, elevando-o aos páramos da real felicidade, que, inegavelmente, pode ser obtida somente pela indispensável aquisição de qualificações, capazes de fornecer habilitação crescente para participação justa e adequada na harmonia do conjunto grandioso do Universo!

255 - Por que a intensificação da luta entre a Luz e a sombra seria a "antevéspera" da implantação na Terra de uma Nova Era, não o evento que a precederia imediatamente?

RAMATIS - Aprender a orar e vigiar representa um processo de andamento lento, por exigir consolidações internas de grande porte. Antes da Humanidade conseguir habituar-se com uma atitude de compreensão verdadeira de sua situação, passará pelos degraus necessários das decepções indispensáveis à reformulação de sua visão da vida. O advento da Nova Era será realmente a véspera dos tempos de Paz e Amor aos quais Jesus

---

[22] - Nota do médium: Ver *Bhagavad-Gita*

se referia como o tempo dos que "herdariam a Terra" por serem "brandos e pacíficos", mas ainda não será o evento decisivo, capaz de transformar o panorama terreno no Éden imaginado pelos mais avançados sonhos de paz, habitualmente concebidos pelos espíritos idealizadores e bem-formados.

A Nova Era será uma fase de fraternidade bem vivida, na busca de soluções mais adequadas para os grandes problemas que hoje afligem o homem terreno. Nela está caracterizada a preparação espiritual para uma atitude permeável aos fundamentos evangélicos. Essa nova posição criará condições para crescente ajustamento psicossocial, proporcionando abertura para novas reflexões existenciais, responsáveis pelas sementes das reformulações necessárias ao futuro harmonioso do espírito no Planeta.

Estarão em plena execução os planos de renovação para que seja implantada a nova mentalidade, aberta às grandes revisões do espírito humano, porém os conflitos ainda serão bem perceptíveis nas dificuldades encontradas pela maioria para vivenciar e acompanhar, por adaptações sempre renovadas, o ritmo da Realidade Maior, que até então estará sendo implantada passo a passo no ambiente espiritual da Terra.

Uma espécie de estupefação benéfica caracterizará os espíritos encarnados em busca de se tornarem os caravaneiros da romaria empenhada em se deslocar, tendo em vista os novos padrões. Do mesmo modo que sempre ocorreu, haverá líderes, ou seja, almas mais preparadas a vivenciar os princípios renovadores, cuja conduta excederá a da maioria no amor à Verdade, buscado por meta ansiosamente esperada. Porém, embora seja verdade que o mecanismo da liderança habitualmente exercida entre os homens continuará a se manifestar por igual padrão, os efeitos dessa liderança serão responsáveis por um tipo de resposta de massa muito diferente da que é obtida hoje pelas lideranças mal-orientadas, por se fixarem nos benefícios egocêntricos de grupos e de ideologias distorcidas.

Os interesses individualistas e grupais deformam hoje o verdadeiro sentido da liderança, por fechá-lo em círculos estreitos de benefícios imediatos e acanhados. Desse modo, surgem os conflitos sombrios dos interesses mesquinhos contra os de igual sentido egocêntrico do adversário. A grande diferença, entre as dificuldades que caracterizam a condição terrena atual e as da coletividade, que substituirá a massa humana do final dos tempos, estará representada nos núcleos dos conflitos que então surgirão.

A Nova Era, que se apresentará como a "véspera" dos tempos de Paz e Amor na Terra, será responsável por um novo tipo de problema, de caráter eminentemente construtivo, quando o homem não lutará mais por obter vantagens sobre seu irmão de aprendizagem. Ele estará tão empenhado em obter sua própria sintonia com a Vida Espiritual, então, reconhecida como a nova fonte de riquezas infindáveis, que seus padrões de comportamento variarão ao infinito nessa busca de reformulações para o seu ciclo evolutivo interno. A mesma ansiedade de lucro que hoje contrapõe coletividades inteiras umas contra as outras produzirá efeito inverso, pois os lucros buscados desde, então, encontrar-se-ão nas vitórias interiores do indivíduo contra sua própria deficiência espiritual.

256 - Que nos perdoe nosso irmão, mas parece uma afirmação absolutamente deslocada da realidade que conhecemos hoje em relação ao psiquismo humano. Como compreendê-la?

RAMATIS - Ao grau de inteligência alcançado pela humanidade de hoje haverá sido acrescentado um nível de vivência provocador de amadurecimentos profundos, causados pela dor superlativa das decepções produzidas pelo que se costuma denominar como o "final dos tempos". Ficará evidente a inoperância do princípio materialista egocêntrico para a obtenção do bem-estar coletivo, e não será preciso nenhum passe de mágica para que o fracasso da adoração ao "bezerro de ouro" chegue a ser constatado, pois esse fato terá traumatizado suficientemente as consciências para que chegue a constituir marco decisivo para a renovação dos padrões gerais de existir no Planeta.

O homem sempre retirou da Natureza as mais efetivas lições e, embora como ser civilizado considere que já explica as forças naturais do Planeta e tenha aprendido a lidar com elas, voltará à estupefação das eras primitivas quando todo o seu potencial científico se mostrar impotente para deter, prever ou controlar de algum modo os cataclismos marcantes da era renovadora que se aproxima. As profecias de Jesus serão cumpridas, ou melhor, já se cumprem desde Sua passagem sobre a Terra. Quando previu cada um dos fatos marcantes de Sua vida e dos Apóstolos, desejava que os seres humanos recebessem uma demonstração da validade das profecias. Da mesma boca ouviu-se predições sobre fatos imediatos e sobre outros que ocorriam "no fim" do processo renovador humano, antes que a Terra fosse herdada pelos "mansos e pacíficos". Porque algumas de suas profecias se cumpriram e outras deveriam ser simplesmente simbólicas? Quando se referia a fatos simbólicos, Jesus usava parábolas, como histórias destinadas a se gravarem profundamente na alma coletiva humana, autênticos "mantrans" que, repetidos, modelariam a mente coletiva humana através dos séculos. Porém, em cenas marcantes das passagens evangélicas se referia a fatos que foram objetivamente comprovados e que de modo nenhum podem ser atribuídos a um simbolismo ou a qualquer outra forma indireta de expressão. Em Lucas, 21-8:11, Jesus afirma: *Vede que não sejais enganados; porque muitos virão em meu nome dizendo: Sou eu! e também: Chegou a hora! Não os sigais. Quando ouvirdes falar de guerras e revoluções, não vos assusteis; pois é necessário que primeiro aconteçam essas coisas, mas o fim não será logo. Então lhes disse: Levantar-se-á nação contra nação e reino contra reino; haverá grandes terremotos, epidemias e fome em vários lugares, coisas espantosas e também grandes sinais do céu.*

Não se poderia, de modo algum, compreender tal relato como força de expressão ou simbolismo. Por outro lado, não se poderia atribuir a Jesus tal afirmação categórica sem que Sua intenção estivesse claramente exposta: a de preparar os espíritos para uma atitude renovadora e vigilante na participação dos eventos decisivos do crescimento espiritual da humanidade planetária.

Apenas as almas acovardadas e pouco afinadas com o sentido crítico das grandes renovações conseguem enregelar-se diante do clima produzido pelo "fogo depurador" das provações necessárias. Em um mecanismo muito conhecido pela psicologia atual, o homem prefere negar ou intelectualizar, com explicações artificiais, a ter de reconhecer a simples realidade que se lhe apresenta diante dos olhos, mas que o obrigaria a retificar-se para ser coerente com o que compreendeu.

É importante distinguir, nas palavras do meigo Nazareno, o poder da advertência profunda e direta quanto aos fatos focalizados com objetividade e sabedoria, das belas passagens em que, inspirado pelo êxtase espiritual poético, Ele se dedicava a construir cenas imaginárias para o arquivo consciencial etérico do Planeta Terra, de onde, através dos séculos, os seres em aprendizagem rudimentar da Verdade retirariam essas lembranças amigas, tanto quanto o adulto muitas vezes recorda elevado as doces passagens em que, na infância, ouvia atento a histórias que se gravaram indelevelmente em seu espírito receptivo e crédulo, falando-lhe de temas encantadores e instrutivos para a alma.

A Humanidade, sacudida pelos conflitos do final dos tempos, já iniciou uma busca do processo crítico. Esse comportamento revela uma necessidade de "relembrar os relatos da infância", de voltar às próprias origens de pureza e virgindade espirituais, de recuperar o contato com a Fonte nos momentos em que o panorama externo torna-se caótico e inexplicável à luz das ideias culturalmente consolidadas como mais válidas.

Inicia-se o processo de "sacudir" física e espiritualmente a Humanidade, entregue ao sono letárgico da indiferença aos seus próprios destinos espirituais.

O padrão da insensibilidade foi substituído pelo uso da inquietação. Essa transição, nas almas valorosas e dispostas a vencer, fornecerá os frutos de investigações enriquecedoras e apenas benefícios poderá produzir. Quanto aos que desejarem manter acomodados, para eles a realidade estará sendo escamoteada por charlatães que visam tumultuar e inquietar, em vez de contribuírem para uma continuidade fácil da anestesia espiritual, responsável pelo próprio descalabro que se está pretendendo negar, deixar de ver e atribuir a complexas causas psicossociais para não ser obrigado a vivenciar a pureza cristalina do:

Amai-vos como eu vos amei.

14
Novos Apóstolos

257 - Na antiga Jerusalém, o Mestre, presente fisicamente, precisou preparar doze apóstolos para que sua mensagem amorável seguisse o rumo desejado. Na Jerusalém Renovada, ou seja, na Terra, após os tempos apocalípticos, haverá grupos ou pessoas incumbidas de se responsabilizar pela difusão dos ensinamentos crísticos?

RAMATIS - Existe *diferença fundamental* entre *ensinamentos e vivências crísticas*. Representam dois níveis que, para o homem atual, nem sempre se apresentam unidos por efeito do distanciamento entre o "conhecer" e o "realizar."

No passado, o "homem simples", que os apóstolos representavam, recebeu o impacto vibratório direto da presença do Mestre. Avassalados pela grandiosidade da Sua irradiação crística, seus espíritos permaneceram em um transe, provocado pela mediunidade refulgente do Mestre, tal como um Sol a imantar e a coordenar magneticamente os Planetas circundantes, em transcendental bailado de Luz e grandiosidade extraordinária. Vencidos em sua pequenez, prazerosamente entregaram-se ao amplexo vibratório de altas paragens do Espírito e, como em um sonho abençoado, elevados e agradecidos, deslocaram-se sobre o panorama terrestre em sintonia íntima com o Senhor.

Eles O amaram a tal ponto que se esqueceram de suas limitações para O seguirem. E a Humanidade recolheu frutos de uma exemplificação rica em nuances apropriadas para oferecer exemplos de como superar a própria carência por efeito de um Amor acendrado.

Desse modo, um efeito de encorajamento geral pelo exemplo derramou-se sobre os séculos, auxiliando os tíbios bem-intencionados a se superar na luta pela implantação do Sublime Modelo em seu templo interno.

Os Apóstolos se transformaram em grandes homens, cheios das pequeninas fraquezas comuns à Humanidade, e esse foi o traço de união entre o Mestre e Seus seguidores de todos os tempos.

O exemplo de como a Luz pode ofuscar sem destruir, mas, ao contrário, erguer para a recuperação necessária, permitiu a renovação do panorama espiritual do Planeta, oferecendo a cada ser imperfeito e vacilante a oportunidade de tornar-se um instrumento da paz junto aos seus irmãos.

Decorridos vinte séculos sobre tal experiência laboratorial, executada por um Mentor da mais alta hierarquia espiritual, supõe-se que não haja mais necessidade de repeti-la.

258 - Considerais que a Humanidade estará apta a desenvolver os preceitos do Evangelho sem o auxílio direto das almas especialmente preparadas para isso?

RAMATIS - Não que ela estará apta, mas que precisará tornar-se apta por esforço próprio.

259 - Tendo em vista que os Apóstolos faziam parte da humanidade terrena, os líderes espirituais da Nova Era não poderiam representar, para seus contemporâneos, o mesmo papel vivido pelos Apóstolos há dois mil anos?

RAMATIS - A diferença reside em que eles foram o "pouco de fermento que leveda toda a massa".[23] Após dois mil

---
[23] - Nota do Médium - Referência a uma das epístolas de Paulo de Tarso, Gálatas, 5:9.

anos, seria absurdo que se colocasse mais fermento sobre a massa que recebeu o tempo necessário para levedar.

Na época da implantação do Cristianismo primitivo, os conceitos e vivências originários do Mestre eram absolutamente novos para a massa humana, embora, em maior ou menor grau, familiares aos iniciados de todos os tempos. Hoje, o conteúdo original do "amai-vos como eu vos amei" encontra-se disseminado em essência por todo o Planeta, nas mais diferentes nuances, e ninguém precisará invocar o testemunho dos eleitos para discernir os princípios norteadores do Espírito em sua peregrinação sobre a Terra.

Bastará que a coletividade terrestre deseje "aquecer" a massa assim levedada com o esforço da exemplificação, para que as vivências coletivas humanas apresentem o aspecto da mesa fartamente servida do pão da vida espiritual, como dádiva generosa de todos ao bem-estar do conjunto.

260 - Essa forma de expressar a nova posição, que seria desejável, parece torná-la muito simples. Entretanto, na prática, essa realidade nos surge como um alvo muito distante de ser alcançado pelo homem terreno. Que dizeis?

RAMATIS - Como todas as coisas espirituais profundas, essa é uma realidade simples, por ser verdadeira. A alma humana, egressa da Origem Divina, pode captar a Lei em sua integral beleza, sem maiores complexidades. O problema surge no momento de coadunar o procedimento ao conceito aprendido, pois isso exige o desvinculamento em relação aos compromissos anteriores com os estágios menores da evolução.

Há séculos, o homem sabe que seu procedimento cristão transformaria o panorama da Terra, porém encontra infindáveis justificativas para não iniciar a renovação prevista. E, mesmo hoje, quando as nações se reúnem, despertando esperanças alvissareiras nas almas crédulas, cada representante de uma parcela humana, seja um país, uma região ou uma pequena coletividade, busca o convívio de seus pares com o coração armado das mais restritas e egocêntricas reservas, visando à obtenção de vantagens grupais exclusivistas. Olham-se como oponentes, visam dividir, saquear, sequestrar, por meios os mais desleais e compulsórios, e voltar pretensamente vitoriosos ao seu agrupamento de origem, exatamente como os líderes tribais retornavam ao acampamento com a cabeça ensanguentada de seus inimigos flagelados cruelmente.

261 - Que fatores poderiam contribuir para superar essa situação se ela não foi atenuada até hoje, nem mesmo com os meios mais avançados que a ciência tem conquistado?

RAMATIS - Existe a necessidade de ser criada uma *ciência das ciências*, pois os conhecimentos acumulados até hoje se encontram esparsos e incapazes de se entrosar para reconstruir o panorama geral da Vida humana na Terra. Ao contrário, a extrema especialização dos setores científicos contribui para uma situação caótica, na qual todos sabem muito bem somente o que lhes compete diretamente fazer, sem conseguirem inserir sua contribuição em um modelo geral capaz de preencher a necessidade de harmonização do conjunto. E discute-se interminavelmente sobre detalhes, perdendo-se cada vez mais o sentido direcional do bem-estar coletivo.

Um aspecto fragmentário deforma o saber humano e induz voluntariamente à ignorância de uma Força Coordenadora do panorama da Vida. Por um paradoxo, inadmissível no grau de evolução da inteligência em que a Humanidade se encontra, admite-se pacificamente que haja complexo de forças organizadoras, como é o Universo, sem se cogitar de qual seja o elemento ordenador do panorama geral. Essa visão desassociativa é responsável pela desagregação conceitual da Vida, impedindo que se ponha ordem ao caos.

Muito significativamente, pelo fato de o homem não desejar reconhecer a presença da Força Criadora do Universo, não consegue reproduzir em sua vivência particular o efeito grandioso através do qual, no simbolismo bíblico, o Senhor "ordenou" e "a Luz se fez". Esse ato de poderosa coordenação, que *transformou o caos em cosmo*, precisaria ser repetido pelo homem em seu universo de criações culturais e espirituais, porém ele perdeu o hábito de crer em si como egresso da fonte Criadora da Vida e, desse modo, perdeu o dom mais precioso – o de saber que é um "deus" em seu próprio universo interior, com recursos para moldar harmonicamente toda a existência que o cerca.

Assim, consideramos que a incapacidade de coordenação geral dos bens alcançados vem da atitude pouco recomendável de se ter construído um saber pretensioso, que tenta desvincular o homem de sua Fonte Criadora. Esse fato possui repercussões psicológicas e espirituais de grande influência na desagregação atual, na qual todo o panorama terreno se debate.

Não se trata de obter uma atitude de credulidade. A necessidade é de que, ao contrário, o homem assuma uma postura objetiva em relação a si e à vida. Pelo fato de os fenômenos espirituais terem sido deturpados no passado, gerando atitudes dogmáticas, fanáticas e antifraternas, não se justifica que hoje, por oposição, o dogmatismo, o fanatismo e o sentimento exclusivista, aplicados à área científica, sejam entronizados, em nome do bem-estar comum. A ciência, ao se tornar agnóstica, assumiu atitude tão anticientífica quanto o saber do passado, que se revestia do fanatismo religioso e monopolizava a verdade como propriedade exclusiva sua.

O Universo é um panorama riquíssimo em seus aspectos múltiplos, nas diversas escalas da condensação de energia. Como admitir um Sistema como esse sem a necessária cibernética, responsável pelo fluir constante dos fenômenos extremamente complexos em que a Vida se manifesta? Que estranha abstração da realidade objetiva permite que o cientista do presente observe a natureza sem conseguir explicá-la totalmente e se furte ao dever de procurar colocar hipóteses explicativas para a evidência de uma Ordem que mantém o Universo afastado do caos, permitindo-se estranha atitude de omissão, acomodatícia, indigna do verdadeiro pesquisador?

Desse modo, o homem de ciência de hoje conforma-se com a posição da mais ingênua credulidade, conivente com a conspiração do silêncio formada para permitir o adiamento, por tempo indefinido, de uma constatação da realidade, que seria incômoda para os padrões vigentes de um agnosticismo cristalizado e cego.

A atitude pretensamente científica da ciência atual representa a confirmação da maldição bíblica, que afirmava a expulsão do paraíso para quem comesse o fruto da ciência do Bem e do Mal. Ao conhecer o Bem, ou seja, ao ter notícia de sua Origem Divina, o homem não soube usá-la. Inicialmente, fez dela instrumento de opressão e tortura e hoje se condena ao Mal, ou seja, ao afastamento irremediável dessa Força Criadora que existe em si e cuja função consiste em apelar para o despertamento em relação à sua real natureza espiritual. Duplamente "expulso" do Paraíso do Conhecimento Superior, sente-se exilado da paz e do Amor, que poderão retornar um dia para reintegrá-lo na totalidade de sua condição de um ser capaz de caminhar com segurança de volta à Casa Paterna.

262 - Compreendemos todos os raciocínios claros que nos expusestes, porém, não nos parece fácil perceber como todo esse intrincado panorama de incompreensões poderá ser superado, uma vez que a inteligência extremamente desenvolvida do homem não foi capaz de perceber o paradoxo em que tem persistido ao negar sua origem divina.

RAMATIS - Por caminharem do concreto para o abstrato em sua jornada evolutiva, os seres humanos rastejam nas informações oferecidas pelos sentidos. Em seguida, como a larva que se envolve na própria baba, imobilizando-se para hibernar e ressurgir no futuro, transformando-se na crisálida que dará origem ao voo esplendoroso da borboleta, a Humanidade parece hoje na posição de estupor, como se as crises convulsivas de ódio, destruição e orgulho a ameaçassem de uma paralisação total no processo evolutivo.

Tal como na formação da crisálida, existe, no processo psíquico e espiritual do homem moderno certa complexidade aterradora de eventos, inexplicáveis à primeira vista. Todo o panorama parece ameaçado de destruição irremediável, mas a vida não se extingue, e a alma coletiva do Planeta sente-se em crise de paralisação total por incapacidade básica de autorregulação.

Simultaneamente, nos estertores de autodestruição aparente, ligeiros lampejos de claridade espirituais se infiltram através do surto generalizado de expressões místicas, das mais diversas origens. Entretanto, a imobilidade parece continuar avassalando os anseios de progresso e de paz.

À proporção que o cerco formado pelas incompreensões acumuladas se feche, a "crisálida" será sacudida pelos estertores do processo vital, a desencadear reações cada vez mais fortes, demonstrando o grau de vitalidade latente, característico das obras do Senhor, capaz de transformar a própria ignorância em instrumento da Luz, que se fará onde a treva pareça implantada de modo irreversível.

Os homens que se conduzem através do desfiladeiro do materialismo, ladeado pela impregnação do orgulho petrificado, em breve encontrar-se-ão no vale obscuro da negação absoluta da Vida, onde somente a destruição pela carência absoluta de recursos os fará reconhecer a esterilidade do terreno em que pisam.

Os novos apóstolos surgirão como aqueles que não se envergonharem de reconhecer a impropriedade dos meios utilizados até então. Como os antigos Apóstolos, deixarão o tabernáculo onde se acolhiam para chorar amedrontados com as tragédias que os ameaçavam e caminharão desassombrados pelas estradas do mundo, sentindo repercutir no íntimo de suas almas as suaves palavras do Mestre, o doce Rabi da Galileia, quando pediu que caminhássemos sem temor, pois todos os recursos nos seriam proporcionados para levarmos avante a Obra que Ele havia iniciado.

E, sem levarem em conta a "prudência" do mundo, eles, os novos discípulos fiéis, acreditarão que poderão se transformar na "luz do mundo", no "sal da Terra" e, por isso, caminharão, mesmo frágeis e imperfeitos, à procura de meios para testemunharem o profundo Amor que a exemplificação do Senhor lhes gravou indelevelmente nas almas despertas do torpor anestesiante do materialismo corruptor do espírito.

Desde então, a Nova Jerusalém abrirá suas portas para permitir a entrada das caravanas de Luz que, na Terra e no Espaço, concentrar-se-ão no Templo Sagrado da Vida para entoar hosanas ao Senhor da Vinha!

Daí em diante, os séculos de fanatismo e de rejeição da Vida Maior passarão a ser encarados como um pesadelo vivencial, sofrido nas fases imaturas da existência planetária. O "Céu e a Terra" terão "passado", pois um estágio novo, de reconciliação com a Origem Espiritual, fará dos homens seres ajustados plenamente a um ritmo integral de evolução segura, em que corpo e espírito estarão finalmente exercendo a função que lhes foi destinada – a de instrumentos de expressão da essência divina latente em todo ser vivente.

Das Esferas Siderais sintonizadas com a Terra em sua nova fase de despertamento, os Espíritos Mentores identificarão a sonoridade harmoniosa, que então constituirá a característica vibratória de uma Humanidade que terá encontrado o diapasão do Amor para executar a obra-prima de uma perfeita orquestração fraterna, a repercutir de forma indelével no Espaço Sideral, enriquecido por mais um conjunto de almas capazes de impulsionar a Vida, em busca da plena expressão de Harmonia Espiritual. As lutas naturais do crescimento não mais motivarão desajustes, mas sim a crescente consciência da beleza de existir e participar da obra grandiosa da Criação!

15
SERVOS E SENHORES

263 - Quando a *Terra* se transformar em um *mundo de regeneração* continuará prevalecendo a estrutura social que classifica os seres humanos entre *servos e senhores*?

RAMATIS - Uma estrutura social é sempre o reflexo da mente coletiva que a gerou. Uma atmosfera psíquica impregna o ambiente espiritual do homem, seja ele um chefe de família, o dirigente de uma nação ou o menos graduado operário de uma empresa. Da interação dessas auras espirituais, autênticas exsudações[24] vibratórias do ser humano forma-se a impregnação coletiva produzida pela reação conjunta de um oceano de pensamentos, irradiações fluídicas e toda a espécie de energia psicofísica emitida pela Humanidade que, hoje e ontem, utilizou-se do cenário terrestre para organizar seu processo evolutivo.

No ambiente poluído, formado por resíduos de toda espécie, sobrenadam singelas e frágeis formações fraternas, resultantes dos grupos que se organizam com a finalidade de socorrer, amparar, confortar, esclarecer e servir, enfim. Porém, não raramente, diluem-se essas formações psíquicas fraternas no oceano da indiferença, quando não da mais acirrada agressividade espiritual do homem para com o próprio homem.

---

[24] - *Dicionário Houaiss da língua portuguesa* – exsudar: segregar ou sair em forma de gotas ou de suor.

O clima normal do convívio social humano tem sido o da exploração do semelhante, deturpação clamorosa da lei de colaboração mútua, que consolida os sentimentos fraternos.

Toda uma revisão de padrões de convivência precisará ser realizada para que se implante na Terra a Nova Era da Fraternidade.

264 - Quais serão as características dessa revisão no campo social?

RAMATIS - Seria mais simples analisarmos o vosso momento atual, tendo em vista que é sobre ele que precisareis trabalhar para chegardes ao objetivo de renovação do panorama espiritual terreno.

Partindo da observação direta do que hoje ocorre, compreenderemos que injustiças clamorosas se delineiam no convívio social, expressas por intensidade moral que permite ao afortunado possuidor dos bens materiais desperdiçar o supérfluo, enquanto o menos dotado consome suas energias vitais ou no labor mal-remunerado ou até mesmo na impossibilidade absoluta de prover sua própria subsistência.

A mãe pertencente às camadas sociais bem providas de bens materiais aflige-se ao extremo, provocando nos circunstantes a mais profunda comiseração pelo resfriado do rebento bem-nutrido e ignora tranquilamente, no conforto de seu apartamento bem-montado, que milhares de outras mulheres desesperam-se por não poderem extrair dos seios ressequidos a única fonte de alimento que esperavam que a Natureza não lhes negasse, para conseguirem manter acesa a chama da existência física de seus infelizes recém-nascidos.

Tal epopeia dolorosa dos espíritos em provas rudes na Terra, apesar de não representarem, como se poderia crer, uma falha na grande messe de bênçãos que a Criação representa, demonstra claramente o grau de inconsciência do espírito humano chamado normal, por ser o padrão médio do comportamento vigente no Planeta. Os seres humanos não se encontram mais, em geral, na fase mais atroz de sua imaturidade espiritual, quando os clãs se reuniam em função da depredação mútua sistemática, como ferozes grupos de destruição recíproca. Hoje, as famílias alimentam o ideal do conforto e do usufruto tranquilo dos bens da vida material, na qual desejariam repousar mais e aproveitar tudo, para uma existência de satisfação inalterada. Entretanto, esse novo ideal, embora menos contundente, representa ainda o estado do primitivo, que já entendeu que sua "caverna" lhe oferece benefícios que procura aprimorar, mas não deseja saber se muitos outros morrerão congelados por não possuírem o que comer nem onde dormir na floresta densa e primitiva da cidade bem planejada pelos urbanistas sagazes.

Essa atitude de *insensibilidade moral* apaga no nascedouro qualquer possibilidade de apreender o significado de uma fraternidade legítima e, por *omissão*, produz os mesmos efeitos densos de um planejamento em massa para a destruição de populações inteiras.

Enquanto isso, em torno, a Natureza continua a oferecer sua lição sem palavras. O Universo caminha para o ponto Ômega da criação perene e absoluta, e o próprio ser vivente, egoísta e concentrado sobre si mesmo, recebe de graça a bênção generosa da Vida, da qual se faz possuidor exclusivo, insensível aos gemidos lancinantes da dor provocada pelo mais atroz estado de impotência para sobreviver, a que milhares de seres humanos encontram-se reduzidos.

Entretanto, de etapa em etapa, ele, o ser insensível, retorna ao panorama terreno e passa a assumir o papel do oprimido, para despertar da letargia espiritual que desenvolveu no culto ao bem-estar imediato, distorção infeliz do anseio grandioso de plenitude, vida e beleza que caracteriza o impulso criador do espírito imortal.

265 - A moral social vigente, embora inspirada em última análise nos princípios cristãos do respeito ao semelhante, não conseguiu se sobrepor ao endurecimento espiritual dos seres humanos nesses dois mil anos após a passagem do Mestre Jesus na Terra. Parece-nos um tanto problemático que haja uma transformação significativa dos padrões sociais após o final dos tempos, simplesmente por efeito das catástrofes que estão profetizadas. A intensificação superlativa da dor humana poderá ser considerada como o único meio de sacudir sua indiferença milenar?

RAMATIS - Os eventos do "final dos tempos" anunciam os "tempos que são chegados", ou seja, a época em que um conjunto de fatores contribuirá para a superação da degenerescência dos costumes. Um clima espiritual resultante de fermentações psíquicas, com reflexo no campo sociocultural, deixará inscrita na aura da Terra as dolorosas experiências da alma coletiva humana, obrigando os seres encarnados a reflexões impossíveis anteriormente, a não ser a alguns mais sensíveis à beleza da Criação.

O caos implantado deixará poucos lazeres e bem pouca oportunidade para construir o supérfluo em um panorama em que a carência não atingirá somente a alguns. O esquema artificial pelo qual alguns filhos de Deus sentem-se privilegiados pela "sorte", enquanto outros definham, terá sido desmontado pelo que chamarão "destino" inevitável e, embora se lamentando, vergado pela dor, o homem culto e inteligente, finalmente, sentirá que partilha com seu próximo, carente e ignorante, de um mesmo "destino", encontrando-se tão vulnerável diante da fúria incontida dos elementos dentro de seu palácio quanto o mísero que adormece ao relento sem abrigo.

Essa consciência fraterna tardia somente servirá para acicatá-lo em direção ao remorso renovador, por não ter a tempo conseguido se lembrar de seus deveres espirituais. Imaturo e desarvorado, ainda assim permanecerá na postura de vítima do "destino", ignorando em profundidade os deveres da legítima solidariedade que se doa espontaneamente.

266 - Tendo em vista essas circunstâncias, como esperar que almas imaturas saibam reconstruir o mundo em bases diferentes das anteriores?

RAMATIS - Toda geração que surge traz consigo a natural abertura do espírito que desperta para a vida nova diante de si. Descompromissada com os valores do tempo que a precedeu, sente-se livre para a reflexão com novas abordagens para os problemas gerais. Esse fenômeno sempre ocorreu e, de um modo ou de outro, os jovens sempre contestaram seus antecessores.

Após os grandes conflitos humanos do final dos tempos, o panorama psíquico do Planeta estará como o terreno revolvido, onde será mais fácil retirar as ervas daninhas e semear verdades novas. Tendo em vista que o esquema anterior, adotado no ambiente político-sociocultural, estará desmontado, por ausência de estrutura física para sua continuidade e, considerando o impacto traumatizante dos eventos turbulentos dos cataclismos materiais e morais, todos, sem exceção, terão perdido o gosto pelas atividades desestruturantes, negadoras da vida em sua integridade pura.

Servos e senhores deixarão de existir, pois, por unanimidade, somente um Senhor será reconhecido como tal – o Destino, Deus, as Forças Naturais, ou seja qual for o nome a Ele atribuído, obrigando a profundas reflexões existenciais pelos fracassos chocantes a que a Humanidade se sentirá conduzida, como coletividade em bancarrota. O mesmo pasmo que atingiu os habitantes de Sodoma e Gomorra, o mesmo horror que transformou Herculanum em cenário de sofrimentos indescritíveis servirão à Humanidade do final dos tempos como tratamento de choque, aplicado em forma de terapia enérgica sobre os males da mais hipnotizante insensibilidade moral coletiva vista entre os seres humanos do Planeta.

Os monstros do egoísmo e do orgulho, organizados institucionalmente por séculos, terão cortada a sua cabeça, pois apenas desse modo se poderá paralisar-lhes a ação deletéria em escalada impiedosa sobre os seres viventes que, em princípio, foram criados para entoar o hino da Paz e do Amor, como participantes do grande concerto cósmico da vida espiritual.

267 - Durante séculos a Humanidade habituou-se às estruturas hierárquicas capazes de moldar o mecanismo social e fazê-lo funcionar. Como prescindir do *relacionamento tradicional entre servos e senhores* sem perturbar a continuidade do processo social?

RAMATIS - *Todos somos servos* no sentido de sermos participantes de um processo geral de existir que escapa ao nosso controle integral *e todos somos senhores* do mesmo processo no âmbito limitado que nos diz respeito. Portanto, o relacionamento servos e senhores somente permanecerá no sentido em que seja capaz de preservar uma hierarquia de valores indispensáveis ao andamento do mecanismo evolutivo, sem destruir o profundo sentimento de solidariedade e Amor que deve presidir as relações dos seres humanos.

O espírito investido da dignidade de sua participação no concerto cósmico da vida percebe sem distorções quando, como e onde inserir-se na atitude de quem serve à Vida Maior, pouco significando para ele se precisa submeter-se a diretrizes ditadas por seus irmãos ou pela própria consciência, desde que o conteúdo da mensagem a ser veiculada no processo vivencial a que se encontra ligado esteja coerente com a Lei Geral da Vida Superior do Espírito, para ele tornada mais e mais evidente, à proporção que apreende o cântico de louvor entoado pelas Esferas Siderais à Força Criadora do Universo.

As hierarquias impostas, artificialmente, pelas estruturas humanas são indispensáveis para conter a cegueira espiritual dos seres involuídos. Queixam-se os "liberais" da opressão exercida pelos mecanismos sociais superados, impedindo, segundo a opinião dos preclaros críticos da "coisa" pública, a criatividade e a expansão do potencial dos cidadãos bem-aquinhoados intelectualmente. Todos os males da coletividade residem para eles, na inadequação dos meios pelos quais os governantes até hoje têm reprimido, por processos ultrapassados, a verve criadora das grandes cerebrações que se sentem sufocadas pelos sistemas sociais caducos. Ignoram totalmente que o surgimento de uma sociedade repressora somente foi possível a partir da necessidade que houve de coibir os abusos para garantir a sobrevivência do grupo social, e que a própria existência dos que hoje se dedicam a reprimir foi provocada pelo fato de a violência predadora do homem haver no passado e no presente provocado a criação e a manutenção dos sistemas repressivos. O caráter violento das almas pouco evoluídas produz os males que a elas mesmas prejudicam, pois está dito que "quem com ferro fere, com ferro será ferido", resultado natural da lei de causa e efeito, que gera consequências de natureza decorrente dos fatos em pauta.

Uma sociedade de almas mansas e pacíficas não cogitaria de violentar e muito menos receberia violentação, pois não haveria clima para nenhuma dessas ocorrências.

268 - Seriam, então, inadequadas as críticas que se fazem às imposições pela força, que geram os sistemas opressores?

RAMATIS - A crítica precisa ser endereçada às causas, não aos efeitos, para poder realmente ser produtiva. Os sistemas opressores são decorrentes da mentalidade repressiva do homem pouco evoluído. Geralmente o oprimido de hoje, ao ser vitorioso contra o sistema que combateu em nome da liberdade, surge como o novo opressor, por dois motivos complementares evidentes: a rudeza da conduta da massa agressiva e involuída e a inadequação do processo de manipular essa mesma imaturidade psíquica da humanidade terrena. Oprimidos e opressores, governantes e governados digladiam-se em um jogo intérmino de acusações recíprocas, como se o viver em conjunto não representasse necessidade de colaboração, mas, sim oportunidade de se combaterem com todas as armas, esquecendo-se de que todos compõem o povo e todos são governantes, todos são servos e todos são senhores de uma existência que passará a ser plena de bênçãos somente quando o Amor, a Fraternidade e a Luz da Verdadeira Vida, filtradas pelas consciências despertas dos seres encarnados, permitirem que os bens da Vida sejam percebidos como direito inalienável de cada ser vivente, gerando respeito profundo em cada qual pela *Centelha Divina que reside em si* e que é *irmã da que habita em seu semelhante.*

Coordenados por essa percepção globalizante, e só então, os homens serão capazes de cooperar sem suspeitas e sem maquiavelismos, seja qual for a posição em que a vivência coletiva lhes solicitar participação no processo social, então visto como a abençoada oportunidade de expressar plenamente o Amor à Vida, e expandir-se como um fluxo generoso nas almas despertas para a grandeza do EXISTIR!

269 - Continuamos a perceber essa descrição como um círculo vicioso, no qual o ser humano involuído progredirá apenas quando despertar espiritualmente e, por não saber como fazê-lo, continua na treva e na aflição. Qual o fator capaz de detonar a reação adequada para vencer a etapa da inércia espiritual em que estacionamos no presente momento evolutivo?

RAMATIS - Existe um "ponto ótimo", em que a alma consegue, finalmente, coordenar as experiências de uma fase de crescimento espiritual, transferindo-se para um estágio mais avançado no seu processo de evolução. Naquele momento de seu crescimento interno, tornam-se claras para seu espírito determinadas ocorrências de seu modo próprio de sentir e viver, permitindo-lhe galgar um degrau mais aperfeiçoado em suas percepções espirituais. Essa ocorrência não se deflagra miraculosamente nem de maneira aleatória. Constitui o fruto de prolongadas elaborações interiores, vivenciadas paulatinamente ao longo da jornada evolutiva, em demoradas revisões de conceitos e de afetos, a desembocar na hora redentora de uma sensibilização mais adequada para a vida.

Moderadamente, quase imperceptivelmente, sem dar saltos, a contextura vibratória do espírito vai sendo revista, reelaborada, modificada nos pontos de importância capital. Para isso, colaboram o que chamais de adversidade, solidão, remorso, satisfação, renúncia, alegria, tribulações, opressão, contrariedade, benevolência e, enfim, todas as experiências consideradas positivas e negativas, às quais o espírito é submetido através do fluxo incessante do existir em busca da bem-aventurança dos "eleitos" destinados ao Paraíso da felicidade eterna.

Na ânsia de concretizar os sonhos recônditos de uma felicidade impossível de ser definida, a intuição inabalável de sua destinação eterna permite ao espírito prosseguir mesmo quando os caminhos lhe pareçam temporariamente fechados e, inexplicavelmente, ele continua a lutar sem saber exatamente por que ou para quê.

Nesse afã, a chama de sua natureza divina, como um combustível ignorado, prossegue impulsionando sua caminhada para a Luz e, mesmo quando a treva toma foros de vitoriosa aparente, a sublime fermentação do Amor permanece preparando, silenciosamente, o terreno de futuras discriminações mais adequadas ao processo irreversível de atração do ser criado pelo seu Criador.

É quando as condições externas, por mais desfavoráveis, não conseguem deter o benéfico processo de reestruturação íntima, e a alma desabrocha para a Luz, ainda que mergulhada no pântano das incompreensões gerais, porque sua hora de redenção foi atingida e, à custa de sofrer benéficas transformações interiores, ela se ergue acima de si mesma, já não havendo condicionamentos externos capazes de lhe deterem a sublime atração dos planos mais altos das Esferas Siderais. Sentiu sua herança divina e os obstáculos, daí por diante, funcionarão feito convites insistentes para que se eleve cada vez mais seguramente aos páramos celestiais de que é legítima herdeira.

Por meio desse processo, as almas que se alertaram para sua real condição espiritual elevam-se e passam a colaborar na renovação do conjunto ao qual pertenceram e que, por sua vez, como grupos que se avolumam continuamente no apoio recíproco, desenvolvem a indescritível epopeia da caminhada coletiva das humanidades em direção à Luz.

270 - Parece estranho que esse processo constantemente em movimento não haja ainda modificado o panorama social da Terra em tantos séculos de lutas renovadoras. Que dizeis?

RAMATIS - Séculos constituem pequenos períodos que se diluem na eternidade. Eles representam o pesadelo vivencial para os espíritos ainda frágeis e dependentes das expressões de tempo e espaço para se expressarem no Universo. O tempo despendido entre o surgir de uma humanidade planetária e sua redenção ou resgate para a Harmonização plena com a Luz constitui singelo intróito à plena participação desses mesmos espíritos no concerto cósmico do Amor.

Sucessivas gerações de corpos tornam-se necessárias à completa expressão da Vida do espírito na consciência desperta para a Vida Maior. Quantidades indescritíveis de energia despendidas em encarnações sucessivas são necessárias para tentar resgatar para a Realidade do Espírito Imortal as almas dos homens distraídas em cada período evolutivo planetário. E as almas liberadas dedicam-se a erguer seus companheiros menos evoluídos, fazendo dessa tarefa abençoada o motivo de sua consolidação nas hostes do Bem. Enquanto isso, oportunidades são oferecidas repetidamente às almas rebeldes e avessas ao Amor, tentativa de trazê-las aos planos da Paz.

Por essa razão, o panorama da Terra, na fase atual, encontra-se como terreno espiritualmente inculto, embora haja imensas coortes de trabalhadores dedicados a amparar e a estimular os que se encontram ainda vergados sob o peso de suas próprias tribulações.

É preciso, porém, que *não se confunda provação* com *infelicidade*, pois aqueles que hoje choram serão os que amanhã estarão sob o efeito da mais generosa bem-aventurança, caso suas lágrimas estejam caracterizadas pelas reações crísticas do amor ao próximo.

As tribulações que hoje afligem a Humanidade não são por si mesmas o signo da infelicidade para o espírito. Ao contrário, poderão funcionar feito instrumento libertador para os espíritos, sinceramente, empenhados em encontrar o caminho de retorno à Origem.

16
CIÊNCIA E ESPIRITUALIDADE

271 - Entre os irmãos que adotam conceitos espirituais da vida, reconhecemos postura de descrédito em relação à possibilidade da ciência vir a contribuir para o fortalecimento da espiritualização da Humanidade, tendo em vista os padrões estreitos, chamados "positivistas", ainda serem predominantes no campo científico atual. Que dizeis?

RAMATIS - A ciência, assim como todas as atividades do espírito humano, é evolutiva. Sua capacidade de abordagem para os desafios do Saber cresce com o tempo e, mesmo quando parece regredir, pode estar construindo estágio novo através do qual possibilitará o acesso a níveis renovados de compreensão.

Tendo em vista que a Vida é Espírito, a ciência humana poderá demorar por tempo mais ou menos dilatado, mas, obrigatoriamente, terá de desembocar no clima da verdadeira sabedoria, representativa do primado do espírito sobre a matéria.

272 - Considerais, portanto, infundados os receios ou as perspectivas pessimistas do homem espiritualista em relação à ciência?

RAMATIS - Condenar os processos materialistas de encarar o conhecimento será o mesmo que invectivar a criança, porque não compreende os processos complexos do mundo adulto.

273 - Essa vossa afirmativa poderia ser considerada um tanto depreciativa para as grandes cerebrações humanas que têm oferecido sua contribuição à ciência?

RAMATIS - O verdadeiro cientista limita-se a pesquisar descompromissadamente a realidade que o cerca. Entretanto, dificilmente consegue se eximir às restrições da formação acadêmica impostas pela maioria, a não ser que se empenhe em uma luta, às vezes, desastrosa, contra os preconceitos vigentes, decorrentes de posições extremadas e imaturas do espírito humano diante da Verdade, que precisaria ser investigada com amor, dedicação e desprendimento pessoal.

Possuir um grande "cérebro" significa utilizar-se de uma maquinaria de alta qualidade, porém, o uso que se faça dela há de variar com a *direção impressa ao **sentimento**,* na orientação das convicções pessoais.

274 - Poderíamos considerar que mesmo os grandes homens de ciência podem se desviar de certa objetividade necessária ao bom exercício de suas funções, pressionados pelos impulsos de suas predileções pessoais?

RAMATIS - Todos os espíritos encarnados trazem consigo formação proveniente de experiências pretéritas que, de certo modo, lhes determina as predileções atuais. Insensivelmente, o espírito amortecido pela matéria tende a se repetir, seja nas aquisições positivas, seja nas negativas. A capacidade de ser objetivo em seu trabalho é colorida pelo clima interior, através do qual são filtradas as deliberações de cada qual. Apesar de todo o seu empenho mais sincero, um espírito longamente exercitado e afinado com ideias preconceituosas ou formas específicas de interpretar o Universo tenderá a percebê-las em tudo que o cerca.

275 - Desse modo, compreendemos que fica muito prejudicada a possibilidade de se realizar a verdadeira *ciência*, que se propõe a ser uma *investigação descompromissada da Realidade*, tendo em vista que *cada qual tende a projetar nesse trabalho chamado científico o colorido de suas próprias convicções pessoais*. Que dizeis?

RAMATIS - As convicções pessoais colorem o trabalho humano do cientista, mas não modificam a realidade.

276 - Porém, se essa Realidade continua a existir sem ser apreendida pelos homens de ciência, como qualificar a situação que vivemos? Uma ilusão?

RAMATIS - O espírito que encarna vive na atmosfera vibratória que pode alcançar. Grandes "cérebros" podem criar para si atmosfera de alta sofisticação intelectual, sem que por isso hajam alcançado grau satisfatório de posicionamento diante da Realidade circundante. Do mesmo modo, a pura e "ingênua" percepção intuitiva do primitivo ou do homem civilizado inculto pode proporcionar a captação direta de uma Realidade para a qual não existam, temporariamente, meios de comprovação.

Se considerarmos a apreensão direta do fenômeno existencial, o intuitivo estará menos iludido em sua capacidade de perceber o que o cerca. Porém, se desejarmos nos situar na compreensão cultural científica e transmissível do Universo, ele poderá ser considerado iludido pela própria subjetividade. Entretanto, se essa percepção interna provém dos canais desimpedidos da intuição pura, conseguirá caminhar, inclusive a ponto de tentar os próprios meios da ciência para objetivar sua vivência interior.

A esse fenômeno dá-se correntemente o nome de inspiração ou gênio, quando é bem sucedido, e os não inspirados podem ser convencidos, por meios objetivos, da validade da percepção obtida em faixas vibratórias menos densas. Em caso contrário, o inspirado continua a ser visto como ingênuo, místico ou tolo, quando não suspeito de charlatanice.

277 - Por que os grandes momentos renovadores da ciência têm sido tão dramáticos para seus protagonistas? Não haveria meios da Espiritualidade Superior preservar os grandes descobridores, como amigos da Humanidade, de serem mal compreendidos e até mesmo perseguidos?

RAMATIS - Quando um professor dispõe-se a ensinar a uma turma de meninos turbulentos, sabe que precisará cumprir sua tarefa, apesar do problema de conduta que os discípulos apresentam, procurando interessá-los à custa de esforço para uma tarefa que não sabem ainda valorizar. Arma-se de confiança e bom ânimo, porque sabe que ao final de sua "via crucis" pelo menos o sentimento do dever cumprido lhe restará, provavelmente acrescentado pelo benefício recebido pelos menos refratários do grupo irrequieto e imaturo que lhe foi confiado.

Os espíritos que encarnam com tarefas árduas no campo do esclarecimento assumem a postura do mestre-escola, guardião do bem-estar coletivo, consciente da impossibilidade de receber compreensão geral em nível de seus contemporâneos, avessos às novas ideias, que lhes serão ministradas por meio de um labor pioneiro, não desejado, mas indispensável à continuidade da luta pelo despertamento em relação às diretrizes reais da Vida.

Aflitos ou angustiados, apedrejados, incompreendidos e atacados, perceberão, no recesso mais recôndito do seu mundo interior, a aprovação de uma consciência cósmica, que se afina pelas mais altas sonoridades do Amor ao próximo, tanto mais evidente quanto menos valorizado.

E, na mesma faixa vibratória pela qual lhe flui a inspiração generosa de bem servir à causa da Humanidade, delineia-se para seu espírito, em comunhão com a Vida Maior, o envolvimento vibratório de uma paz interior insubstituível, mesmo que pelos mais ricos lauréis da Terra, pois o que começa a perceber gradua-lhe o espírito na mais nobre de todas as condições – a de cidadão do Universo, com passaporte livre, oferecido pela Confraria Universal do Amor, pelo serviço incondicional ao Bem.

278 - Ao recebermos essas explicações, sentimos quanto estão em oposição aos conceitos vigentes na atmosfera de descrédito que o homem de hoje criou em relação a essas atitudes de doação ao bem da Humanidade. No panorama espiritual ressequido do século XX, isso ainda poderá ocorrer?

RAMATIS - O fenômeno da doação incondicional ao bem não representa ocorrência social e por isso não se encontra vinculado a expressões culturais.

279 - Como compreender melhor essa afirmação?

RAMATIS - "Dai a César o que é de César e a Deus o que é de Deus" significa viver a existência terrestre respeitando os ditames da época, sem permitir que os procedimentos humanos interfiram no processo interno de iluminação do Espírito. Assim como a água da chuva tende a correr pelos sulcos preexistentes no solo, alargando-os e provocando o fenômeno da erosão, o espírito "que desce sobre toda a carne" para clarear os caminhos evolutivos, auxilia o homem a percorrer os caminhos já trilhados pela maioria até sentir quão inconsistentes eles são. A nova atividade crística, obtida por experiências sucessivas, desgasta a montanha das incompreensões humanas sobre as quais a Água da Vida corria estandardizadamente nas fases primitivas do progresso espiritual. Desde então, os caminhos tendem a se aplainar para que o Espírito assuma o comando autônomo de seu existir pleno dentro do Universo. Passa, então, a respeitar as convenções sociais, a dar a "César" o que lhe pertence, sem que, por esse procedimento, permita a diluição da conquista sagrada de seu encontro interior com a Vida. As opiniões de seus contemporâneos adquirem as proporções adequadas de produtos da inexperiência espiritual, por mais "avançados" ou cultos que possam ser seus veiculadores. O processo espiritual de abertura para a Luz, ao ser iniciado, torna-se irreversível, produzindo a divina inquietação de uma busca incessante.

Desde então, impossibilidade sublime de se satisfazer com os padrões considerados "normais" impulsiona o espírito para sua destinação divina – a herança inalienável de que se apossará, gradualmente, no decorrer da caminhada abençoada para a Luz!

Em decorrência do processamento dessa reformulação interna, apenas a insatisfação poderá resultar das tentativas de acomodação à opinião geral. Ao final de certo tempo de oscilações esclarecedoras, o espírito terminará por se sujeitar às restrições naturais que o progresso espiritual lhe impõe, por serem menos frustrantes do que a tentativa de se acomodar a uma perspectiva insuficiente ao grau espiritual obtido.

Cabe-nos, no entanto, assinalar que não nos referimos aqui à rigidez puritana e caricatural que condena os desatinos da Humanidade sem reconhecer a fragilidade humana em seu drama ascensional.

A definição estrutural do espírito em direção à Luz produz-se por força de uma variação entre os opostos, da qual resulta a preciosa flexibilidade, responsável por uma capacidade de avaliação realmente fundamentada. O deslocamento equilibrado para níveis mais aprimorados da evolução representa o esforço de se sustentar sobre terrenos inseguros e acidentados, produtores de experiência preciosa que inclui "erros" e "acertos", até ser obtida a real postura consciencial de uma deliberação autônoma de crescer, lutar e vencer.

280 - A atitude de quem se doa, em oposição aos conceitos gerais, não poderia surtir o efeito contrário, isto é, tornar difícil a doação por ser feita em padrões opostos aos da maioria?

RAMATIS - O desenvolvimento da capacidade de doação pode tornar, temporariamente, impossível a comunicação dos bens veiculados, em toda a sua pureza. Poderá obstruir o fluxo de uma compreensão verdadeira entre quem se dá e quem não consegue receber, mas não poderá perturbar o ritmo do crescimento dessa doação, se ela for realmente legítima, pois, então, o espírito não se preocupará com a retribuição e permanecerá na atitude de fazer-se feliz pelo simples fato de se encontrar disponível, imperturbavelmente, para a realização de todo o bem que lhe esteja ao alcance.

A própria disponibilidade para a ação benfeitora constituirá, por si mesma, a recompensa dos esforços despendidos, pois, no empenho de aprender a doar-se, o espírito sente-se crescer e permite à Vida Superior transformá-lo em canal de Luz. Desse modo, quanto mais a treva o assedia, mais ele busca o acréscimo de Luz e força para se situar à altura de não perder o precioso contato com as dádivas generosas a que faz juz por sua atitude ereta diante da Lei. Colocando o problema em termos de esforço e recompensa, será decisivo observar a que tipo de recompensa o aprendiz se encontra vinculado, pois o desânimo o assaltará somente enquanto sua sensibilidade estiver vinculada aos louvores temporários de seus contemporâneos, ou seja, enquanto seu espírito permanecer condicionado ao mundo das formas perecíveis.

281 - Poderemos compreender, desse modo, que o homem de ciência precisará transformar-se em adepto da realidade do espírito antes de conseguir enveredar pelos rumos da verdadeira atitude científica?

RAMATIS - Para enveredar pelos caminhos da Realidade Única existente, o pensamento mais abrangente e expansivo ainda seria instrumento rudimentar. A mente humana necessitaria de extremos esforços em longos períodos de reajustamentos sucessivos para conseguir perceber um pouco mais o panorama intraduzível de beleza, harmonia e poder que o cerca e cuja origem oculta-se nos véus das recônditas realidades do Espírito.

Entretanto, o Amor à Verdade funciona semelhante a chave poderosa para que se levantem gradualmente os véus da ilusão, e o espírito reverente e submisso à Lei sinta-se engrandecido por sua participação ativa e consciente no panorama criador da Vida. Essa é a única e autêntica Ciência Original, à qual nada se encontra oculto, porque representa a união com a Força Criadora do Universo manifestado.

O grande templo em que a Vida está representada possui todas as características de uma Escola Iniciática de grandes dimensões, onde, à proporção que "o discípulo está pronto o Mestre aparece", manifestando-se sob a forma de provas e estímulos para que os mistérios da Criação passem a ser conquistados, proporcionalmente à capacidade de uso e de conquista do espírito que amadurece.

Em linhas gerais, a Realidade Última é perceptível somente aos que atingem os mais altos degraus da escala evolutiva. Em crescente esplendoroso, a alma se acomoda sucessivamente a graus de Realidade "suportável" ao ser que cresce espiritualmente sem cessar.

Da mesma maneira que a criança aprende a manipular inteligentemente seus brinquedos em um exercício de participação no panorama do futuro em que ingressará oportunamente, o homem de ciência de hoje repete, em termos espirituais, a atitude de sua infância. "Brinca" com os conhecimentos do plano material, desligado do "panorama adulto" de suas participações no concerto universal da Vida e queixa-se de ser importunado quando os "mais velhos", sob a forma de espíritos mais vividos e alertados, põem em evidência a necessidade de se preparar para as responsabilidades da participação esclarecida no conjunto. A Realidade é, ainda, para eles, inexistente e apenas a manifestação concreta dessa realidade pode significar alguma coisa, pois penetra facilmente através dos sentidos físicos.

Desse modo, não deixam de "fazer ciência" em nível da matéria densa, ficando, no entanto, desfalcados da compreensão abrangente que situaria adequadamente seus esforços no panorama geral, por lhes mostrar as autênticas Raízes de onde tudo provém.

282 - Seria adequado encarar as conquistas atuais da *Parapsicologia* como o elo que faltava para reunir *Ciência e Espiritualidade*?

RAMATIS - Poderíamos simbolizar a Ciência e a Espiritualidade como dois reservatórios que foram preenchidos, lado a lado, pelos esforços de homens igualmente empenhados em investigar o fenômeno da Vida, e cujas águas foram separadas pela milenar intolerância humana em relação aos que não adotam a mesma linha de pensamento. Inconformados com o divisionismo artificial e impulsionados pelos planos da Hierarquia Espiritual Superior, vários homens ilustres, especialmente no século XIX, quando a ciência estratificava-se na ilusão materialista, tentaram favorecer a ligação entre os dois reservatórios. Para isso, produziram experimentações cientificamente controladas, e o resultado foi o impacto de se poder conversar com espíritos materializados e pesquisar-lhes todos os mais inadmissíveis detalhes vivenciais, abrindo-se largo panorama para a investigação honesta da ciência. Sucedeu como se canalizações começassem a ser construídas entre os dois reservatórios do saber humano – a Ciência e a Espiritualidade.

Lamentavelmente, o encantamento pelo progresso material, que surgia com força fascinante, embriagou de orgulho e vaidade a maioria imprevidente. Exatamente no momento em que a embriaguez dos êxitos científicos mais retumbantes visitava a cultura humana, a Espiritualidade esmerou-se em advertir quanto à origem espiritual da Vida, mas o aviso compassivo foi rejeitado, porque aos seres humanos eram mais agradáveis os véus da ilusão, que lhes permitiam julgarem-se, pelo menos temporariamente, como senhores absolutos do deslumbrante panorama da existência. Pelo reinado de um dia, foi desprezada a herança divina, por tempo indeterminado, enquanto a ilusão pudesse ser sustentada.

Quando as águas turvas da ciência material começaram a ser coloridas pelo contágio do Espírito, fecharam-se os canais de comunicação entre o conhecimento espiritualizante e a ciência comum, como uma defesa contra a "poluição" espiritual, herança do terror medieval obscurantista, associado aos bens espirituais da mente humana conflituosa. E o trabalho do alvorecer da ciência espiritual, implantada pelos pioneiros do Espiritismo científico, foi atrofiado, permanecendo congelado nas prateleiras empoeiradas, tal como peças curiosas de museu.

Porém, o conteúdo de ambos os reservatórios – o do Espírito e o da "Ciência" – continuou a ser preenchido pela inevitável movimentação da Vida e, consequentemente, a se alargarem os conceitos de ambas as partes. Novas tentativas foram feitas, timidamente, por estudiosos inconformados com as restrições arbitrárias impostas à ciência, e alguns canaletes foram construídos com a cautela mais rigorosa, ligando os pontos vizinhos dos dois grandes depósitos do Saber humano: telepatia, precognição, telecinesia, clarividência, fenômenos estatisticamente comprovados, como quem fala baixinho, para não acordar os monstros do pavor humano, capazes de destruir prematuramente as novas tentativas de investigação da realidade total da Vida.

Todavia, por intermédio de tais canaletes não é possível fazer passar o Espírito, mas somente seus subprodutos, o que permite maior "tranquilidade", por evitar a aparição dos "fantasmas" da realidade total do ser humano.

Uma ciência assim preconceituosa caminhará a passos lentos suficientemente para permitir a acomodação do psiquismo anestesiado do homem do século XX às realidades da vida psíquica, conseguindo, por sua vez, sobreviver sem ser prematuramente imolada ou amordaçada pelo terror que uma vida espiritual implanta nas almas empenhadas no obscurecimento do panorama da ilusão materialista.

Paralelamente, os que abrem, as escancaram a alma à Realidade do Espírito, caminham no influxo do Amor Cósmico, sem se preocupar com os falsos suportes de comprovações em nível da matéria, pois a realidade da Vida Maior já se encontra para eles comprovada no fenômeno existencial que investigam portas adentro do próprio ser.

A Parapsicologia representa o tênue fio de comunicação entre os campos pretensamente opostos do Saber humano e hoje traz consigo a marca da desastrosa timidez herdada das experiências negativas do passado em relação ao fenômeno espiritual.

Entretanto, o crescimento dos reservatórios de vivências humanas, nas duas áreas aparentemente opostas, proporcionará, em breve, o transbordamento de uma sobre a outra, como resultado do aprofundamento natural de ambas as formas de investigar a Vida. O materialismo dilui-se na fronteira última da matéria, que se faz energia, escancarando as portas ao Espírito, único senhor da Vida.[25]

283 - As recentes descobertas científicas transformaram de modo decisivo o panorama da vida no Planeta. Seria lícito interrogar se os dois mil anos decorridos desde a passagem de Jesus na Terra teriam amortecido ou prejudicado a Sua mensagem espiritual?

RAMATIS - Esse é um problema de importância primordial. Jesus dirigiu-se ao espírito humano e esse sofreu modificações pouco significativas para chegar a invalidar as sábias recomendações do Mestre Galileu. Costumes superficiais das épocas, como roupagens, usos sociais, utensílios em geral, métodos de trabalho, enfim, as aparências terão sofrido flutuações decorrentes de um progresso dos conhecimentos intelectuais humanos, porém, as raízes do sofrimento na vivência diária permanecem as mesmas. Logo, quem se prende à letra que mata encontrará ultrapassadas todas as escrituras sagradas inspiradas pelos mais elevados espíritos que passaram sobre a Terra.

Entretanto, Jesus, em Sua extraordinária clareza e sabedoria, dirigia-se a uma classe única, que se torna apta, em todos os tempos, a perceber a Realidade Maior da Vida - os que têm "olhos de ver e ouvidos de ouvir", isto é, os que se desligam,

---

[25] - Nota do Médium: Segundo Arthur Koestler, em sua obra *As Razões da Coincidência*, a Física hoje se encontra mais mística, com suas recentes descobertas, do que a Parapsicologia, preocupada com os métodos estatísticos.

mesmo que temporariamente, dos preconceitos e condicionamentos da vida material e abrem as portas do coração para o convite suave e amoroso do Mestre: *Vinde a mim, vós que vos encontrais aflitos e angustiados, porque vos consolarei.* E acrescenta, ainda, ser o seu "jugo leve", pedindo para os brandos e pacíficos a herança espiritual do Reino, cuja chave encontra-se na atitude amorável e receptiva para os padrões renovadores da aprendizagem do Espírito, quando esse se descobre como originário do centro sobre o qual toda a Criação gira.

Por negarem a necessidade de seguir o ensinamento do Mestre, os homens incumbiram-se de comprovar, ainda assim, a excelência e grandiosidade de Sua pregação evangélica. O fracasso vivencial espetacular das sociedades superestruturadas do mundo "civilizado" constitui o mais eloquente depoimento de que, ao negarem o Mestre e Seu Evangelho por atos de desamor, as coletividades, mesmo que enaltecendo-O por palavras, comprovaram a decadência moral e a falência espiritual em que se debatem inevitavelmente, todos os que se opõem à vivência do Amor Crístico.

Busca-se hoje uma cadeia infindável de razões "técnicas" e intelectuais para o caos da violência e de sensualidade primitiva em que a cultura humana se deixa soterrar, quando bastaria o mais simples e simultaneamente mais profundo dos ensinamentos do Amigo Sublime para regenerar todo o panorama do caos aparentemente irreversível que desagrega a herança cultural da Humanidade.

Bastaria que fosse ouvida a Sua exortação, simultaneamente mansa e enérgica: *Eu sou o Caminho da Verdadeira Vida*, e a Humanidade começasse o indispensável aprendizado do *amai-vos como eu vos amei.*

A partir de então ficaria claro que foram irreversivelmente proféticas Suas afirmações de que suas palavras não passariam sem que fossem cumpridas em toda a extensão.

A ciência, confinada no preconceito materialista, encontra-se longe ainda de valorizar e compreender o sentido grandioso da Ciência da Vida de que o Evangelho de Jesus é uma condensação prodigiosa.

As leis espirituais que Ele percebia no cerne da Vida vão, aos poucos, sendo desveladas pela investigação intelectual humana. Entretanto, *é no santuário do coração que o Mestre fala ao discípulo* e Sua voz, sem som audível aos tímpanos materiais, surge como doce néctar recolhido na fonte da bem-aventurança espiritual.

Enquanto o ser humano não for considerado quão laboratório sagrado, apropriado para a recepção dos bens da Vida; enquanto a cegueira da imaturidade impedir o alargamento da visão interior mais profunda; enquanto a hipótese dos sentidos embalar o homem no jogo das ilusões, com progresso material e científico ou sem ele, as palavras de todos os grandes mestres soarão como expressões desprovidas de sentido, permanecendo como curiosidades ou excentricidades de almas deslocadas, excêntricas ou desviadas por estranhas patologias.

Enquanto isso, o Cristo continua a presidir a evolução do Planeta, na grandiosa comprovação de Seu silencioso Amor por toda a Humanidade. E, quanto mais cega a Ele, mais precioso o Seu Amor ignorado e integral!

17
Servos infiéis

284 - Ao considerarmos que a humanidade encarnada na Terra é composta por espíritos que se encontram distanciados de uma posição evolutiva harmoniosa na Criação, parece inevitável a situação caótica espiritual em que vivemos. Sendo assim, não seria natural que o desânimo, o pauperismo, os desajustes de toda sorte alimentassem no homem a impressão de viver em um mundo inadequado e pouco estimulante para seu progresso espiritual?

RAMATIS - Doce e suave reconforto desce sobre a alma do homem que se aproxima da Obra Divina com "olhos de ver e ouvidos de ouvir". Entretanto, faz parte da incômoda situação dos graus involuídos da escalada espiritual a insatisfação permanente, que funciona a maneira de acicate a premir o espírito ainda endurecido para esforços mais adequados ao seu deslocamento em direção à Luz.

285 - Entretanto, as incoerências em que o espírito se debate nessa fase dolorosa não podem servir de entrave, pelo surgimento do desânimo?

RAMATIS - O desânimo é uma das experiências a serem superadas. Constitui aprendizagem extremamente enriquecedora cair e aprender a levantar-se pelo próprio esforço.

286 - Parece um círculo vicioso a situação do espírito involuído cujas deficiências naturais se incumbem de aprisioná-lo em faixas menos capazes de filtrarem a inspiração superior. Como romper o cerco das vibrações densas e superar o desânimo, a revolta e todos os sentimentos decorrentes de seu estágio espiritual?

RAMATIS - Moléstias orgânicas desencadeiam no corpo físico reações automáticas de defesa para a superação natural. Por que o Espírito imortal estaria privado dos mesmos recursos, se é a ele que todo o contexto da Criação se endereça, como autêntico convite à escalada para a Luz? Nem um só dos pequeninos, aparentemente desamparados diante da Vida, deixa de receber os incentivos espirituais necessários à sua escalada interior. Acontece, porém, que frequentemente, confundis necessidade de progresso com vossos caprichos individuais. E quando as restrições corretivas da Lei vos impedem o deslocamento livre em direção aos abismos da sombra e vos julgais cerceados em vossos anseios de "progresso", decorrentes da invigilância em que vos mergulhais.

E, assim como a febre, a dor física, a moléstia orgânica, enfim, vos alertam para a necessidade do remédio disciplinador das energias físicas. As contrariedades, decepções e amarguras espirituais expressam eloquentemente a necessidade de vencerdes vossas inadequações psíquicas, capazes de vos conduzirem a tortuosos rumos de resgates cármicos.

287 - Compreendemos vossa comparação, mas sabemos que nem todos os organismos conseguem reagir, mesmo que tratados adequadamente. Sendo assim, não haveria uma espécie de fatalidade ou tendência mórbida, responsável pela falência de certos espíritos?

RAMATIS - Não poderemos considerar falência as consequências desastrosas naturais dos atos impensados, tendo em vista que, ao espírito, sempre restará a oportunidade nova, que lhe é oferecida, incansavelmente, pelos prepostos do Senhor.

Ressoam ainda na aura espiritual da Terra as brandas e pacíficas palavras do Mestre: *Vai e não tornes a errar.* O Compassivo mobiliza legiões de mensageiros fiéis, como falanges socorristas, a recambiarem os servos infiéis da Seara, com o Amor acendrado da renúncia a transbordar-lhes dos espíritos generosos, para o reajustamento de seus irmãos desviados da Luz.

Se houvéssemos de nos penalizar, seria mais adequado fazê-lo por esses que se deslocam sob o peso das mais árduas tarefas de resgate, para levantarem aqueles que se deixaram envolver pela ilusão, rebeldia e desamor, que jamais lhes foram ensinados pela extraordinária lição de Vida que a Criação representa. Suas deficiências e sofrimentos decorrem de uma recusa a participarem do hino geral de fraternidade e paz que o panorama universal entoa a cada momento do existir cósmico. Bastariam alguns instantes de reflexão sobre o que representa a grandiosa sinfonia da Vida para que cada qual se impusesse, sem grandes dificuldades, o privilégio extraordinário de Ser, mergulhado no influxo grandioso do Amor Universal!

Entretanto, "a semeadura é livre, mas a colheita é obrigatória". E a máxima de Jesus, que afirma a necessidade de quem com ferro fere, com ferro também será ferido, expressa bem claramente que, ao espírito, cabe a iniciativa dos males que o atingem pelo choque de retorno.

Se essa sentença vos parecer drástica, lembrai-vos que foi enunciada por um Mestre de Renúncia, cujo Amor incomparável o credenciava para os mais elevados atos da Compaixão. Entretanto, por Sua elevada hierarquia, falava, com plena autoridade, da necessidade de se mobilizarem os espíritos para o despertamento da responsabilidade de moldarem os próprios caminhos.

Servos infiéis não podem receber o salário da Paz.

288 - Tendo em vista a fragilidade do discernimento humano, parece que a clareza meridiana dessa Lei ultrapassa a capacidade de percepção da maioria, que vive como que mergulhada no sono hipnótico da matéria. Que dizeis?

RAMATIS - Quando esse sono deixa de ser tranquilo, povoando-se de conflitos emocionais, começa o despertar da alma para sua verdadeira destinação.

289 - Sendo assim, para que os servos se tornem fiéis à sua destinação na Seara, haverá sempre necessidade dos conflitos ou sofrimentos? Esse fato não representaria uma obrigatoriedade de posicionamentos mórbidos?

RAMATIS - O preço de cada conquista é proporcional ao seu valor. Seria mórbido procurar dificuldades pelo prazer de sofrê-las. Porém, se elas são desafios necessários a esplendorosas aquisições, decisivas para a formação de novo grau de realização interna, cumpre-se a Lei da conquista por esforço próprio, capaz de consolidar o crescimento, sendo esse um resultado suficientemente valioso para apagar do espírito qualquer resíduo mórbido, na alegria plena de aprender a servir em consonância com as Esferas do Amor Inefável.

290 - Parece existir uma dificuldade técnica no socorro e esclarecimento dos espíritos em conflito e que não conseguem definir seus melhores caminhos. A que poderíamos atribuir esse fato? Poderia ser resultado da inadequação dos esclarecimentos filosóficos e religiosos existentes na Terra?

RAMATIS - Quando o homem se empenha, consegue transpor as mais inacreditáveis barreiras. Muitas vezes, a dificuldade não se encontra no empreendimento, mas no desinteresse em alcançá-lo.

291 - Haveria, então, ausência de estimulação para a busca dos verdadeiros caminhos. Esse fato, por si, já não representaria uma falha no planejamento do progresso espiritual humano?

RAMATIS - O que nos perguntais seria equivalente a desejar saber se as Esferas Superiores respondem pelo desinteresse do espírito encarnado em relação à escalada evolutiva. Consideramos que elas têm tanta responsabilidade por esse fato como sobre o da realização plena dos espíritos que se promovem, pelo esforço interior, às Esferas luminosas da participação plena com a Vida. A interferência indébita no foro íntimo de cada ser vivente significaria ingerência totalmente inoportuna e capaz de distorcer o Plano da realização íntima de cada ser. O crescimento para a Luz representa tarefa sagrada, cujas marchas e contramarchas se revestem de extraordinários significados vivenciais, autênticas lições sem palavras, que se gravam na contextura do espírito imortal.

Religiões, filosofias, sistemas psicológicos representam efeitos, não causas desse crescimento interno que está gravado, de forma indelével, na essência mesma do ser vivente, na sua vocação para a Luz que pode ser momentaneamente conturbada, mas que jamais se fará inaudível à consciência que se disponha a consultar o templo interior, onde sua herança divina encontra-se gravada de forma irreversível.

Daí dizer a sabedoria popular que ninguém escapa ao "tribunal da consciência" e ter Jesus afirmado solenemente que endossava as escrituras quando afirmavam: *Vós sois deuses*.

Na sua declaração aparentemente enigmática: *Veja quem tem olhos de ver, ouça quem tem ouvidos de ouvir*, podemos compreender que Ele se referia à necessidade de desenvolvermos afinação voluntária para a percepção interna do convite sublime que a Vida representa ao espírito ávido de paz. Essa sentença completa a anterior, pois, se somos deuses, nada nos é impossível, estando todos destinados à alegria inigualável de nos inscrevermos, por esforço próprio, pelo código do Amor, nas coortes de Luz que cruzam incansavelmente os Espaços Siderais, entoando a sinfonia esplendorosa de servir, nos moldes da Lei do Amor Universal!

292 - Mesmo aos espíritos que já compreendem e aceitam a necessidade de renovação espiritual, em função das leis superiores da vida, os laços cármicos, que os prendem às mentes involuídas de seus irmãos, parecem, às vezes, autênticas cadeias, capazes de impedir seu deslocamento para a Luz. Sendo assim, agravados por influências negativas tenazes, não deveriam ser, de certo modo, liberados da responsabilidade total por suas infidelidades à Lei do Amor?

RAMATIS - As ligações cármicas foram tecidas com as mesmas mãos que devem, no presente, dedicar-se a desfazê-las.

293 - Sendo, porém, tão frágeis as novas conquistas representadas pelos desejos de superação recém-despertos, de que forma se sobrepor a uma enxurrada de erros e vibrações negativas, desencadeadas na tela da consciência denegrida pelo condicionamento desarmônico e acrescida pela influência implacável dos desafetos do passado?

RAMATIS - Atendendo aos apelos do Mestre: *Orai e vigiai* e *reconciliai-vos enquanto estais a caminho*.

294 - Entretanto, parece que em situação de extrema angústia e impotência, a alma torna-se incapaz de realizar adequadamente sua própria liberação, sem resvalar para os abismos de indescritíveis aflições, que parecem intermináveis. Mesmo assim, a solução seria a que apontais?

RAMATIS - No oceano de impressões decorrentes das vivências em que a alma se encontra mergulhada durante todo o seu processo de evolução, existem correntes formadas por pensamentos, emoções e percepções circulando a um nível de tal profundidade que seria impossível, mesmo ao próprio espírito, identificá-las adequadamente.

Entretanto, a dor que satura o espírito pelo sofrimento constitui energia que impulsiona essas camadas, que chamais subconsciente, a vibrarem em torvelinho, deslocando resíduos pretéritos, cuja força sinistra mantinha-se ignorada, minando as mais sagradas esperanças de crescimento espiritual do ser.

A contaminação causada pelo ressurgimento das forças involuídas, que até então permaneciam latentes, remove do panorama espiritual a panaceia dos enganos, com os quais o espírito costuma obscurecer a consciência de suas necessidades de progresso, tecendo os véus da ilusão pela manutenção de falsa ideia de seu real grau evolutivo.

Ao espírito seriamente empenhado em acertar é oferecida a oportunidade de crescimento, que a visão de sua realidade desagradável interna pode representar, como um alerta e, simultaneamente, um antídoto que o marca pelo tônus vibratório desagradável, impelindo-o a se deslocar em direção à busca da Paz, consolidada através das lutas proveitosas do aprendizado do Amor à Verdade.

Como pré-requisito ao ingresso consciente nos "páramos celestiais" da iluminação interna, é necessário ter antes percebido todo o conteúdo trevoso das criações imaturas do passado e contra elas colocar o antídoto do proceder evangelizado presente.

295 - Porém, o surgimento dessas correntes subterrâneas, ligadas às vibrações espirituais negativistas, não poderá agravar a situação em vez de renová-la?

RAMATIS - É de elementar bom-senso que não se pode proceder à limpeza de qualquer espécie, sem antes contactar com os resíduos a serem removidos.

296 - Isso não significaria o mesmo que levantar a "poeira" em repouso, com prejuízos para a conduta renovada que se pretende consolidar?

RAMATIS - Quem poderá vibrar integralmente no Amor sem antes ter reconhecido suas disposições deficientes? Esse é o primeiro passo para a transformação, ou seja, conhecer a cada momento o grau da carência, para em seguida esforçar-se por removê-la. Somente a visão extremista e puritana da intransigência conosco e com o próximo impede que o reconhecimento necessário de nosso comprometimento com a treva possa representar legítimo incentivo à busca do esclarecimento humano.

297 - E quando esse processo de revisão cármica torna-se tão intenso que obscurece a razão, mergulhando o espírito nas trevas da desestruturação psíquica? Mesmo assim continua o deslocamento necessário para a renovação espiritual?

RAMATIS - O entrechoque entre o espírito e suas mais profundas camadas de negativismo pregresso pode assumir o aspecto de autêntico maremoto, veiculador de forças cegas e destrutivas, obedecendo às leis de retorno das energias antes mobilizadas para a destrutividade do semelhante e da obra do Eterno. A avalanche será proporcional à ação que a desencadeou no passado, porém, o espírito imortal que preside o processo, sendo embora nele envolvido, não se encontra à mercê de forças cegas. Ele somente recebe de volta o que desencadeou, sem perder o direito que lhe garante a Lei de se recuperar no tempo devido.

298 - De que natureza será essa recuperação quando o processo atingir a extrema desestruturação psíquica?

RAMATIS - No mesmo ritmo em que ele entrou no processo conseguirá dele sair à proporção que adquirir condições interiores de libertação das forças desencadeadas que se escoam irrevogavelmente pelos mesmos canais que as criaram.

A mente que se desorganiza procede feito a maquinaria que foi alimentada por combustível deteriorado. No momento em que a energia deletéria puder ser esgotada e substituída por outra mais adequada, então, o processo se normalizará.

A loucura, o desajuste, o sofrimento são fases passageiras no processo de caminhar para a evolução prevista no plano que está na Mente Divina. Quem possa compreender essa realidade aprenderá a perceber o sofrimento em sua real função saneadora e benéfica.

299 - De que forma poderemos compreender a "substituição da energia deletéria por outra mais adequada?"

RAMATIS - No Oriente, a trilogia representada por Brahma, Vishnu e Shiva simboliza os três aspectos: criador, conservador e destruidor, nos quais o Universo manifestado se expressa através do macro e do microcosmo. No que diz respeito ao homem, podemos considerar que seu "universo" possui um elemento criador representado pela "Centelha Divina", cujas energias manifestam-se na dualidade representativa do princípio hermético da "complementação dos opostos". No equilíbrio entre o "criar" e o "destruir", o espírito desloca-se através da trajetória evolutiva, conservando, a cada momento, o tipo de energia conveniente a seu deslocamento para estados vibratórios mais adequados e destruindo os estados psíquicos ou energéticos indesejáveis à continuidade do seu aprendizado.

A necessidade de suportar, pelo tempo necessário, o desenrolar do mecanismo do reequilíbrio vibratório, motivado pelas oscilações da energia sustentadora da Vida, determina estados psíquicos de afastamento ou de aproximação do ritmo harmônico com o pulsar da Vida atuante no Grande Plano do Existir Cósmico. Como o influxo dessa Energia Maior, que rege o crescimento ou o andamento grandioso dos Universos, paira soberanamente mantendo a criação nos limites previstos do crescimento para as finalidades a que se destina, tanto no macro quanto no microcosmo, a Lei é presente. Imperturbavelmente, ela corrige pelo constrangimento natural e positivo, que denuncia, sob forma de mal-estar, todo processo desarmônico com a Lei Evolutiva do Amor.

A sensibilidade do espírito funciona semelhante a aparelho delicado, capaz de detectar o afastamento desse processo de equilibração permanente, mesmo nos degraus inferiores, onde não pode existir o menor vislumbre de entendimento dos planejamentos gerais do Universo.

De forma eficiente e automática, os sinais de alarme soam nos campos energéticos das camadas mais profundas do que denominais "inconsciente", por não ser registrado compreensivelmente por vossos estados de vigília. Entretanto, o Espírito reconhece claramente os códigos reveladores da ação equilibrante do mecanismo de preservação e destruição, entre os quais o processo de deslocamento para a Luz se faz inapelavelmente.

O que denominais loucura representa conflito hipertrofiado entre esses dois aspectos do existir espiritual.

A complexidade do entrechoque das forças opostas apresenta à vossa percepção o panorama caótico de uma desestruturação psíquica. Entretanto, o fenômeno ocorre sob a supervisão de forças profundas, vinculadoras das transformações energéticas ao seu centro ordenador espiritual. O fenômeno se desenrola em similaridade ao desaguar de uma torrente sobre o leito de um rio, cujo curso, por sua vez, torna-se tormentoso e alterado, tanto no seu volume quanto na impetuosidade e direção. Porém, nenhum dos dois estados anteriores prevalecerão quando a nova forma mais adequada de se expressar for possível ao espírito que resgatou seu carma e reassumiu a conscientização plena do seu processo renovador.

Como, após a tempestade, toda a Natureza canta hinos de louvor à Lei que corrige e renova, assim o espírito imortal sobrevive às tempestades psíquicas responsáveis pelo desanuviamento de seu universo interior, para se erguer em infindáveis louvores à felicidade do existir pleno que o aguarda ao final do processo grandioso de seu crescimento para a Luz!

No complexo embate de forças opostas, a energia psíquica, que se encontrava poluída pelos desajustes vibratórios, sofre um processo de "filtragem", tornando-se "combustível" refinado a impulsionar os mecanismos sutis da evolução espiritual, para integrar o ser nos planos vibratórios da Harmonia.

O júbilo, então desfrutado, é de tal teor abarcante pela expansão consciencial para a Vida Maior, que anula, por completo, os processos angustiantes anteriores, nos quais a alma reverencia seus mais preciosos momentos de escalada para o acesso à herança preciosa e perene de paz com os planos da criação esplendorosa que a cercam e das quais passa a ser elemento participante e atuante!

300 - Se a Lei está inscrita nos mais profundos registros do Espírito, a renovação a que vos referis seria produzida automaticamente, de forma inevitável?

RAMATIS - Ela pode ser intensificada ou dilatada indefinidamente, de modo proporcional ao esforço ou empenho individual que, por sua vez, poderá ser acrescentado por estímulos preciosos fornecidos por almas generosas, capazes de transfundir a essência pura de um Amor acendrado. Foi assim que o Sublime Peregrino baixou das Esferas mais elevadas que circundam a Terra, para gravar, de forma indelével, nos registros da memória de todos os tempos, por atos e vibrações de incalculável beleza, as preciosas advertências, fruto de um Amor inigualável – *Vinde a mim, vós que vos encontrais aflitos e angustiados e Eu vos aliviarei. Aceitai o Meu jugo leve e atravessai a porta estreita das provações redentoras. E lembrai-vos de que, pelos séculos afora, desde que dois ou mais se reúnam em Meu nome, Eu aí estarei.*

Todas essas e muitas outras formas de estímulo caem quão bálsamo suave e curador sobre as angústias e incertezas dos espíritos que, em sua aflição, julgam-se sós ou abandonados. Nenhum dos aflitos aos quais Jesus se referia perderá a direção. Mesmo que não O conheçam, Ele os reconhecerá no momento em que um pensamento de real desejo de renovação corrija o padrão vibratório, transformando a rebeldia e a cegueira espirituais em autêntico apelo às energias superiores que regem a Vida. Inicia-se então, automaticamente, o processo de reajuste psíquico, pois uma mensagem codificada dentro da Lei do Amor é emitida pela Centelha espiritual, a herdeira do Reino, cuja legítima reivindicação é imediatamente aceita por legiões de prepostos do Centro Coordenador da Vida, e uma fagulha, singela que seja, emitida no Código Espiritual da Essência Divina existente em cada ser criado, desencadeia um processo de *religamento gradual à sua Fonte Criadora*. Desde então, tendência cada vez mais acentuada se verificará, proporcionalmente, à intensidade do empenho manifestado através do qual a Trindade Sagrada, criadora, conservadora, destruidora, presidirá com êxito crescente à dinâmica de expansão das potencialidades até então desconhecidas do ser.

Aprendei de Mim que sou manso e humilde de coração, disse o Mestre Galileu. Desse modo, convidava a copiar-Lhe a submissão à Lei do Amor que rege o Universo manifestado. Fazendo-se dócil às imposições dos regimentos espirituais da Vida, a bem-aventurança prometida por Ele será alcançada pelo espírito. E, para que não restassem dúvidas quanto a isso, baixou sobre a Terra, no esplendoroso espetáculo de Sua presença, a inesquecível vibração do Amor, guardada ciosamente por todos aqueles que O sentiram no recesso profundo do coração, constituindo-se, a partir de então, em continuadores da mais tocante tradição espiritual implantada na Terra – a comunhão cristã, representada pela Ceia, em que a Fraternidade, simbolizada no partir do pão e da ligação mística, representada pela embriaguez do vinho capitoso da Verdade, consolidaram na mente humana o convite para as "bodas", onde maior será o que se fizer servo de todos os outros.

Que mais seria necessário para que todos fossem resgatados das trevas de sua própria ignorância? Somente mobilizar as mais nobres disposições e pôr-se a caminho, bendizendo o meigo e suave Rabi da Galileia, que encarnou na Terra as altas virtudes do espírito, como exemplificação culminante do Amor Renúncia, fecho precioso e raro com o qual todos os espíritos um dia chegarão a consolidar seu processo redentor de crescimento espiritual.

18
Profecias

301 - Tendo em vista que em todas as épocas existiram profecias, que se cumpriram de forma desastrosa para a Humanidade, como encarar o fato de não serem capazes de sensibilizar, a tempo, os interessados diretos nos acontecimentos previstos?

RAMATIS - Do mesmo modo pelo qual encaramos a evidente alienação do espírito imortal com relação à sua eterna destinação.

302 - Poderíamos compreender ambos os fatos como naturais?

RAMATIS - Naturais, sim, porém não dignos de aprovação e de estímulo.

303 - Como fazer a distinção entre ambas atitudes, para a obtenção do agir equilibrado?

RAMATIS - Da mesma forma pela qual a Força Criadora mantém a Vida nas escalas menores do existir espiritual, amparando-a com as restrições necessárias ao seu crescimento infinito. O espírito, nas fases menores de sua evolução, não percebe com clareza os próprios caminhos, porém os seus desvios jamais são reforçados ou incentivados pela Lei do Amor, que rege o seu progresso. Advertido, deixa-se à sua responsabilidade individual a decisão para o adequado e necessário aprendizado do livre-arbítrio.

304 - Muitas vezes, pode parecer inútil a incansável persistência com a qual a Espiritualidade Superior faz "descer o espírito sobre toda a carne", tendo em vista a pequena percentagem de aproveitamento que a Humanidade consegue obter de tudo que recebe. Que dizeis?

RAMATIS - O trabalho infatigável dos Planos Superiores não se endereça aos eleitos, capazes de perceberem, de forma imediata, o código sagrado do Amor em tudo que se expressa na Criação. Para esses, que têm "olhos de ver e ouvidos de ouvir", toda boa semente é proveitosa. Entretanto, embora Jesus com essas palavras tenha posto em destaque a condição necessária a bem compreender Seus ensinos, não desdenhou pregar e exemplificar entre os cegos, coxos e deformados do corpo e da alma, pela simples razão de que a Luz é mais necessária onde a treva se estabeleceu dominante.

Os profetas, enviados e missionários são entidades que estimulam o próprio desenvolvimento no ato heroico de se constituírem centro das mais ásperas incompreensões de seus contemporâneos. O aparente holocausto em que se veem imolados é percebido, por seus espíritos bem-orientados, como a complementação natural da tarefa que abraçaram, conscientes de seus riscos. Por essa razão, irresistível necessidade de coerência interna os conduz a agir pelo modelo integral da realidade que percebem em nível consciencial pouco acessível a seus contemporâneos. De modo geral, não representam seres de exceção, mas, ao contrário, trazem consigo liames cármicos, que os estimulam a testemunhar, com dedicação, os predicados divinatórios, como oportunidade de reabilitação perante as coletividades junto às quais exerceram, no passado, influências desarmônicas.

Desse modo, comprovam, experimentalmente, a realidade do conceito de que "é dando que recebemos."

305 - Sendo eles seres em evolução, de que forma podemos compreender que lhes seja confiado tão grande privilégio, como o de conhecerem o futuro, o que parece colocá-los em situação de exceção?

RAMATIS - Realmente, poderíamos encarar a capacidade premonitória como um privilégio, porém, não no sentido de uma dádiva gratuita. As angústias, vigílias e aflições desencadeadas no espírito que ultrapassa a barreira fictícia do tempo, para penetrar nas entranhas das realidades cósmicas, constituem preço bastante alto, pelo qual resgatam sua indolência espiritual do passado, imbuídos do sentimento de precisar acelerar a própria evolução. Desse modo, produzem um trabalho que mobiliza, de forma global, suas potencialidades latentes no serviço ao próximo, pois, desde então, tornam-se figuras-símbolo de advertências incômodas aos que desejam permanecer na inércia espiritual. Por sua vez, esses sentem-se importunados pelos agourentos arautos da dor e da infelicidade implantadas nas pautas do destino pelas suas próprias mãos desavisadas, pois desejariam continuar incólumes, ignorando o fardo que construíram.

O impacto emocional de conhecer por antecipação a realidade dos fatos é acrescido pelo preço do descrédito e da rejeição que esses leitores argutos dos registros astrais precisam pagar pelo serviço que prestam ao próximo.

306 - Que tipo de recompensa, então, lhes restaria?

RAMATIS - A de se sentirem num esforço pleno para se colocarem em dia com as amoráveis exortações do Mestre: *Vós sois a luz do mundo*, *Vós sois o sal da Terra*. Desse modo, desde o mais refulgente dos profetas da Antiguidade até os médiuns anônimos que hoje falam "de boca a ouvido" sobre os tempos que são chegados, uma única esteira de Luz encontra-se estendida sob seus pés, pois caminham marginalizados ou endeusados, sem que a massa humana note a aspereza do rude testemunho que procuram oferecer ao Eterno, pelo desejo de se inscreverem entre os que *herdarão a Terra*, haurindo os benefícios da Nova Era, quando o *amai-vos uns aos outros* poderá ser considerado o lema de uma civilização a caminho da Luz.

307 - Seremos sempre conduzidos por um destino previsível, passível de ser identificado pelas percepções espirituais dos sensitivos? Nesse caso, como explicar a responsabilidade que temos diante dos fatos?

RAMATIS - Os planos gerais da evolução incluem as oscilações naturais da presença humana em todas as áreas nas quais ela atua. Podemos simbolizar o determinismo da Lei do Amor como um suporte energético em deslocamento para a meta do crescimento espiritual. Entretanto, sua trajetória pode ser temporariamente deslocada por impulsos momentâneos, impressos à sua rota pelas poderosas energias originárias das mentes que sobre esse suporte se deslocam.

O médium, o profeta ou o vidente, captam as ressonâncias dessas energias em constante interação e podem traduzir em nível dos sentidos o ponto e o contraponto das sonoridades emitidas pelas coletividades ou pelos indivíduos participantes da grande orquestração em que o processo evolutivo se constitui no panorama Universal. Mergulhados, pelos estados consciencias alterados, nesse oceano de impressões *sui generis*, esforçam-se por traduzi-las satisfatoriamente. E quando conseguem, nem sempre, são aceitos por seus contemporâneos, incapazes de se desprenderem de suas predileções acendradas pelo que é passageiro e limitador do crescimento espiritual.

É exatamente a circunstância de que *o homem tem o poder de alterar temporariamente os planos* que se encontram na Mente Divina em relação à Criação que torna útil a tarefa dos profetas.

308 - Como compreender essa afirmação?

RAMATIS - *Se os destinos humanos fossem inalteráveis e rigidamente determinados cessaria a utilidade das advertências em que as profecias se constituem. Os profetas representam o papel do sinalizador que adverte quanto à aproximação do perigo para que, a tempo, esse seja evitado*, tendo em vista que a capacidade de deliberar os próprios destinos constitui atributo inalienável do espírito imortal.

309 - Entretanto, quando as *profecias* são enunciadas compreende-se que não haja mais recursos para a *modificação das ocorrências*. Não é assim?

RAMATIS - *As ocorrências apenas são previsíveis por serem também tão previsíveis as reações humanas.*

310 - Qual será, então, a utilidade dos avisos premonitórios sobre fatos que não serão alterados?

RAMATIS - *Do mesmo modo que os pais dedicados e amoráveis não se cansam de alertar os rebentos quanto aos seus desajustes, mesmo percebendo que não se corrigirão a tempo*, a Orientação Espiritual do Planeta trabalha incansavelmente para despertar, de forma gradual e em longo prazo, a sensibilidade da humanidade encarnada, como um todo. A tradição incumbe-se de inocular nos seres viventes na matéria o *relato das desgraças que poderiam no entanto ser evitadas se houvesse um pouco mais de receptividade para os augúrios e premonições*, que todos os sensitivos cansaram-se de extravasar sobre a torrente espiritual humana, pelos séculos afora.

Na conjugação dos elementos de amadurecimento progressivo da aura espiritual humana, com registro dos fatos causadores de decepções necessárias, porém não inevitáveis, preciso discernimento irá sendo gradualmente construído, de forma imperceptível, para moldar uma atitude menos rígida, na qual o psiquismo humano se tornará capaz de consultar os registros etéricos com mais proveito. Toda aprendizagem exige esforço, decepções e lutas para ser incorporada como parte do acervo geral de bens conquistados.

311 - Poderemos compreender que a aparente inutilidade do labor dos profetas, médiuns ou sensitivos é também aceita como uma condição insuperável temporariamente, tendo em vista o grau evolutivo do Planeta?

RAMATIS - Há dois mil anos o maior dos Profetas que baixou à Terra, no mais legítimo estilo bíblico, lançou Sua lamentação: *Jerusalém, Jerusalém, ai de ti que matas os profetas e apedrejas os que te são enviados; quantas vezes quis eu ajuntar teus filhos, do mesmo modo que uma galinha recolhe debaixo das asas os seus pintos e tu não quiseste? Eis que vos ficará deserta vossa casa. Porque eu vos declaro que desde agora não me tornareis a ver, até que digais: Bendito seja o que vem em nome do Senhor.*[26]

Com essas e muitas outras predições Jesus selou para sempre a aliança entre os homens e seus destinos espirituais, mostrando-lhes que uma percepção não sensorial da Vida era possível, como decorrência da repercussão vibratória que o existir humano projeta à sua volta. Autênticos modeladores da Vida, os seres viventes, que compartilham com a Força Criadora a extraordinária condição de "SER", em todas as épocas têm sido concitados a assumir o comando consciente e voluntário do seu existir, preferindo, no entanto, permanecer em sono letárgico no casulo da matéria. Porém, exatamente igual à libélula, o despertar do espírito surge no momento adequado. E, assim como não é porque a "baba pegajosa do animal" preceda sua transformação, que se deixará de apreciar o admirável fenômeno da metamorfose, assim também sucederá para o espírito no momento de sua libertação nas asas da Realização plena que o futuro lhe reserva.

---
[26] - Mateus, 23:37-39.

Nos homens desfigurados pela paixões mais grosseiras, Jesus e todos os iluminados sempre conseguiram identificar a Centelha Divina em estado potencial em seu caminho para a Luz. Amá-los, para esses iluminados, não constitui dificuldade insuperável, tendo em vista que está inscrito, de forma indelével no mais profundo recesso da consciência eterna individualizada, a marca inconfundível da divindade que lhe deu origem. E, desse modo, a tarefa incansável do Amor apresenta-se sob termos extremamente simplificados, pois representa um problema de tempo. E esse, por sua vez, nas mentes que adquiriram a expressão cósmica de Vida, não possui senão a consistência ilusória dos planos menos avançados do Universo manifestado.

Ama-se, pois, realmente, em termos de eternidade, que não inclui a separatividade do tempo e do espaço. Na quarta dimensão, representada pela Vida em estados expansionais inacessíveis à inteligência comum, tudo "É", não porque "exista" nesta ou naquela dimensão fenomênica, mas porque está mergulhado, em princípio, na Essência responsável pela Criação. Ao ser penetrada a matéria-prima do Universo, que é a Energia Universal do Amor em todas as suas expressões, a unidade se patenteia, e não existe mesmo diferença entre o menos evoluído e o mais avançado na escala evolutiva, a não ser em termos de "aparências."

Para os espíritos que alcançaram esse nível, tudo é alegria na Criação, pois em tudo se percebe os reflexos da Luz que criou o panorama da Vida manifestada.

A mensagem do profeta, do médium ou do vidente é endereçada à "essência" que adormece no centro consciencial do ser manifestado, seja qual for o seu grau de evolução aparente. Funciona como toques energéticos capazes de provocar pequenas reações e sejam elas conscientizadas ou não, gravam-se na contextura profunda do ser vivente, como pequenos reforços vibratórios, capazes de, futuramente, influir na eclosão do potencial ignorado em repouso no recesso profundo do ser.

Uma rede de comunicações, consideradas subliminares, encontra-se estendida constantemente sobre toda a Criação. Isso para vós já não representa afirmação espantosa, tendo em vista vossos conhecimentos técnicos no campo da eletrônica, da cibernética e em todas as avançadas concepções do acervo cultural não sensorial da Humanidade.

Poderemos afirmar que, do mesmo modo que as energias cósmicas não identificadas a olho nu são a verdadeira sustentação da vida, os processos espirituais de despertamento para a Vida Maior são tanto mais estáveis e atuantes quanto mais profundos e desconhecidos. Desse modo, a última etapa reconhecida pelo ser na escala evolutiva espiritual, que é a sua filiação divina, será percebida integralmente e em toda a sua plenitude à proporção que se aproximar das fases finais da evolução, representa o mais seguro vínculo existente, desde o início, e sobre o qual tudo o mais repousa.

O Ser é aquele que "É". Quem explica em nível intelectual satisfatoriamente essa realidade? Em virtude de pertencer à dimensão do que é eterno, escapam ao alcance dos fenômenos manifestados à superfície, os elementos de sua expressão plena. Somente ao sentir-se liberado da prisão dos sentidos o espírito consegue reintegrar-se em sua condição original.

Podemos afirmar, desse modo, que nas etapas menores da evolução o espírito percebe "o lado avesso da Vida" e, à proporção que cresce, sucede como se sua contextura se sutilizasse para filtrar-se através da tela das informações conscientes e passasse a compreender o "lado direito", sobre o qual se estampa a Realidade Plena do seu existir. E, à proporção que o novo lado conhecido passa a prevalecer em suas formas de expressão, mais claras tornam-se para ele as metas a serem alcançadas.

Surge, então, o profeta de seu próprio destino, com pleno domínio sobre as leis que regem o macro e o microcosmo, por atuar em consonância com elas.

312 - Poderíeis oferecer um exemplo das consequências práticas e positivas do uso das profecias?

RAMATIS - Os próprios relatos bíblicos apresentam exemplos de ambas as formas de repercussão das profecias, aquelas nas quais todos os augúrios se concretizaram desastrosamente, como no caso de *Sodoma e Gomorra,* da *morte de César, prevista em sonho,* assim também de uma série infindável de exemplos históricos particulares, nos quais a boa receptividade em relação às premonições evitaram catástrofes e amarguras. Nesse último caso, temos nas Escrituras Sagradas o relato de como Jonas foi advertido quanto à situação nefasta dos habitantes da cidade de Nínive. Homem austero que era, desacreditou que os desavisados que lá se encontravam pudessem submeter-se a alguma disciplina antes que a exsudação deletéria da aura coletiva desencadeasse a catástrofe prevista. Após várias peripécias na busca de se afastar do local condenado, viu-se reconduzido a ele e compreendeu a necessidade de superar sua incredulidade negativista, obtendo dos habitantes da cidade condenada nova predisposição com relação à vida, para um reajustamento vibratório de correção cármica.

Individualmente, podemos compreender quanto será difícil realizar um levantamento do número imenso de "convertidos" anônimos, que a cada momento, em todas as partes do Planeta, se inclinam diante das advertências sadias exaradas pelos códigos da Espiritualidade disseminados pelos caminhos humanos. Haverá possibilidade de enumerar a totalidade crescente de almas mobilizadas pelo suave convívio interno dos ensinamentos pautados pela doce advertência que afirma: *O meu reino não é desse mundo* ou *Buscai o reino de Deus e tudo o mais vos será dado por acréscimo?* Nenhuma profecia jamais repercutiu em maior profundidade no âmago das consciências encarnadas do que essas, que versam sobre a destinação eterna do ser vivente. E, para assinalar indelevelmente a validade de sua capacidade premonitória, selando com fatos objetivos e imediatos a condição de realidade das profecias, Jesus, ao mesmo tempo que previa a derrocada de civilizações endurecidas pela anestesia dos sentidos e prometia o reino de Deus aos mansos e pacíficos, envolvia-se na previsão de fatos corriqueiros, facilmente comprováveis, como a *negação de Pedro*, a *traição do discípulo imaturo* e o seu *próprio ressurgimento após o Drama do Calvário*.

A dimensão teleológica representa para os espíritos descondicionados da matéria um fator análogo à previsão da queda dos corpos para os homens na posse dos sentidos físicos. É fácil prever que uma pedra que rola se deterá tão somente se um obstáculo se interpuser em seu caminho. As forças cegas, pelas quais as almas menos evoluídas se deixam impulsionar, podem ser identificadas e oportunamente manipuladas a bem do progresso individual e coletivo. O que tem faltado é a disposição sincera de pagar o preço necessário ao cumprimento de propósitos mais salutares na caminhada evolutiva, por acomodação à situação de inércia.

Porém, os Mentores da Vida, incansavelmente, permanecem a "clamar no deserto" das provações humanas. E, como dizia João aos que lhe recebiam o batismo, não basta declarar que somos filhos de Abraão, em uma adesão exterior às escrituras sagradas, mas se torna indispensável reformular a conduta diante da Vida, pois a mesma Força que rege o Universo pode suscitar filhos de Abraão, das pedras que jazem no solo da Terra. Em outros termos, quis ele dizer o mesmo que Jesus: *Não vos detenhais na letra que mata, mas procurai o espírito que vivifica*.

A profecia, seja de que natureza for, constitui apelo dos planos espirituais da Vida, com o objetivo de suprir a cegueira humana e oferecer testemunhos da Realidade não sensorial que cerca a humanidade encarnada.

Abençoadas sejam as horas incontáveis de meditação e prece que hoje se desenrolam nas agremiações de cunho religioso, porque, através delas, o espírito humano exercita a capacidade premonitória em seu próprio benefício e da coletividade.

Pois, à proporção que a alma se afina interiormente com a Vida Maior, torna-se mais permeável à percepção do "lado direito" da sua vida no Cosmo e, simultaneamente, sensibiliza-se para o reencontro com a grandiosa Lei do Amor Universal que rege a Vida.

Os profetas foram e são ainda aqueles que estão à frente da grande caravana do progresso espiritual das coletividades, iguais a sentinelas avançadas, incumbidas de aplainar os caminhos para seus irmãos. Embora nem sempre os seres humanos respondam a tempo, por falta de sensibilidade ou de coragem de encarar a realidade existencial, a Espiritualidade Superior demonstra, desse modo, que os seres em fases menores de evolução não se encontram nunca ao desamparo.

Hoje, quando viveis uma etapa bíblica de grandioso porte para a concretização das profecias de todos os tempos, o Senhor faz descer Seu espírito "sobre toda a carne" e, nos núcleos espíritas, espiritualistas, pentecostais ou simplesmente parapsicológicos, ressurge a grande Odisseia do Amor em busca de sua realização plena de construir o bem-estar global da humanidade terrestre.

Todas as brechas são aproveitadas pelos seres humanos ávidos de conhecer sua destinação verdadeira, para o reconfortante aprendizado de existir em termos infinitamente amplos em consonância com a grandiosidade do espírito imortal que preside o processo de crescimento em pleno desenrolar na intimidade existencial de cada ser. E, por mais desconexas que possam parecer tais manifestações bizarras com alucinógenos, percepções extrassensoriais controladas por processos eletrônicos ou estatísticos ou, ainda, na violenta manifestação dos terreiros menos esclarecidos da magia, todo esse panorama descreve a ânsia de libertação em que os seres humanos encontram-se empenhados e que assume, no momento, o paroxismo de um clamor geral na aura da Terra, ensandecida pela orientação negativista de séculos de autodestruição lamentável, cruel e desumana pela negação aberrante dos princípios crísticos do Amor Universal.

Como cabeça de ponte para a penetração proveitosa na era de renovações profundas que se aproxima para a Humanidade, o Cristo torna a descer à Terra, representado pelas Falanges amoráveis que, em Seu nome, curam, servem e amam, induzindo os seres encarnados a testemunharem o Amor tal como Ele recomendou: ... *que seja cada qual o servo de todos os outros*. E os núcleos de teor espírita cristão lavam a aura humana coletiva de seus males milenares, pensando nas chagas morais e físicas dos novos coxos, trôpegos, cegos e aleijados que a Jerusalém atual possui em número crescente, como fruto da era de cegueira espiritual materialista em que hoje a vossa Civilização desemboca.

Profetas do Amor Crístico, os médiuns espíritas hoje se desdobram para se fazerem instrumentos vivos da mais extraordinária onda de profecias que a Humanidade já presenciou, pois, ao "descer sobre toda a carne", o Espírito do Senhor não vê fronteiras religiosas sectaristas, obrigando as almas sensíveis a se aproximarem do real significado da mensagem evangélica traduzida em termos de vivência interna de integração com o outro, o irmão que sofre, chora e precisa ser socorrido de ambos os lados da Vida.

Abertas essas fronteiras, quem duvidará no futuro de sua destinação eterna? Já não serão alguns poucos e abnegados Apóstolos a verter sobre a Terra o sangue e o suor de suas vidas entregues ao Senhor, pois a dor superlativa das ondas negativistas do desamor se incumbirá de provocar a reação do centro para a periferia, quando a alma humana, cujos direitos à Paz e ao Amor vêm sendo negados pelos falsos "doutores da Lei" na Terra, não suportando mais a inversão de sua sublime intuição da Realidade que a cerca, fizer espocar toda a potencialidade retida por milênios de incredulidade e sair pelos caminhos da Vida Real em busca de seu direito inalienável de transformar os Caminhos do Planeta em permanente cortejo de luzes, pela integração com as falanges que, há milênios, entoam nos Espaços os hinos de louvor e gratidão à Força Criadora da Vida.

Todos, desde então, saberão quem é o Pastor, reconhecendo a direção dos caminhos amoráveis que Ele lhes apontou.

Daí em diante, Sua profecia estará em pleno cumprimento, quando poderá voltar ao convívio da Jerusalém transfigurada pela provação que Dele a aproximou.

Desde então, aos mansos e humildes caberá a herança inalienável de seguidores da Luz, no reino da Terra que, por sua vez, se integrará ao número dos orbes capazes de assimilar a Luz Crística do Amor na qual todo o Espaço se encontra mergulhado!

19
Os enviados

313 - Em todas as épocas os homens conheceram seres que foram considerados enviados ou mensageiros divinos. Na época atual, quando nossos padrões de espiritualidade encontram-se em formação para a Era da Fraternidade em que o III Milênio se constituirá, como deverão ser encarados os enviados à Terra para o serviço do Senhor?

RAMATIS - Serão todos aqueles que *fizerem a vontade do Pai* e que, ainda no dizer de Jesus, formarão a Sua "família" espiritual, por se constituírem assim em "seu irmão e sua irmã."

Tendo bem clara diante de Sua percepção crística do Universo o Plano traçado na Mente Divina, o Mestre definiu com serenidade e clareza os requisitos únicos indispensáveis para que alguém se constituísse em mensageiro do Amor – a atitude de se fazer servo de todos os outros. Os que se qualificam desse modo abrem mão de suas prerrogativas relacionadas com os falsos "direitos", que os homens costumam criar para cobrirem as fases menores de sua evolução espiritual, enquanto o espírito adormece no sono letárgico do egocentrismo. Entretanto, quando forem despertos para o panorama real da Vida Maior, todos, por sua vez, chegarão a reivindicar o privilégio inefável de se constituírem "servos" do Reino, em procedimento que sempre se apresentará enigmático para os que ainda se encontrarem na retaguarda da caravana de Luz.

314 - Parece-nos um critério simultaneamente simples de enunciar e complexo de executar. Haveria sinais evidenciadores de maior clareza para que possamos distinguir aqueles que realmente se fazem na Terra mensageiros do Senhor?

RAMATIS - Tendo Jesus, como Mestre qualificado da Humanidade, sintetizado os princípios incomensuráveis da Lei do Amor sobre recomendações objetivas e simples, resta somente perceber a grandiosidade desses princípios por trás da singeleza das definições operacionais por Ele estabelecidas. Em passagem preciosa de Seus diálogos com a amostra significativa da Humanidade que O acompanhava, ávida de absorver seus ensinos iluminados, deixou claro que o "maior" no Seu Reino seria aquele que se colocasse a serviço de todos os outros. Em poucas palavras, vazou para a mente humana uma réstia poderosa de luz que hoje pode ser analisada pelos moldes da psicologia moderna e traduzida nos termos que se façam claros à mentalidade do século vinte.

Para se tornar servo de um grupo de irmãos seus, o homem precisa ser capaz de doações profundas, que exigem estrutura de personalidade adequada aos testemunhos de flexibilidade psíquica, reveladores de altas dosagens de elaborações internas fecundas. Necessitará constituir-se no "fermento que leveda toda a massa", mas que para bem cumprir sua missão precisará ser clarividente a ponto de saber esperar o tempo necessário ao crescimento de seu irmão, nos longos períodos de hibernação a que a alma se sujeita para se renovar. Deverá possuir a paciência infinita, possível tão só àqueles que perceberam a amplitude do planejamento divino, cujo Amor inesgotável prevê as longas caminhadas, nas quais é necessário ceder também a "túnica" àquele que pediu o "manto."

O grau de carência do irmão perturbado não poderá desarticular o trabalhador sincero da seara, pois precisará sentir que, igualmente seu irmão que lhe pede o manto também precisará de sua túnica, isto é, encontra-se em carência que ainda não sabe identificar por completo, ele também, o servo de boa têmpera, receberá nova túnica de luz e proteção desde que, do mais recôndito de seu ser, estejam sendo desencadeadas as fagulhas do autêntico espírito de serviço, sobre o qual toda a Criação foi concebida.

Nesta troca, muitas vezes será fustigado pelos ventos enregelados do desânimo, da calúnia e de todas as formas destrutivas características dos processos dissociativos da frágil constituição psíquica do homem involuído. Porém, se conseguir perceber com Jesus que *o homem é mais 'fraco' do que 'perverso'* terá comprovado seu grau de legítimo amadurecimento espiritual, pois *só o forte pode compreender a fraqueza do fraco sem condená-la, por conhecer o alto custo que representa superá-la.*

Não basta, pois, desejar promover-se a servo fiel ou enviado. É necessário suar e chorar sobre sua própria condição de fraqueza para chegar a adquirir os meios de superá-la, ingressando desse modo, automaticamente, nas fileiras dos que se mobilizam assemelhado a enviados da Paz.

315 - Não haverá, então, nenhum fundamento para as tradicionais concepções sobre seres de exceção, predestinados ou o que hoje se denomina de "líderes carismáticos" entre os seres encarnados na Terra?

RAMATIS - O carisma ou "graça do céu" representa construto concebido para designar o que se apresentava como inexplicável ao homem comum, quando um ser considerado mais bem-dotado peregrinava entre os homens abalando as formas tradicionais de se solucionarem problemas milenares. A abertura espiritual de que esses seres "diferentes" são portadores, porém, não lhes foi doada por graça, mas, ao contrário, eles proporcionaram a si mesmos a "graça", que se encontra ao alcance de todos, de se colocarem ao lado da Lei do Amor e do serviço à Vida.

E eles, ao exteriorizarem ao máximo suas potencialidades divinas, chegaram, muitas vezes, a ofuscar de tal forma seus contemporâneos, que esses se viram induzidos, por um extremo fervor religioso, a considerá-los seres de exceção. Na realidade, porém, isso se devia meramente ao distanciamento em que se encontravam, na estrada comum da evolução espiritual. Sua presença entre os que se deslocam na retaguarda da caravana da luz não visa deslumbrar ou criar concepções falsas sobre possíveis privilégios na Lei Divina. Ao contrário, precisa ser percebida como sublime incentivo, pois, sendo todos irmãos, filhos do mesmo Pai, o Universo, com todas as suas bênçãos, encontra-se à disposição para que cada qual assuma, por sua vez, a postura do Filho Pródigo que retorna à Casa Paterna para usufruir-lhe os benefícios ansiosamente sonhados. Reconfortado e refeito, poderá partir novamente, agora na condição de enviado, para auxiliar a conscientização de tantos que ainda ignoram a herança portentosa que lhes está destinada.

Nesse sentido, de "redivivos espirituais" é que podemos compreender o "carisma" das almas transfiguradas pelo Amor, que as tocou profundamente junto às "portas do Reino". Entretanto, é preciso não esquecer que essas portas são estreitas, obedecendo a um regime alfandegário em que o suborno ou a escamoteação jamais serão tolerados. Junto às "portas do Reino", por efeito da claridade que impera, as mais leves distorções surgem feito nódoas inaceitáveis na túnica de um "convidado" para o "banquete nupcial."

Aos que ainda não se dispõem a pagar o preço justo da autorrenovação, o Senhor não abandona, porém, não lhes é facilitado desfrutar de bens que ainda não valorizam realmente. Nesse caso, encontram-se os falsos enviados, que facilmente poderão ser identificados pelas nódoas ou deformações da "túnica" que envergam.

316 - Parece-nos que não será tarefa simples, para os seres ainda nas primeiras etapas da evolução, conseguirem distinguir um *falso enviado* dos que realmente se encontram tocados pelo *Amor incondicional* a toda a Criação. Como conseguir essa clareza de discernimento tão necessária?

RAMATIS - *Servos fiéis* serão todos que *se predispuserem a retificar seus erros, apresentando, ainda, um comportamento claudicante.* Ora farão ingentes esforços no bem, com resultados nitidamente produtivos, ora sentir-se-ão impotentes, embora jamais predispostos a agir em contraposição consciente à Lei. Esses reconhecem o verdadeiro rumo da Vida Maior, sem, no entanto, terem ainda uma reserva de forças disponíveis de forma constante e pronta.

Existem, ainda, aqueles que mais apropriadamente poderíamos chamar de "enviados", pois já apresentam clara nuance de importância capital para a obtenção dessa classificação mais graduada. Ao contrário dos "servos" que, embora reconhecendo o Senhor da Vinha, não conseguem uma produtividade constante, os "enviados" *representam servos de maior capacidade de rendimento de trabalho.* Possuem, ainda, as características dos "trabalhadores braçais" do Universo criado, capazes de se sentir fatigados com as tarefas penosas dos planos mais densos em que habitam. Pelo efeito dessa pressão, gerada pelas vibrações compactas da incompreensão e da desarmonia reinantes no panorama em que atuam, parecerão esgotados periodicamente em seus recursos, porém, *a firmeza inabalável de seus propósitos confere-lhes a diretriz, seguramente estabelecida, de crescer em direção à Luz, sem jamais deixar que a chama de seu Amor à Vida Superior seja prejudicada pela carência de recursos no ambiente que os cerca.* Mobilizando ao extremo suas potencialidades, refazem, com esforço intenso, o pavio da fé abalada pelos impactos da sombra organizada e prosseguem, como quem percorre o túnel assustador do tempo que atravessa as montanhas da corrupção, do ódio e da inverdade.

Exaustos, mesmo assim prosseguem, pois, no mais profundo recesso de suas almas, ecoam as reminiscências das paragens celestiais que um dia contemplaram com alma cheia de esperança intraduzível em seu destino eterno. Ecoam, ainda, vividas para essas almas as sonoridades dos inefáveis momentos de luz, com os quais foram preparados para resistir a todos os impactos do assédio de sua própria pequenez. Entretanto, o banquete da Vida Maior que lhes foi possível usufruir, por mínimo que fosse, deixou-lhes na alma o sabor exótico de uma vivência para cuja renovação estarão permanentemente caminhando de modo inconsciente, na ansiedade inexplicável de reproduzir, pela eternidade, a sinfonia preciosa e inexprimível de Viver na plenitude da Paz.

Esses não mais se encontram na Seara somente por convicção, mas porque suas almas sentiram-se avassaladas pela grandiosidade do influxo do Amor, que paira nos planos ainda inacessíveis à maioria dos homens.

317 - Como diferenciá-los dos "falsos profetas" a que Jesus se referiu?

RAMATIS - Ninguém será capaz de interessá-los por excentricidades, denunciadoras da extrema imaturidade psíquica, adotadas pelos que trombeteiam grandes aquisições espirituais. Tendo participado do banquete divino, nas esferas preparatórias que circundam a Terra, conhecem o sabor do alimento espiritual legítimo, preparado com a simplicidade dos condimentos naturais da Vida Superior e que se encontram especificados em todos os grandes tratados de iniciação espiritual, dos quais o Evangelho é a abençoada condensação em nível popular. Sabem que *a Verdade encontra-se gravada na Centelha Divina*, que *cada alma é portadora do código gerador de sua própria grandeza* e, por isso, recorrem sempre, como Jesus, à simplicidade de uma vida de serviço ao ideal de acordar ecos espirituais latentes nas almas aflitas de seus irmãos. Longe de trombetearem processos complexos de crescimento individual, fogem ao egocentrismo de liderança pessoal e induzem seus irmãos à fraternidade legítima, na convicção de que eles próprios necessitam desse clima de fraternidade para consolidarem seu crescimento diante da Vida.

Na grandiosa pequenez dos que se sentem avassalados pela magnitude dos propósitos divinos, nem por isso esmorecem no caminhar humilde e sereno através de todos os tropeços. Em especial, podereis medir a extensão do Amor que paira na alma do possível "enviado" pelas reações que apresentar diante da adversidade. Para ele, louvores e acusações possuirão única significação: a de um teste profundo da consistência real de seu aprendizado no serviço à Lei. Ambas as solicitações não significam nada por si mesmas, mas, sim, pelas reações que desencadeiam na intimidade de seu ser espiritual que, como instrumento musical sensível, precisa estar afinado no "diapasão" da Luz, sem se deixar danificar pelas oscilações de cada momento vivido.

318 - A certeza íntima que foi descrita como a fonte de uma segurança no rumo a seguir poderá representar na atuação diária realização isenta de erros?

RAMATIS - Não interromper a viagem e nem abandonar o leme não significa ausência de oscilações na rota.

O trabalhador mergulhado na aura da convicção plena de seus destinos espirituais mais profundos não cessa de buscá-los, mas se comporta tal qual o navegante em mares encapelados e profundos, cheios de correntezas e surpresas. Vigia cuidadosamente os instrumentos e a rota. Sua embarcação será arrastada, com frequência, a desvios, porém, sem que representem perda do rumo, pois esse é buscado e retificado com a frequência indispensável para assegurar a chegada ao porto seguro.

Suportando o cansaço físico e mental, a solidão e o receio, seu campo emocional é testado, inclusive porque leva consigo uma tripulação que facilmente se entrega ao desânimo e ao cansaço, representada por seus hábitos de natureza inferior, herança de vivências passadas, quando o campo ilusório da vida material lhe era a forma habitual de expressão. Ao ser promovido a "comandante da própria embarcação" por se ter conscientizado dos perigos a que sua "viagem" espiritual estava sujeita, acordou em si os ecos de uma centelha divina capaz de capitanear, com maior segurança, o deslocamento ininterrupto em direção à Luz.

Nesse momento inicia-se a batalha decisiva entre a sombra em que estivera mergulhado nas fases menores de seu desenvolvimento espiritual e a réstia de luz que sente surgir do mais recôndito compartimento de seu ser. Instruir a "tripulação", acordá-la da inércia e torná-la disciplinada, é a tarefa constante de quem governa o "barco" de grande porte que o ser individual representa. O trabalhador esclarecido precisará recomeçar infatigavelmente o aprendizado do autodespertamento, até que todos os envoltórios da ilusão, na qual adormecera até então, sejam desagregados pela sua persistência na ação construtiva.

Sendo assim, aquele que não perde o rumo é o que menos se permite repouso e dispersão na grande tarefa de buscar a Paz, em consonância com a Vida Maior. Desse modo, será o que mais se corrige e, se assim desejarmos, podemos afirmar que será o que mais corrige seus "erros" ou desvios da rota que traçou para si mesmo.

319 - Se os espíritos que já estão na faixa de "enviados" cometem erros, como compreender que estejam no "rumo certo" ou no caminho da Luz onde toda a sombra é impossível?

RAMATIS - Em uma viagem de longo percurso, o navegante conta com elementos diversos para se orientar. Possui a bússola, a posição dos astros e os acidentes geográficos como pontos de referência para corrigir o rumo. Nos momentos de grandes provações, a alma pode permanecer similar ao navegador em noites de nevoeiro, em que os instrumentos de bordo sofressem avarias inesperadas, e ele se visse reduzido à condição de navegar à deriva. Entretanto, ao nascer do dia, pelo menos, a orientação pela claridade do sol ou o fato de que os nevoeiros não são eternos, oferecem alívio no estado de expectativa reinante.

Nenhuma viagem de longo percurso poderá ocorrer sem problemas dessa ou daquela natureza. O que garante a continuidade do deslocamento em relação à meta é a decisão de buscar, a cada momento, a solução possível. O simbolismo da Luz no Caminho, utilizado em todos os setores espirituais, representa a forma de expressar o fluxo da inspiração, capaz de representar o despertamento da alma para sua destinação eterna. A "sombra" ou o "erro" são os graus de arrefecimento no fluir constante do impulsionamento, de dentro para fora, dos recursos latentes do Centro Espiritual, coordenador do processo. Por mais desajustado que seja, o espírito que apresenta reações de *esforços sinceros* consegue fazer a filtragem de porções mínimas, porém indispensáveis, da intuição sagrada de seus destinos para corrigir sua rota.

No caso que analisamos, os que podemos qualificar de "enviados" estão possuídos por sublime inquietação, que torna insustentável a situação de desajuste em relação às metas indelevelmente gravadas na intimidade de sua contextura espiritual e, tanto mais intensa será sua insatisfação quanto mais se houverem desviado. A percepção fina conquistada serve-lhes de aguilhão abençoado, conflituando-lhes o espírito e tornando insuportável a situação desarmônica em que por desventura se tenham deixado envolver.

A grandiosidade da etapa que viveu mede-se pela portentosa batalha que trava consigo mesmo e não pela ausência de entrechoques com os seus 'erros' ou deficiências. A batalha será mais intensa para o ser mais sensível, pois, para ele, é impossível deixar de se perceber na sua integral nudez espiritual.

A única prerrogativa indispensável à vivência sublimada dos seres em graus seguros de crescimento constante está representada por um Amor acendrado à Verdade e ao Bem, muitas vezes vazado por meio de sofrimentos inomináveis, pelos conflitos e entrechoques a que se submetem na ânsia de testemunharem sua adesão integral à causa do crescimento espiritual.

Sendo a evolução uma infindável estrada a percorrer, não será pela ausência de problemas e conflitos, mas pela forma deliberadamente crística de enfrentá-los que se poderá medir o grau de aproximação em que o espírito se encontra de sua meta para encontrar a Luz do seu Pastor.

320 - Haverá sempre a necessidade de um Pastor, Mestre ou Guru? Se a herança divina encontra-se gravada indelevelmente na Centelha de Vida, não conseguiria ela se expressar por si mesma?

RAMATIS - Em outras palavras, desejais saber em que se fundamenta a existência de "enviados", nos diversos graus em que eles se encontram nas tradições espirituais da Terra. Podemos considerar que no caminho evolutivo do espírito *coexistem de forma complementar a crescente atualização das potencialidades da Centelha Divina com a emergência de 'gurus' no seio da Humanidade, seja encarnada, seja desencarnada.*

321 - Tendo em vista a "programação" prévia dessas potencialidades como parte da Lei da Evolução, a procura de Mestres, Gurus ou líderes espirituais não constituiria uma distorção atribuível à evolução ainda incipiente do ser humano?

RAMATIS - O Amor propaga-se em cadeias magnéticas de grandes potenciais de energia criadora. Sendo esse fenômeno básico da sublime "contaminação" pela qual o impulso renovador é propagado em todo o cosmo, podemos compreender que haja a necessidade de "contatos" para que o influxo do potencial divino permaneça a se expandir infinitamente. Porém, notai bem que nos referimos a "contatos" representativos do privilégio intraduzível de buscar fluir o alimento do espírito em seu influxo criador incessante.

Dentro desse quadro de solidariedade e Amor, jamais poderiam ser incluídas as deformações da bem-aventurada condição de existir para Amar e Servir.

322 - Acreditamos que esses "contatos" nos planos menores do existir humano não possam ainda ser portadores das altas dosagens de uma fidelidade à Vida Superior do Espírito. Nesse caso, seria preferível prescindir de líderes, gurus ou mestres?

RAMATIS - Se compreendêsseis o guru ou mestre como ser que comanda o subordinado em nome das Forças Superiores da Vida, retornaríeis ao fanatismo cego de outras eras, quando o egocentrismo humano era tão acendrado que não vacilava em construir instrumentos de tortura em nome de um Deus de bondade. Nessas circunstâncias, seria preferível que o "rebanho" pastasse ao acaso pelo campo, à mercê dos lobos vorazes, do que ser torturado e deformado pelos "falsos profetas" ou mentores atrozes, conspurcadores da sublime realidade do Amor apregoada por todos os grandes espíritos que passaram sobre a Terra.

323 - Haveria possibilidade de os homens, em graus menores de evolução, exercerem a liderança espiritual sem o risco dessas deturpações?

RAMATIS - O Grande Pedagogo que a humanidade terrena recebeu na fase em que deveria começar seu despertamento para uma consciência maior dentro do Universo – o Sublime Pastor da Galileia – conseguiu reduzir a expressões de elementar bom-senso os princípios, inacessíveis até então, da hierarquia pura do espírito.

Considerando que a Lei é Amor, condensou em algumas normas de conduta acessíveis a todos os seres humanos, sem exceção, os princípios e métodos capazes de garantir o crescimento espiritual, sem necessidade de recorrer senão aos elementos primordiais da existência comum na Terra, para mobilizar todo o potencial interno do espírito em evolução.

Prevendo o quanto de deturpação ocorreria através dos séculos pela mente distorcida dos pretendentes à cristianização, definiu com palavras insofismáveis a qualificação dos líderes, guias, chefes, ou seja, aos que se pretendiam colocar como os "maiores" no Seu Reino precioso de bem-aventuranças eternas. Sua definição contrariava, tanto por palavras quanto por exemplificações, tudo que até então se fizera, mesmo na mais perfeitamente intencionada busca do divino, em nível popular.

Falando para a Humanidade toda e não para grupos iniciáticos, onde essas verdades já eram familiares, reduziu a singelas recomendações amoráveis a Grande Lei do Cosmo, quando afirmou o engrandecimento dos que se fizessem "servos" de todos os outros, pois a execução da Lei é essencialmente "serviço" desvinculado de condecorações outras que não se resumam na afinação espiritual com os Planos Vibratórios Superiores do Espírito. Se o pretendente possui outras qualificações, esse fato passará totalmente despercebido, por pertencerem aos planos da ilusão temporária no deslocamento para a Meta.

A autenticidade ou funcionamento, e, envergadura mesmo do processo de crescimento de um espírito, mede-se pela capacidade que adquire de prestar serviço dentro da Lei Cósmica do Amor, isto é, serviço capaz de influir proveitosamente no ajustamento de seus irmãos à Vida Superior do Espírito Imortal.

Desse modo, o rumo ou sentido de sua influência sobre outros é mais importante do que o conteúdo em si do que transmite. Esse rumo estará fundamentalmente impregnado das emanações vibratórias de seu próprio espírito.

Quando Jesus condicionou a hierarquia do espírito ao serviço que conseguisse prestar, emitiu o mais profundo conceito capaz de realmente aquilatar o crescimento de cada ser.

Que os homens jamais possam novamente se entregar à idolatria das aparências, pois somente a árvore que produz bons frutos é capaz de merecer sua sobrevivência. A "figueira que secou", na pitoresca passagem do Evangelho, simboliza o espírito cujos frutos, de tanto se fecharem sobre si mesmos, deixaram de ser úteis, pois o figo representa uma flor interiorizada, ou seja, que não floriu. A expressiva riqueza simbólica do linguajar do Mestre apresentava-se em gestos que marcariam a posteridade de forma decisiva.

Os gurus, sábios, intelectuais e líderes de toda sorte podem produzir frutos semelhantes aos figos, que não deixam de ser saborosos e alimentícios, mas cuja tônica vibratória encontra-se invertida. Não floriram antes de se tornar frutos, não viram a luz do sol em suas corolas, nem receberam o orvalho da manhã na intimidade de suas pétalas. Por isso, caminham como almas voltadas sobre si mesmas, na ilusão de que poderão conquistar as bem-aventuranças celestes sem aprenderem primeiro a se doar em toda beleza e perfume que a sinfonia do Amor Atuante é capaz de desencadear no espírito que reconhece seu lugar de Servo na Seara do Amor e a ele se entrega sem exclusivismo. A descentralização da mente e do coração, responsável pela expansão criadora plena do espírito, reduz-se, portanto, às sublimes recomendações do Mestre Galileu:

Amai-vos como Eu vos Amei.

No Seu rastro de Luz, renovações sucessivas terminarão por proporcionar ao Espírito todo o bem de que ele é herdeiro dentro da Criação.

Caminhai, pois, vós que vos fazeis arautos do III Milênio, com a convicção plena de que há dois mil anos o ensinamento maior da Vida foi confiado em todo seu potencial vibratório à Humanidade aflita e conflituada na sombra para, através do séculos, se desdobrarem os seres encarnados na compreensão crescente do "espírito" que está por trás da letra que mata os ensinamentos superiores da Vida.

Ao amardes o Mestre da Misericórdia, Sua faixa vibratória conseguirá, como dizia Pedro, "cobrir a multidão dos erros humanos."

Fechado o atual ciclo evolutivo em que vos encontrais, porfiai para que na Terra os ecos de Suas abençoadas palavras sejam repetidas e toquem profundamente os corações ávidos de luz e tranquilidade, para crescerem em direção à Paz e ao Amor legítimo da Criação Grandiosa, participando do concerto de bênçãos infindáveis sobre as quais a Vida está construída.

Desde então, a passagem do Peregrino Solitário das Esferas da Luz assumirá toda a plenitude de seu significado para a Humanidade Terrestre, pois o conceito de grandiosidade espiritual terá sido restabelecido, entronizado como convém no coração fiel do homem que serve a seu semelhante com o espírito voltado para as mais Altas Esferas da Vida!

Paz e Amor

RAMATIS

Sobre a Médium
América Paoliello Marques
(1927-1995)

Foi educadora, médium, parapsicóloga e psicóloga clínica.

Em 1946, formou-se professora do Instituto de Educação/RJ. Durante dez anos trabalhou com crianças da Rocinha, a maior favela do Rio de Janeiro. Entrou para o espiritismo aos dezoito anos (1945), quando recebeu uma singela mensagem, através do fenômeno da voz direta, que marcaria toda a sua vida. Disse seu Guia Espiritual Nicanor: *Todas as vezes que uma pedra no caminho da vida se transformar numa doce quimera, nós estaremos juntos.*

Iniciou sua atividade mediúnica em 1947, no Rio de Janeiro, no grupo União das Samaritanas, sua "família de origem". Lá permaneceu por 15 anos, onde ocupou o cargo de vice-presidente. Então, em certo momento de sua trajetória espiritual recebeu nova programação de trabalho, sob a forma de um símbolo bastante significativo. Ramatis e Akenaton, dois amigos espirituais com quem América trabalhava desde o início de sua experiência mediúnica, formaram, no Espaço, uma confraternização que deu origem à Fraternidade do Triângulo, da Rosa e da Cruz (FTRC). Em encarnações anteriores, América pertenceu a essas duas fontes de espiritualidade – "o Triângulo e a Cruz" e "a Rosa e a Cruz". Como expressão da síntese do Final de Ciclo, ambas correntes se fundem pelo ponto comum que possuem: a Cruz do Meigo Nazareno – Mestre do Amor Espiritual.

Em 1962, no plano físico, ela fundou a *Fraternidade do Triângulo, da Rosa e da Cruz* (FTRC) no Rio de Janeiro. A sua principal missão, enquanto encarnada, foi contribuir para a união entre Espiritualidade e Ciência. E ela vivenciou plenamente essa integração. De um lado, na condição de médium e líder espiritual. De outro, como pesquisadora, parapsicóloga e psicóloga clínica.

Em 1982, apresentou sua tese de doutorado nos EUA sobre a Psicologia Abissal: "A Mobilização Energética em Situação de Clínica". Recebeu suporte e orientação de notáveis profissionais, como a Dr.ª Isabel Adrados,[27] presidente do Primeiro Conselho Regional de Psicologia do Rio de Janeiro e Coordenadora-geral dos Cursos de Orientação Profissional do ISOP – Fundação Getúlio Vargas.

No plano internacional, o trabalho de América P. Marques também recebeu apoio e atraiu atenção de autoridades mundiais no estudo profundo da consciência e na visão transpessoal do ser como do Dr. Stanley Krippner Ph.D[28], ex-diretor da Associação Americana de Psicologia – APA, e do IONS[29] – Institute of Noetic Sciences (fundado pelo ex-astronauta Edgard Mitchell); ambos visitaram o Brasil inúmeras vezes nos anos 80 e 90.

Espíritos amigos e guias

Para concretização de sua missão na Terra, América Paoliello Marques contou com o apoio direto de uma equipe de Seres Espirituais de grande evolução, que também são coautores da maior parte dos textos desta obra, *Transmutação de Sentimentos*. Eles integram a Falange de Dharma: Ramatis, Akenaton, Rama-Schain e Nicanor.

---

[27] - Recebeu significativa homenagem da UFRJ – Universidade Federal do Rio de Janeiro, que intitulou um de seus principais núcleos e prédios como « Divisão de Psicologia Aplicada Profª. Isabel Adrados » https://dpaufrj.wordpress.com/

[28] - Autor do prefácio do livro *Psicologia abissal*, lançado por América P. Marques em 1984.

[29] - http://noetic.org/

RAMATIS

Teve encarnações na Atlântida, Lemúria, Egito, Índia, Grécia, sendo a última na Indochina (ano 993) onde fundou e dirigiu um templo iniciático. Pertencente à tradição espiritual da Cruz e do Triângulo, Ramatis se juntou a Akenaton (tradição a Rosa e a Cruz), para fundar, no Espaço, a Fraternidade do Triângulo, da Rosa e da Cruz.[30]

AKENATON

Considerado o primeiro monoteísta da história[31]. Foi o faraó revolucionário (Amenophis IV, 1380 AC) que decidiu acabar com 2.000 deuses[32] desafiando um sistema religioso de 1500 anos de idade, do Antigo Egito, na época o mais rico e poderoso império do mundo. Nessa época, Akenaton foi perseguido pelos que se consideravam prejudicados em seus interesses e também pela ignorância das massas. Sua personalidade e seus ideais não podiam ser compreendidos e aceitos naquela época. Teve reencarnação na França católica do século XVI, quando desencarnou vítima da intolerância religiosa[33] para a qual contribuíra, indiretamente, no Egito.

---

[30] - *Mensagens do grande coração* (prefácio da segunda edição)
[31] - BBC Brasil 17/7/2017 – http://www.bbc.com/portuguese/geral-40602931
[32] - idem
[33] - *Mensagens do grande coração* (nota do médium ao final do cap. 19, Parte III)

RAMA-SCHAIN

Reencarnou como Damázio (foto ao lado), nos anos 20, no Brasil, quando fundou e dirigiu a Comunhão Mystica Dharma, implantando em nosso país a experiência de um grupo espírita com características iniciáticas, inspirando outros grupos, inclusive a Fraternidade do Triângulo, da Rosa e da Cruz, que nasceu em 1962 com a missão de proporcionar a abertura dos canais interiores do Ser com a sua Essência Divina, e fundir os ensinamentos do Oriente e do Ocidente, integrando o Evangelho de Jesus, o Espiritismo de Allan Kardec, a Ioga e a Psicologia.

NICANOR

Apresenta-se como um hindu: usa um turbante branco adornado por uma esmeralda. Adota o nome que usou em sua encarnação na Grécia, em que foi escravizado pelos romanos. Foi discípulo de Ramatis na Indochina.[34] Colabora com as falanges que se dedicam ao entrosamento espiritual entre o Oriente e Ocidente. É o autor espiritual da obra *A Rosa e o Espinho*.

---

[34] - *Mensagens do grande coração* (nota do médium ao final do Capítulo 1, Parte I).

América por América:
A médium e a pesquisadora

A médium América P. Marques[35]

Descrição da experiência de intercâmbio com o mundo espiritual e dos **sentimentos** de harmonia e paz que vivenciou: "Em momento de sublime desdobramento mediúnico, foi-nos conferida a noção do dever de testemunhar a fé que abraçamos e que nos tem trazido, gradativamente, a paz espiritual.

Jamais ousaríamos permanecer caladas após receber tal prova de amor dos amigos que nos orientam nos trabalhos espirituais.

Após alguns anos de intensa atividade espírita, recebemos a prova máxima de desvelo que já nos proporcionaram os companheiros espirituais: fomos levadas por Ramatis a uma colônia no Espaço, como incentivo à coragem de trabalhar sem preocupações marginais.

A atmosfera de intensa paz que então nos cercou revelou-nos ao coração a origem dos momentos de saudade súbita e inexplicável. Arrebatou-nos de tal forma, que na Terra ou no Espaço tudo daríamos para voltar a desfrutá-la. Como se isso não bastasse, fomos introduzidas em um templo de inigualável beleza, onde as mais belas catedrais do mundo dariam uma pálida ideia. Aí, esperava-nos a maior emoção que jamais sentíramos: acercou-se de nós um ancião, cuja aura de paz é totalmente indescritível e, atraindo-nos a si, fez-nos possuídas de intraduzível júbilo. Serenado o choque emocional, compreendemos que ali fôramos levadas para sentir a necessidade de nos tornarmos dóceis a novas realizações, sendo a alegria daquele momento uma renovação de energias.

---
[35] - Prefácio da 1ª ed. da obra *Mensagens do grande coração* (1961)

Dispusemo-nos ao trabalho com amor para merecer, embora tardiamente, a alegria que nos era proporcionada.

Contra todos os nossos hábitos e convicções anteriores, começamos a utilizar a faculdade de intercâmbio mediúnico em um trabalho público. Se não bastasse o compromisso então assumido como reavivamento de promessas feitas no Espaço, seríamos convencidas pelos argumentos apresentados por nossos orientadores. Fizeram-nos compreender a felicidade de colaborar, sentindo que a modéstia de nossa participação era compensada pelo prazer de servir com amor.

Assim, obedecendo cheias de alegria, estendemos nossas mãos para o trabalho, certas de que, ao último dos servos da caravana do Bem, toca igualmente a felicidade do esforço que a ela o incorpora.

Trazemos, a quem interessar, o testemunho da misericórdia do Pai, capaz de nos proporcionar a superação dos obstáculos que nos separam das Verdades Eternas, tornando-nos mais dóceis, mais amigos, mais felizes. Com ela, mais facilmente aprenderemos a amar, atingindo os ideais de elevação espiritual que alimentamos!

Profundo sentimento de gratidão inundou-nos o espírito de forma indelével, desde que sentimos a extensão do carinho de nossos amigos espirituais. Compreendendo que, sem aquele encontro na Colônia Espiritual do Grande Coração, teríamos talvez faltado a um compromisso que interessa à nossa paz, decidimos, em união com nossos orientadores, dar a esta obra o título de *Mensagens do Grande Coração*, embora nem todos os espíritos que nos trouxeram sua palavra amiga sejam procedentes daquela comunidade astral.

Seguindo a orientação universalista daquela Colônia, esta obra tem a finalidade de comprovar quão sadios são os laços que unem todos os seres nos diversos quadrantes da Terra. Mostra como, por trás dos véus da carne, permanecem indestrutíveis os sentimentos de amor que alvoroçam o coração de um ocidental à simples pronúncia dos nomes de amigos orientais que o acompanharam desveladamente no passado e que, indiferentes a tempo e espaço, continuam indefinidamente a tarefa de estimular o Bem..."

A PESQUISADORA AMÉRICA P. MARQUES[36]

A expressão do sentimento de amor e gratidão pela oportunidade de contribuir para o avanço do conhecimento.

"...**Qual o meu papel em tudo isso?** É preciso que seja dito. É o de alguém que cresceu em amor e gratidão ao muito que recebeu. Não o de um instrumento passivo, mas sim o de uma pessoa disposta a todos os testemunhos para dar crédito a quem de direito – à pessoa humana como portadora de um espírito imortal e que, de forma indomável, deve lutar pelo seu direito à liberdade de ser dentro do universo."

"**Meu objetivo?** Contribuir ainda que de forma imperfeita para que seja mantida acesa a chama do templo da alma, onde ouvem-se as recomendações:"

Homem, conhece-te a ti mesmo. E, Amai-vos uns aos outros como Eu vos amei...

Rio de Janeiro, 25 de setembro de 1984.
América Paoliello Marques

---
[36] - Do Prefácio do livro *Psicologia abissal* (1984).

Apêndice
A.C. Telles[37]

Conforme foi explicado no texto de abertura "Apresentação – Novos Voos", dessa obra Jesus e a Jerusalém Renovada, passaram-se quase 60 anos desde a edição do primeiro livro de América Paoliello Marques. Julgou-se, então, oportuno oferecer ao leitor algo mais que o ajude a aprofundar a compreensão das obras da autora. Nesse sentido, foi organizado esse Apêndice, em três partes:

1. Sobre o Leitor: Haveria um Perfil Desejável?
2. Postura ou Visão Eclética
3. O Futuro-Hoje: As Previsões de Médiuns e Cientistas

1. Sobre o leitor: haveria um "perfil" desejável?

Na obra "Jesus e a Jerusalém Renovada" (cap. 11 – Um círculo que se fecha), a autora encarnada (a médium) dialogou com o autor desencarnado, questionando-o: "em que medida as lições transmitidas estariam acessíveis a qualquer leitor?". Em síntese, Ramatis respondeu o seguinte:

"Nossas mensagens são endereçadas a todos os homens. Mas certamente exigem esforço, somente realizado por aqueles que estejam prontos a dar o valor devido ao aprendizado espiritual... Não são mensagens destinadas aos seres mais intelectualizados da Terra. Existe uma diferença bem marcante entre ser espiritualizado e ser intelectualmente capaz. Nossas mensagens dirigem-se, aos que,

---
[37] - Conviveu com América Paoliello Marques por mais de quinze anos em seus núcleos de trabalho espiritual, clínico, científico e educacional. Busca colaborar como curador ou guardião do acervo e legado que América ofertou à Humanidade, no campo espiritual e científico.

no dizer de Jesus, já conseguem possuir "olhos de ver e ouvidos de ouvir", embora para isso seja exigida, como é natural, uma abertura mental e emocional de caráter renovador, pautada por um esforço constante em cruzar a "porta estreita".

Embora as mensagens consoladoras e de advertência facilmente assimilável tenham mais larga aceitação, cedo ou tarde o espírito em evolução precisará aprofundar-se nos simbolismos mais significativos da vida, tal como o homem que se alfabetiza, ao usufruir os benefícios da leitura cursiva, chega inevitavelmente à conclusao de que o que se sabe é pouco e um mundo novo se abrirá diante de seus olhos se desejar desbravá-lo através de novos e intensificados esforços...

Os espíritos que, por amadurecimento anterior, adquiriram condições de amar as verdades eternas, abriram suas potencialidades, como a flor sob o efeito da claridade de um novo dia. Cultos ou não, onde encarnarem "verão com olhos de ver" as verdades eternas e a elas dedicarão suas melhores energias, sob a forma de estudo e de realização interna, com repercussões inevitáveis, autênticos transbordamentos de seu aprimoramento vivencial profundo. Para eles não haverá esforço que se apresente demasiadamente intenso na ânsia de buscar os ecos das verdades internamente pressentidas. Haja ou não recebido, na presente encarnação, a cultura oficial, subirão gradativamente a colina íngreme do aprendizado espiritual e, na leitura dos mais singelos textos de origem espiritualizante, reconhecerão a Verdade que se reflete, mesmo que tenuamente, em seus raios fertilizantes. São reconhecidos pelo intenso desejo de aperfeiçoamento, seja na ação, seja na pesquisa incansável de novos rumos de realização benfeitora... Para eles a própria ânsia de respostas mais adequadas à sua necessidade de mais luz os levará, como consequência, a superar os obstáculos de sua cultura incipiente, se esse for o caso. Estudarão arduamente todos os ângulos da vida que lhes favorece o crescimento, tornado para eles a forma pela qual a vida maior se expressa irresistivelmente em suas almas." (grifo nosso)

Fica claro que o único pré-requisito para o leitor tirar bom proveito das lições transmitidas por Ramatis à América *não* é de ordem cultural ou intelectual. É, essencialmente, de ordem espiritual: uma disposição íntima e sincera de meditar com seriedade sobre o que se lê.

Nesse sentido, coração e intuição, podem ser mais valiosos que a razão.

Isso se alinha à recomendação de Allan Kardec: "*o Espiritismo deve ser bem compreendido, mas SOBRETUDO BEM SENTIDO*".[38]

No grupo espiritual que conduziu por várias décadas, América apreciava repetir uma orientação sobre a melhor forma de estudar os textos espirituais. Ela citava a recomendação da Annie Besant[39]: "**devemos ler 5 minutos e meditar 15!**".

2. Postura ou visão eclética

Ecletismo: Uma introdução

Adotar uma postura eclética significa valorizar o sistema de ideias *abertas* e não *fechadas*. Significa valorizar o livre debate ativo, e não a aceitação cega, passiva, dogmática que leva ao fanatismo destrutivo, o que interfere negativamente na evolução do Ser e do Conhecimento. Vejamos algumas definições:

- **Eclético:** *que seleciona o que parece ser melhor em várias doutrinas, métodos ou estilos* (Houaiss).

- **Ecletismo:** *posição intelectual ou moral caracterizada pela escolha, entre diversas formas de conduta ou opinião, das que parecem melhores, sem observância duma linha rígida de pensamento.* (Aurélio Buarque de Holanda)

---

[38] - O Evangelho Segundo o Espiritismo, capítulo 17, item 4, que trata dos "bons espíritas".
[39] - Líder teosofista (1847-1933).

- **Dogmático:** *que se apresenta em caráter de certeza absoluta* (Houaiss)

A postura eclética é extremamente valiosa para a compreensão da complexa realidade e interdependência do macrocosmo e do microcosmo, do mundo externo e do mundo íntimo. Favorece a compreensão da **interconexão de todas as coisas**, tanto na investigação da "realidade exterior" como na investigação da "realidade interior".

- Segundo o filósofo William James [40] (1842-1919) "somos como ilhas no mar, separados na superfície, mas conectados nas profundezas".
- Jesus afirmou: *"Eu estou no Pai. O pai está em mim. Eu e meu Pai somos UM!"*.
- **"O que está em cima é como o que está embaixo"** é um dos princípios herméticos milenares da filosofia do Antigo Egito, bem sintetizada na obra o Caibalion[41], uma das fontes recomendadas por América.

Nesta obra (Jesus e a Jerusalém Renovada)[42], Ramatis já fala sobre o ecletismo na ciência:

"**Existe a necessidade de ser criada uma *ci*ência das ciências**, pois os conhecimentos acumulados até hoje encontram-se esparsos e incapazes de se entrosar para reconstruir o panorama geral da Vida humana na Terra. A extrema especialização dos setores científicos contribui para uma situação caótica, na qual todos sabem muito bem somente o que lhes compete

---

[40] - Foi professor de psicologia e filosofia da Universidade de Harvard. É autor do livro "As Variedades da Experiência Religiosa: Estudo sobre a Natureza Humana".
[41] - O CAIBALION: estudo da filosofia hermética do antigo Egito e da Grécia, Três Iniciados (Ed. Pensamento). A palavra Caibalion significa: "tradição ou preceito manifestado por um ente de cima".
[42] - Cap. 14 - "Novos Apóstolos".

diretamente fazer, sem conseguirem inserir sua contribuição num modelo geral capaz de preencher a necessidade de harmonização do conjunto. E discute-se interminavelmente sobre detalhes, perdendo-se cada vez mais o sentido direcional do bem-estar coletivo. Um aspecto fragmentário deforma o saber humano e induz voluntariamente à ignorância de uma **Força Coordenadora do panorama da Vida**." *(grifo nosso)*

Essa "visão integrada do Todo" é marca do trabalho da autora América Paoliello Marques e do Espírito Ramatis que a orienta e inspira. Por isso, a postura eclética é tão importante para a melhor compreensão das mensagens e lições por eles transmitidas.

O pensamento eclético de Allan Kardec

"Proibir um livro é sinal de que se o teme. O Espiritismo, longe de temer a divulgação dos escritos publicados contra si e proibir-lhes a leitura a seus adeptos, chama a atenção destes e do público para tais obras, a fim de que possam julgar por comparação."[43]

Será que os adeptos do espiritismo e do espiritualismo, em geral, percebem Allan Kardec como pensador e escritor eclético? Talvez não haja o reconhecimento e a valorização nele desse traço fundamental. Citaremos três obras onde há evidência cristalina de seu ecletismo.

---
[43] - Catálogo Racional para se Fundar uma Biblioteca Espírita, pág. 85, Editora Madras, 2004

Em O Livro dos Médiuns, cap. 3 (1861), O Método[44]

"Os que desejem conhecer tudo de uma ciência **devem ler necessariamente tudo** que se ache escrito sobre a matéria, ou pelo menos, as coisas principais, **não se limitando a um único autor.** Devem mesmo **ler os prós e contras**, as **críticas** como as **apologias**, iniciar-se nos **diferentes sistemas**, a fim de poderem **julgar por comparação**... "Não nos cabe ser juiz e parte, e **não alimentamos a ridícula pretensão de ser o único distribuidor de luz. Compete ao leitor separar o bom do mau, o verdadeiro do falso.**" *(grifo nosso)*

Na Revista Espírita[45]:
O Livre Pensador e o Livre Pensamento

"Toda crença eclética pertence ao livre pensamento; todo homem que não se guia na fé cega é, por isto mesmo, livre pensador; a esse título, os Espíritas são também livres pensadores." (grifo nosso)

"O livre pensamento, na sua acepção mais ampla, significa: livre exame, liberdade de consciência, fé raciocinada; ele simboliza a emancipação intelectual, a independência moral, complemento da independência física; ele não quer mais escravos do pensamento do que escravos do corpo, porque o que caracteriza o livre pensador é que ele pensa por si mesmo e não pelos outros... Pode, pois, haver livres pensadores em todas as opiniões e em todas as crenças. O livre pensamento eleva a dignidade do homem; faz dele um ser ativo e não uma máquina de crer." (grifo nosso)

---
[44] - Item 35 – dois últimos parágrafos.
[45] - Revista Espírita, Jornal de Estudos Psicologicos, de Janeiro de 1867 (FEB).

No "Catálogo Racional para se Fundar uma Biblioteca Espírita" (1869)[46]

Entendemos que não é a Gênese (janeiro /1868) o último trabalho de Allan Kardec, e sim o "Catálogo Racional", publicado um mês após à sua morte (abril/1869).

O Catálogo Racional tem significado importantíssimo, porém é obra pouco divulgada e ficou totalmente esquecida por 135 anos. Derradeira obra de Allan Kardec, trata-se de um sumário metódico que lista 200 obras para servir como catálogo da Livraria Espírita (La Libraire Spirite et des Sciences Psychologiques), cuja inauguração, prevista para o dia 1º de abril de 1869, foi adiada em virtude da desencarnação do Codificador, ocorrida na véspera.[47]

O conteúdo integral desse trabalho de Kardec pode ser encontrado em duas publicações:

- **Catálogo Racional** – Obras para se Fundar uma Biblioteca Espírita" (Madras, 2004).

- "O **Espiritismo** em sua expressão mais simples e **outros opúsculos** de Kardec" (FEB, 2006).

A BIBLIOTECA ESPÍRITA, segundo o modelo de Kardec, é uma **BIBLIOTECA ECLÉTICA:** Kardec lista 200 títulos, divididos em 4 categorias principais, em diferentes proporções:

---

[46] - "Catálogue Raisonné des Ouvrages Pouvant Servir à Fonder une Bibliothèque Spirite", abril1869, Librairie Spirite et des Sciences Psychologiques.

[47] - "O Espiritismo em sua expressão mais simples e outros opúsculos de Kardec" (FEB, 2006), Capítulo IV.

1. OBRAS **FUNDAMENTAIS**[48]– de Allan Kardec - **4%**
2. OBRAS **DIVERSAS** SOBRE O ESPIRITISMO OU COMPLEMENTARES DA DOUTRINA - **20%**
3. OBRAS FEITAS **FORA** DO ESPIRITISMO[49] – **67%**
4. OBRAS **CONTRA** O ESPIRITISMO – **9%**

Para muitos pode ser intrigante observar e constatar que a *"biblioteca espírita de Kardec"* **não** *é uma "biblioteca de obras espíritas"*. *É, antes de tudo, uma biblioteca de obras que interessam à formação eclética do espírita.* Os números são reveladores.

Como ficou a composição dessa **Biblioteca Espírita** de Kardec? A minoria, **24%**, são **OBRAS ESPÍRITAS** e, a maioria, **76%, são OBRAS FORA ou CONTRA o ESPIRITISMO.**

Por que o fundador do Espiritismo recomendaria um modelo de **Biblioteca Espírita** em que 3/4 são de obras **"não-espíritas"**?

América Paoliello Marques parece ter a resposta[50]:

> "Os espíritas ecléticos são os mais fiéis à doutrina que é essencialmente eclética. Só receiam o ecletismo os incapazes de suportar os climas diversificados permanentemente, temendo 'reações químicas' que poderão surgir desta ex

---

[48] - O Livro dos Espíritos (1857), O Livro dos Médiuns (1861), O Evangelho Segundo o Espiritismo (1864), O Céu e o Inferno (1865), A Gênese (1868), O que é o Espiritismo (1859), O Espiritismo em sua mais simples expressão (1862), Resumo da Lei dos Fenômenos Espíritas (1864), Viagem Espírita de 1862 e os 12 volumes da Revista Espírita (Jornal de Estudos Psicológicos -1858-1869)

[49] - Essa terceira categoria está organizada em cinco tópicos: FILOSOFIA E HISTÓRIA; ROMANCES; TEATRO; CIÊNCIAS (Astronomia, Medicina etc.); e MAGNETISMO. Na filosofia, Kardec inclui obras como "Bíblia na Índia"; "Buda e sua Religião"; e "Maomé e o Corão".

[50] - Espiritismo-Hoje, América Paoliello Marques ,FEN,1972 (Estudo orientado pelo Espírito Rama-Schain)

periência benfeitora, tão familiar ao codificador da Doutrina Espírita.

"Se, de acordo com o pensamento de Kardec, o Espiritismo absorverá tudo que influir no progresso da humanidade, ele é, obrigatoriamente, eclético, sem que isso signifique mistura, mas seleção... O Espiritismo jamais poderá ser considerado uma síntese acabada. Daí a humildade que precisamos ter de jamais prescindir do espírito eclético e de admitir sínteses gradativas, proporcionais à evolução humana, em cada época.

Evitemos transferir para a doutrina nossas tendências absolutistas, características do orgulho que no passado nos fez crer portadores de verdades insofismáveis. Somos vasos pequenos para tão grande conteúdo. ...Usemos o espírito eclético de Allan Kardec. Busquemos em todas as fontes a reafirmação das verdades fundamentais da Doutrina, como uma ciência que não se furta à análise dos elementos capazes de impulsionar o progresso, venham de onde vierem."

3 - O FUTURO, HOJE: AS PREVISÕES DE MÉDIUNS E CIENTISTAS

"Não podemos afirmar que existem o passado, o presente e o futuro."

Talvez fosse mais certo dizer-se que haja três tempos:

1- o presente do passado, que é a memória;

2- o presente do presente, que é a intuição direta;

3- o presente do futuro, que é a esperança..."

Santo Agostinho
Confissões (Livro 11 - Capítulo 20)

Jesus e a Jerusalém Renovada (JJR), assim como outras obras de América, têm como pano de fundo as transformações sonhadas e previstas para a humanidade. Cenários futuros que mesclam utopia[51] e distopia[52]: Por um lado, a construção de um mundo melhor, no terceiro milênio. Por outro, a possibilidade de grandes mudanças marcadas pelo caos e dores intensas ao extremo. JJR explora temas da 'Transição Planetária': a 'Nova Era', 'Fim dos Tempos ou Tempos que São Chegados', 'Jerusalém Renovada', 'Era do Mentalismo', 'Apocalipse'[53], 'Profecias'.

Esses são temas vibrantes e controvertidos, pois o futuro seria resultado da combinação de *doses de determinismo de forças invisíveis* e *doses de livre arbítrio das escolhas do ser humano*. Como há incertezas quanto à proporção de ambas as doses ou peso de influência de cada uma, busquemos nos conectar com o Mestre dos Mestres.

---

[51] - Utopia - Lugar ou estado ideal, de completa felicidade e harmonia entre os indivíduos; qualquer descrição imaginativa de uma sociedade ideal, fundamentada em leis justas e em instituições político-econômicas verdadeiramente comprometidas com o bem-estar da coletividade. Etimologia: lat. escl. utopia, nome dado por Thomas Morus (humanista inglês,1477-1535) a certo país insular imaginário, com um sistema sociopolítico ideal. Exemplos de utopia: a República de Platão e A Cidade de Deus, de Santo Agostinho

[52] - Distopia - Qualquer representação ou descrição de uma organização social futura caracterizada por condições de vida insuportáveis, com o objetivo de criticar tendências da sociedade atual, ou parodiar utopias, alertando para os seus perigos; antiutopia: Famosas distopias foram concebidas por romancistas como "1984" de George Orwell (1903-1950) e "Admirável Mundo Novo", de Aldous Huxley (1894-1963)

[53] - A Palavra Apocalipse, o grego αποκάλυψις, apokálypsis, ", formada por "apo", tirado de, e "kalumna", véu. Significa revelação, tirar o véu. (Wikipédia). Etimologia de Apocalipse: lat.tar. *apocalypsis,is*, do gr. *apokalúpsis,eō - ato de descobrir, descoberta, revelação. No Novo Testamento: revelação divina. Significados: revelação profética; grande cataclismo* (Houaiss)

O PROFETA JESUS

> "...a respeito daquele dia e hora ninguém sabe, nem os anjos dos céus, nem o Filho, senão exclusivamente o Pai."
>
> **Jesus** (Mateus 24:36; Marcos 13:32-33)

Jesus e a Jerusalém Renovada tem um capítulo sobre Profecias. A palavra **profecia** significa "predição do futuro, que se crê de inspiração divina". Segundo a raiz etimológica do grego **profeta** é o "intérprete dos deuses", "pessoa que anuncia os desígnios divinos, que prediz acontecimentos por inspiração de Deus".

Allan Kardec esclarece que os "*médiuns proféticos*" são uma variedade dos médiuns inspirados, ou de pressentimentos[54]. Recebem, permitindo-o Deus, a revelação[55] de coisas futuras de interesse geral e são incumbidos de dá-las a conhecer aos homens, *para instrução destes*.

Em "O Livro dos Espíritos", Allan Kardec formula duas questões interessantes sobre o assunto:

---

[54] - Livro dos Médiuns, item 190

[55] - Ato pelo qual Deus fez saber aos homens os seus mistérios, sua vontade ... Inspiração como que divina, lampejo" (Houaiss). "Revelar", do latim revelare, tem a raiz velum, véu: significa literalmente sair de sob o véu, e, figuradamente, descobrir, dar a conhecer uma coisa secreta ou desconhecida (Allan Kardec, A Gênese, Capítulo 1, item 2). Quase todos reveladores encarnados são médiuns inspirados, audientes ou videntes ...Cristo e Moisés foram dois grandes reveladores. (Allan Kardec, A Gênese, Capítulo 1, itens 9 e 10).

624 *Qual o caráter do verdadeiro profeta?* "O verdadeiro profeta é um homem de bem, inspirado por Deus. Podeis reconhecê-lo pelas suas palavras e pelos seus atos."

625. *Qual o tipo mais perfeito que Deus tem oferecido ao homem, para lhe servir de guia e modelo?* "Jesus."

Dentre as 1019 questões dessa obra fundadora da Doutrina Espírita, a resposta à pergunta 625 é certamente a mais *curta*. Porém, ela convida-nos a uma *longa* reflexão: como sentimos a presença desse Ser, o Guia da Humanidade, na construção de nosso futuro?

O CONHECIMENTO DO FUTURO É POSSÍVEL?

Kardec procura responder essa questão no cap. 16 de "A Gênese": **A Teoria da Presciência**

"Como é possível o conhecimento do futuro? Vamos supor um homem colocado no cume de uma alta montanha, observando a vasta extensão da planície. Nessa situação, a distância de uma légua (6.600 metros) será pouca coisa, e ele poderá facilmente abarcar com um olhar todos os acidentes do terreno, desde o começo até o fim desse caminho. Um viajante que siga essa rota pela primeira vez, sabe que, caminhando, chegará ao fim; isso é uma simples previsão da consequência da sua marcha. Entretanto, os acidentes do terreno, as subidas e descidas, os rios que terá de transpor, os bosques que irá atravessar, os precipícios em que poderá cair, as casas hospitaleiras onde será possível repousar, os ladrões que o espreitem para roubá-lo, tudo isso independe da sua pessoa: é para ele o desconhecido, o futuro, porque sua visão não vai além da pequena área que o cerca.... Suponhamos que o homem (do cume da montanha) desce ao encontro do viajante, e lhe diz: 'Em tal momento encontrarás tal coisa, serás atacado e socorrido,' ele lhe predirá o futuro; o futuro para o viajante; para o homem da montanha esse futuro é o presente."

Qual o sentido do tempo?
Duas perspectivas: espiritual e humana

Na análise do **tempo** relativo aos **planos futuros,** os *seres humanos* pensam numa escala de anos e décadas, relativas a uma única existência. Já os *espíritos elevados* pensam de forma diferente: numa escala de séculos e milênios. A seguir três definições sobre o sentido do tempo.

"*Os séculos são como dias na eternidade!*"

Ramatis / América Paoliello Marques
Da obra "Brasil, Terra de Promissão"

Se séculos de séculos são menos que um segundo relativamente à eternidade, que vem a ser a duração da vida humana?!

Allan Kardec,
A Gênese (FEB), Capítulo VI, item 2

Mas, amados, não ignoreis uma coisa, que um dia para o Senhor é como mil anos, e mil anos como um dia.

2 Pedro 3:8

Assim, a interpretação de planos futuros e possíveis mudanças, no tempo, deve ser flexível. Além disso, vale sublinhar a evolução relativa dos espíritos, até mesmo dos mais elevados, que fazem revelações.

O PAPEL "RELATIVO" DOS ESPÍRITOS, SEGUNDO EMMANUEL

Emmanuel, mentor do maior revelador mediúnico do século 20, Francisco Cândido Xavier, assim orienta:

*"Podereis perguntar, sem que possamos nutrir a pretensão de vos responder com as **soluções definitivas**, embora cooperemos convosco da melhor vontade."*[56]

*Além do mais, ainda nos encontramos num plano evolutivo, **sem que possamos trazer ao vosso círculo as últimas equações**, nesse ou naquele setor de investigação e de análise. É por essa razão que somente poderemos cooperar convosco **sem a presunção da palavra derradeira**... considerada a nossa contribuição nesse conceito de **indispensável relatividade**, buscaremos concorrer com a nossa modesta parcela de experiência..."*[57]

É esta postura humilde de quem não se considera detentor das verdades absolutas que o estudante das revelações e das previsões futuristas precisará cultivar.

Daí a importância de se adotar uma postura ou visão eclética, enriquecida por diferentes perspectivas, de modo a pôr em prática as sábias recomendações do grande apóstolo do Cristo:

"Não desprezeis as **profecias**.

Discerni tudo e ficai com o que é bom."

---
[56] - O Consolador, Definição (FEB)
[57] O Consolador, Definição (FEB)

Paulo de Tarso
1ª Epístola aos Tessalonicenses - 5: 20-21

O que Chico Xavier e Allan Kardec escreveram sobre o futuro da Humanidade, a 'Jerusalém Renovada'? Em que medida as previsões espirituais são um determinismo radical ou um alerta, com amplas possibilidades de mudanças ou atenuações? Ambos trataram dos possíveis cenários de sombra e luz na transição do fim do século.

Algumas previsões através do médium Chico Xavier

Na obra "A Caminho da Luz"[58], Emmanuel faz uma série de revelações sobre o futuro do planeta Terra e da humanidade:

"Reunir-se-á, de novo, a sociedade celeste, pela terceira vez, na atmosfera terrestre, desde que o Cristo recebeu a **sagrada missão de abraçar e redimir a nossa Humanidade, decidindo novamente sobre os destinos do nosso mundo.** Que resultará desse conclave dos Anjos do Infinito? Deus o sabe. Nas <u>grandes transições do século que passa,</u> aguardemos o seu amor e a sua misericórdia... (grifo nosso)[59]

...O século que passa efetuará a divisão das ovelhas do imenso rebanho... a dor se incumbirá do trabalho que os homens não aceitaram por amor. **Uma tempestade de amarguras varrerá a Terra. Os filhos da Jerusalém e todos os séculos devem chorar...** Vive-se agora, na Terra, um crepúsculo, ao qual sucederá profunda noite.

Ao **século 20** compete a missão do desfecho desses acontecimentos espantosos... Depois da treva surgirá uma nova aurora; Luzes consoladoras envolverão todo o **orbe regenerado pelo batismo do sofrimento.**"[60]

---

[58] - FEB, 19ª edição, 1938
[59] - O Espiritismo e As Grandes Transições, Capítulo XXIV (penúltimo)
[60] - O Evangelho e o Futuro, Capítulo XXV (último)

Previsões do Futuro nas Obras de Allan Kardec

Em A Gênese:

"Se, pelo encadeamento e a solidariedade das causas e dos efeitos, os períodos de **renovação moral da humanidade coincidem,** como tudo leva a crer, com as **revoluções físicas do globo,** podem os referidos períodos ser acompanhados ou precedidos de fenômenos naturais, insólitos para os que com eles não se acham familiarizados, **de meteoros que parecem estranhos,** de recrudescência e **intensificação desusadas dos flagelos destruidores.**[61] (grifo nosso)

Em o Livro dos Espíritos:

É da lei da Natureza a destruição? Resposta: Preciso é que tudo se destrua para renascer e se regenerar... **O que chamais destruição não passa de uma transformação...Tem de pôr fim a renovação e melhoria dos seres vivos...**"[62]

"Questão 737: Com que fim fere Deus a Humanidade por meio de **flagelos destruidores?** Resposta: Para fazê-la progredir mais depressa. Já não se disse ser a destruição uma **necessidade para a regeneração moral dos Espíritos...?** Essas subversões são frequentemente necessárias para que mais pronto se dê o advento de **uma melhor ordem de coisas e para que se realize em**

---
[61] - A Gênese (5ª Edição), Capítulo XVIII, item 10
[62] - Questão, 728, O Livro dos Espíritos Parte III – Das Leis Morais, Capítulo VI - Da Lei da Destruição

alguns anos o que teria exigido muitos séculos."[63]

"Questão 738: Para conseguir a melhoria da Humanidade, não podia Deus empregar outros meios que não os flagelos destruidores? Resposta: Pode e os emprega todos os dias, pois que deu a cada um os meios de progredir pelo conhecimento do bem e do mal. O homem, porém, não se aproveita desses meios. Necessário, portanto, se torna que seja castigado no seu orgulho e que se lhe faça sentir a sua fraqueza."[64]

Na Revista Espírita (1866):

O mundo está num imenso trabalho de parto que terá durado um século. Desse trabalho, ainda confuso, vê-se, ainda, no entanto, dominar uma tendência para um objetivo: o da unidade e da uniformidade que predispõe à confraternização.[65](grifo nosso)

Muitos desses fatos anunciados por Chico e Kardec não se concretizaram: como explicar?

---

[63] - O Livro dos Espíritos (5ª Edição), Parte III – Das Leis Morais, Capítulo VI - Da Lei da Destruição
[64] - O Livro dos Espíritos (5ª Edição), Parte III – Das Leis Morais, Capítulo VI - Da Lei da Destruição
[65] - Revista Espírita (FEB), de outubro/1866 "Os Tempos São Chegados" e "Instruções dos Espíritos sobre a Regeneração da Humanidade".

MODIFICAÇÕES NAS PROFECIAS

Sobre a possibilidade de mudanças nas previsões proféticas apresentamos uma síntese de esclarecimentos de Ramatis, da obra 'Jesus e a Jerusalém Renovada', cap. 18 – Profecias (1978), psicografada por América Paoliello Marques:

"Os relatos bíblicos apresentam... Há uma série infindável de exemplos históricos particulares, nos quais **a boa receptividade em relação às premonições evitara catástrofes e amarguras.**"

... A profecia, seja ela de que natureza for, constitui um apelo dos planos espirituais da Vida, com o objetivo de suprir a cegueira humana...

É exatamente a circunstância de que **o homem tem o poder de alterar temporariamente os planos** que se encontram na Mente Divina, em relação à **Criação, que torna útil a tarefa dos profetas.**

Se os destinos humanos fossem inalteráveis e rigidamente determinados cessaria a utilidade das advertências em que as profecias se constituem. Os profetas representam o papel do sinalizador que adverte quanto à aproximação do perigo para que, a tempo, esse seja evitado, tendo em vista que a capacidade de deliberar os próprios destinos constitui um atributo inalienável do espírito imortal..."

Haroldo Dutra Dias afirma[66] que a "profecia foi feita para não se cumprir", ou seja, ela teria a finalidade de alertar à Humanidade para as consequências coletivas, nefastas e drásticas, de seu comportamento caso não se modifiquem.

---

[66] - Juiz de direito do Tribunal de Justiça de Minas Gerais e respeitado líder espírita. "Seminário Apocalipse - A Descoberta De Novos Códigos De Interpretação", promovido pela Federação Espírita do Paraná, em julho de 2011.

FUTURO E PROFECIAS: O OLHAR DOS CIENTISTAS

O futuro é tão fundamental que se transformou em profissão[67]. Em todo o mundo, esse campo de estudo recebe diversas denominações tais como Foresight, Futures Studies e Futures Research. O futurista profissional estuda 'futuros alternativos' para ajudar as pessoas e organizações a entender, antecipar, preparar-se e obter vantagens das mudanças vindouras. **Não é o objetivo de um futurista prever o que acontecerá no futuro.** O futurista usa "previsão" para descrever o que **poderia** acontecer no futuro e, em alguns casos, o que **deveria** acontecer no futuro.

O grande físico Fritjof Capra [68]é um estudioso do futuro, cujos traços distópicos e utópicos (no melhor sentido), apontou em sua obra O Ponto de Mutação (1982). Por um lado, ele alerta: *'Pela primeira vez, temos que nos defrontar com a real ameaça de extinção da raça humana e de toda a vida no planeta. Estocamos dezenas de milhares de armas nucleares, suficientes para destruir o mundo inteiro várias vezes.... O planeta vive uma crise de dimensões intelectuais, morais e espirituais.'.* Por outro lado, Capra abre seu livro citando o clássico milenar chinês I Ching: 'Ao *término de um período de decadência sobrevém o ponto de mutação. A luz poderosa que fora banida, ressurge.*'

---

[67]- Há cursos com certificação internacional, organizado por membros da Associação de Futuristas Profissionais (AFP) e da World Futures Studies Federation (WFSF). Fonte: https://www.wfuturismo.com/o-que-e-um-futurista/

[68] - Primeira personalidade do documentário "Beautiful Minds" (Belas Mentes, 2003) da BBC.

AFINAL, POR QUE É IMPORTANTE ESTUDAR O FUTURO?

O cientista Arthur Clarke[69], cita frase do seu colega Ervin László[70]:

"O futuro não é para ser previsto, mas sim criado".

Com relação ao *futuro* o *presente* é uma *dádiva*! Já dizia o filósofo alemão Leizbinitz que o *presente* está cheio de *passado*, e cheíssimo de *futuro*. O *presente* é o *futuro do passado* e o *passado do futuro*.

Aprender *sobre* o futuro e aprender *com* o futuro talvez sejam os principais benefícios do estudo do futuro.

O que nos disse o maior futurista de todos os tempos, Jesus de Nazaré?

'*O reino de Deus está DENTRO de vós!*'
'*Vós sois deuses!*'
'*Brilhe a vossa Luz!*'

---

[69] - Arthur Clarke - (1917-2008) cientista celebrado e premiado escritor de ficção, mais conhecido pela obra "2001: Uma Odisséia no Espaço" (1968)

[70] - Macrotransição– O Desafio para o Terceiro Milênio" (Axis Mundi, 2001). Ervin Laszlo é filósofo da ciência, húngaro, editor da World Futures: The Journal of General Evolution. É fundador do Clube de Budapeste integrado por líderes mundiais notáveis como o filósofo Edgar Morin(França) e os laureados com o Prêmio Nobel, o economista Mohamed Yunus (Bangladesh) e o estadista Dalai lama (Tibete).

A árvore gigantesca do futuro está 100% presente na minúscula semente do presente. Mas seu desenvolvimento dependerá do "livre-arbítrio" do bom jardineiro. Ele é consciente que seu papel é "parcial", mas essencial. Ele faz a sua parte porque sabe que não é suficiente contar com o "determinismo" da Natureza, embora se sinta confiante que ela também cumprirá o seu papel amorosamente.

Que cultivemos os "olhos de ver" e "ouvidos de ouvir!" construindo o futuro, no presente, primeiramente dentro de nós. Aprender a viver bem o presente, aqui e agora, é o convite do Alto. "Não vos inquieteis com o dia de amanhã", aconselhou-nos Jesus, em Mateus 6:34. Precisamos sempre refletir sobre o amanhã, mas não cultivar a inquietação. Afinal, o presente é um Presente, uma Graça, uma Benção da Vida Maior.

Depoimentos

Depoimento de Esther Mery Rabichov[71]

Muito jovem fui conduzida pelas mãos de América para os ensinamentos do Evangelho de Jesus, da Ciência da Vida espiritual e, para o contato com um Mestre cuja Luz Crística e Amor Incondicional, fluíam de forma maravilhosa através da sensibilidade dessa grande médium, palestrante e psicóloga que foi América Paoliello Marques!

Todas as realizações espirituais desse espírito , portador de uma Vontade poderosa e de uma vibração amorosa, foram realizadas através de um processo de autoaperfeiçoamento interior para a conquista da Paz e Harmonia Interior! América praticava em si mesma os ensinamentos de Jesus e era um exemplo, como dirigente de Fraternidade, médium de psicografia e palestrante, para todos aqueles que se dispusessem a segui-la na sua trajetória de Luz!

Através dela tivemos contato com a Luz de Ramatis e de outros mentores, como Rama- Schaim, Luiz Augusto, Ariel, Nicanor e Akhenaton que lhe passaram mensagens e informações, canalizadas por ela através de diversos livros, como Evangelho Psicologia e Yoga, Mensagens do Grande Coração, Jerusalém Renovada, A Rosa e o Espinho, Brasil Terra de Promissão etc. Obras essas que agora nesse justo momento da transição plane-

---

[71] - Conviveu com América na década de 1960 /1970, participando da Fraternidade do Triângulo, da Rosa e da Cruz, no Rio de Janeiro, onde também colaborou no Informativo "Boa-Nova".

tária estarão sendo trazida à lume, para ajudar os trabalhadores da Luz a crescer em Sabedoria e Amor!

Os tempos são chegados! Quem tiver ouvidos de ouvir que ouça e olhos de ver que veja, porque, como nos ensina Ramatis na obra Evangelho, Psicologia e Ioga, nós é que devemos nos arvorar em patrono da nossa evolução espiritual porque, pois se não o fizermos, quem o fará por nós?

Assim não poderíamos deixar de nos manifestar nesse precioso momento, em que a obra canalizada por América está sendo trazida mais uma vez ao conhecimento do público, para dar nosso testemunho acerca de um discípulo de Ramatis que foi um exemplo de dedicação, disciplina, renuncia e abnegação: nossa querida América Paoliello Marques, um canal da Luz e um presente do Amor de Deus para nós, filhos da Luz!

Esther Mery Rabichov
Fraternidade Espiritualista o Triângulo e a Cruz Ramatis
Rio, 3/4/2019

Nota: Eu vi América psicografando o livro "Jesus e a Jerusalém Renovada"! Era sempre no cair da tarde! Tudo muito lindo!

Depoimento de Juliana Vailant

"Um livro que mais parece a voz de um amigo, que toca no íntimo do nosso ser, nos alerta sobre as potencialidades existentes em cada um de nós. E ao mesmo tempo em que desperta a alma, acaricia o coração, nos encoraja no auto amor e na renovação íntima.

Causa reflexões profundas e mudanças significativas no modo de pensar e na percepção das situações mas para isso é preciso os "olhos de ver e ouvidos de ouvir".

Releria quantas vezes fosse preciso, pois parece nunca ser o bastante e a cada uma delas é sempre um mergulho profundo. Cabe tanto um estudo detalhado quanto abertura ao acaso pois há tanta riqueza de informações que cada pergunta e resposta parece um capítulo e frases que valem por páginas.

Complementando outras obras de Ramatis, me ajudou amar ainda mais o Mestre Jesus e aumentou infinitamente a vontade de segui-lo e servi-lo. Que o nosso solo já esteja fértil para receber esta semente e vivermos a Jerusalém Renovada."

Depoimento de Alessandra Souza

Pelas portas de Jesus e a Jerusalém Renovada, outra renovação se inicia. O Amado Mestre nos permite, outra vez, trazer a luz do dia aos corações e àqueles que tem olhos de ver e ouvidos de ouvir – as Obras de América P. Marques; que através de sua mediunidade nos brindou com uma coletânea de mensagens espirituais que visam despertar nas almas as virtudes chaves do amor crístico – a Humildade e a Renúncia.

E é com forte entusiasmo, que identificamos o mesmo fenômeno que assola as obras de grandes pintores, não entendidos a seu tempo, que o tempo destas obras chegou! América P. Marques é a pintora que deu vida as paisagens astrais de diversos mestres da Falange Dharma como Akenaton, Rama-Schain, Nicanor e Ramatis e, que em breve, serão alimentos para as Almas que buscam compreender os mistérios da vida, da morte e da existência.

Através das páginas de livros como Evangelho, Psicologia e Yoga, Mensagem do Grande Coração e a Rosa e o Espinho derrama-se tão poderoso convite ao trabalho, a edificação e ao auto-conhecimento que é impossível não querer saber mais, conhecer mais e refletir mais sobre estes ensinamentos. Que possamos juntos, através das asas do amor-conhecimento presentes nas obras de América, compartilhar o que aprendemos.

DIREITOS DE EDIÇÃO
Copyright©
LIBERDADE & CONSCIÊNCIA
Rua Doutor Albuquerque Lins, 152
Centro - Santo André - SP
CEP: 09010-010

CONTATO COMERCIAL
(11) 2774-8000
ebm@ebmeditora.com.br
www.ebmeditora.com.br

 facebook.com/ebmeditora

Dados Internacionais de Catalogação na Publicação (CIP)
(Câmara Brasileira do Livro, SP, Brasil)

```
Ramatis (Espírito).
   Jesus e a Jerusalém renovada / Ramatis ; obra
psicografada por América Paoliello Marques. --
5. ed. -- Santo André, SP : Liberdade & Consciência,
2019.

   ISBN 978-65-80674-02-2

   1. Espiritismo 2. Jesus Cristo - Interpretação
espíritas 3. Obras psicografadas I. Marques, América
Paoliello. II. Título.

19-28937                              CDD-133.93
```

Índices para catálogo sistemático:

1. Psicografia : Espiritismo   133.93

Cibele Maria Dias - Bibliotecária - CRB-8/9427

Este produto é feito de material proveniente de florestas bem manejadas certificadas FSC®
e de outras fontes controladas.

TÍTULO
Jesus e a Jerusalém Renovada

AUTORIA
América Paoliello Marques
Ramatis

EDITORA
Liberdade & Consciência

EDIÇÃO
5ª Edição

ISBN
978-65-80674-02-2

PÁGINAS
352

EDITOR
Manu Mira Rama

COEDITOR
Miguel de Jesus Sardano

CONSELHO EDITORIAL
Alex Sandro Pereira
Terezinha Santa de Jesus Sardano
Tiago Minoru Kamei
Vergilio Cordioli Filho

EQUIPE EDITORIAL
Aline Tavares
Camila J. Mendes
Rogério Rinaldi
Silvia Figueira
Suelen I.R. Silva

CAPA
Ricardo Brito Estúdio

REVISÃO
Rosemarie Giudilli

DIAGRAMAÇÃO
Tiago Minoru Kamei

PAPEL MIOLO
miolo: Polen Bold 70 gr/m²
guarda: OffSet 150 gr/m²

CORES MIOLO
miolo: 1x1 - preto
guarda: 1x1 - pantone 315U

MEDIDA MIOLO
15,5 X 22,5 cm

MEDIDA CAPA
16 X 23 cm

ACABAMENTO CAPA
4x0 cores
capa dura
laminação BOPP fosco
verniz UV reserva

TIPOGRAFIA TEXTO PRINCIPAL
Sabon 12/14

TIPOGRAFIA TÍTULOS
Calisto MT

MARGENS
25:22:25:14 mm
(superior:inferior:interna:externa)

GRÁFICA
Santa Marta

TIRAGEM
3.000 exemplares

PRODUÇÃO
setembro de 2019